书山有路勤为泾,优质资源伴你行
注册世纪波学院会员,享精品图书增值服务

私董教练实战指南

徐松涛·著

电子工业出版社
Publishing House of Electronics Industry
北京·BEIJING

未经许可，不得以任何方式复制或抄袭本书之部分或全部内容。
版权所有，侵权必究。

图书在版编目（CIP）数据

私董教练实战指南 / 徐松涛著. —北京：电子工业出版社，2023.7
ISBN 978-7-121-45829-3

Ⅰ.①私… Ⅱ.①徐… Ⅲ.①企业管理—指南 Ⅳ.①F272-62

中国国家版本馆 CIP 数据核字（2023）第 112702 号

责任编辑：杨洪军　　特约编辑：王　璐
印　　刷：河北虎彩印刷有限公司
装　　订：河北虎彩印刷有限公司
出版发行：电子工业出版社
　　　　　北京市海淀区万寿路 173 信箱　　邮编：100036
开　　本：720×1 000　1/16　　印张：14.75　字数：283.2 千字
版　　次：2023 年 7 月第 1 版
印　　次：2025 年 3 月第 3 次印刷
定　　价：78.00 元

凡所购买电子工业出版社图书有缺损问题，请向购书店调换。若书店售缺，请与本社发行部联系，联系及邮购电话：(010) 88254888，88258888。
质量投诉请发邮件至 zlts@phei.com.cn，盗版侵权举报请发邮件至 dbqq@phei.com.cn。
本书咨询联系方式：(010) 88254199，sjb@phei.com.cn。

好评如潮

松涛教练的私董会是一个有温度、有深度、有广度的学习型组织，在这里，能遇到一起探索远方的同行者，能遇到可信任的兄弟，能遇到碰撞思想火花的跨界精英！很开心，在这个组织里，一起前行！

——金树柏　深圳市中科鼎创科技股份有限公司董事长

松涛博览群书并善于运用，是一个能迅速打开企业家思路，深度挖掘内在价值，精准找到问题，给他人赋能，并引领、陪伴企业家成长的超人。

——韩晓虹　谊和永邦（北京）会展有限公司董事长、中国会展经济研究会副会长

作为一名私董会成员，我深刻认识到私董会对企业发展的重要性。在今天这个竞争激烈的商业环境中，私董会的作用愈发重要。这本书详细解读了私董会的作用和管理方法，对于私董会成员来说非常有价值。

——韩秀东　安徽绿洲危险废物综合利用有限公司董事长

私董会是公司决策的重要机构，需要有专业的管理和运作。作为一名私董会成员，我深知私董会的作用和责任。这本书提供了非常实用的指导和方法，可以帮助私董会成员更好地管理公司，推动公司的发展。

——王喜龙　瑞莱斯财税服务平台税麒麟创始人

作为松涛私董会企业家成员，我非常高兴推荐这本关于私董会的书。在当今充满变革和挑战的商业环境中，私董会在公司治理中扮演着至关重要的角色。这本书深入探讨了私董会的功能和作用，解释了如何建立和管理一个高效的私董会，以及如何利用私董会的经验和洞察力来推动公司的增长和成功。

——刘玉成　青岛易旅家居科技有限公司董事长兼CEO

企业家的学习和交流，有3个非常重要的步骤："放下""打开""重构"。通过徐松涛老师的私董会，成员有机会放下自我固化和过往惯性，以全新视野打开通往未来的各种通道，重构充满无限可能的商业模式和组织体系。

——陈金炳　中国人民大学商学院原高管教育中心副主任

松涛教练的私董会是一个进行思想碰撞的能量场，既能提升认知天花板，又能收获论道的友谊。在这里，有一群正能量的创业者与我同行、三观吻合的兄弟与我同频，"创业有千日、松涛共平生"。这里是"心的港湾"、这里是"前行的发动机"、这里是"力量的加油站"！在这里，很享受！

——王再升　顺安成（青岛）生物科技有限公司董事长

松涛教练的私董会是一个有广度有深度的学习型组织，在这里遇到一些有理想有梦想的创业者，大家共同讨论企业发展中的问题、公司发展战略、公司决策，共同学习，共同成长，受益匪浅。松涛教练的教练技术，既高屋建瓴，又贴近企业。

——张广维　鑫蜀国传情餐饮有限公司创始人

私董会是陪伴企业领导人成长的重要组织，具有私密性和专业性的特点，帮助打造私人智囊团、心灵充电站、实战商学院。一个人可以走得更快，一群人可以走得更远。我是松涛私董会成员，这本书提供了私董会运作的流程，操作规范，帮助你了解私董会，用好私董会，助力你的企业更好地成长。

——梁宇　山东四通一达服务外包有限公司董事长

独行疾、众行远。松涛私董会山东分会在松涛教练的带领下，用两年的时间构建了一个高频、私密、利他的学习型组织。每个人的状态越来越好，每个人的事业越来越好。这本书8年磨一剑，实战、简洁、通透，值得细读。

——丁锋　松涛私董会山东分会第一届会长&青岛安特君合信息科技有限公司董事长

松涛私董会帮助企业找到真问题，并对真问题进行深入的迭代反馈，帮助企业少走弯路。未来私董会将成为优秀企业的刚需。

——李明洋　青岛富民汇商投资管理有限公司CEO

加入松涛私董会是我职业生涯中最正确的决策,在这个深度无测、广度无涯的学习团队中,不仅开拓了自己的思维,同时又接触了其他行业的精英;在不同行业的管理思维碰撞中,触类旁通,不仅发现自己的问题和短板,还得到不同的灵感;不仅对自己企业的过去管理问题进行反刍和总结,同时又得到了针对未来企业决策的专业管理建议和非常实用的具体执行建议。

——时圣明　沃科福(青岛)金属制品有限公司总经理

作为一个企业的最高决策者往往是孤独的,尤其是面临重大的不确定性的选择的时候!私董会是一个有效协助你做选择的外脑!

——张靖　黑龙江省头等大事农业发展有限公司 COO

松涛教练带领大家一起做"对"的事情,什么是"对"的事情?"利他"就是对的事情。松涛教练陪伴企业家带领企业和团队秉承"热爱"+"利他"的理念,推动团队和企业可持续发展,同时持续为社会创造价值。

——刘玉山　阿斯利康制药有限公司副总监

自序

从"热爱+利他"到私董会教练

没有想到,从开始接触私董会到现在已经8年了。

在过去的8年中,我在中国人民大学商学院、北京大学光华管理学院、清华五道口金融学院和外经贸大学等各高校的 EMBA 班、总裁班、培训班的课堂上,通过私董会的方式给大家上课;我给全国各地的商会、协会和各种类型的企业家组织开私董会;我在自己的私董会固定小组内开私董会。不知不觉,这些会议陆陆续续竟然已经开了300多场了。

从开始下笔写本书至今已4年多,其间断断续续,私董会中的一幕幕在我的脑海中不停地闪回,在私董会上的收获和心得鼓励我把这些曾经的体会分享给大家,供大家学习、参考、指正。

这些体会没有什么神秘的,只不过是一个还在教练路上探索的前行者,把他在路上所看到的风景和感受到的体会跟大家做一个汇报和分享。

这些所谓的经验和理解其实都很肤浅。在我的前方,有那么多让我尊敬的老师、前辈和同侪们,在此感谢他们一直以来对我的支持、鼓励和提携。期待借本书出版的机会,让我得到更多的指导;也希望得到读者朋友的反馈、批评和指正。本书的内容只是一个阶段性产物,主要是为了对自己有个交代,其次是为了向有志于此的朋友们提供一些借鉴,帮助大家少走一些弯路。

让我从我的职业生涯起点开始说起。

我的职业生涯起点

我曾经是一个电视节目导演,拥有将近 10 年的 CCTV 财经节目制作经历,担任过5年《对话》栏目导演和3个赛季《赢在中国》执行总导演,这两个品牌节目让我有机会接触世界范围内优秀的企业家群体和创业者群体。

请允许我先讲3个故事,让大家了解作为导演和幕后创作者的我是如何工作的。

故事 1:2001 年 10 月,美国通用电气公司新任董事长杰夫·伊梅尔特上任后开始第一次访华。伊梅尔特从众多候选人中脱颖而出,接替了 20 世纪最伟大的职业经理人——杰克·韦尔奇,成为这家世界著名的多元化企业集团的掌门人。在任职演讲中，他8次提到了中国，可见他对中国市场的重视。

在伊梅尔特来到中国之前的9月底，我们接到任务——邀请他作为嘉宾做一次《对话》节目。作为该节目的幕后导演，设计如何对他进行访谈不是一个轻松的工作，众多策划专家和导演直到深夜依然在灯火通明的办公室头脑风暴，只是为了解决一些最基础、最简单的问题：嘉宾要谈什么？和谁谈？怎么谈？主持人问什么问题？最终我们决定，邀请30位中国优秀的企业管理者和伊梅尔特一起来一场"管理的盛宴"。而做出这个决定的时间是9月30日，节目的正式录制时间是10月8日，其间正逢国庆节7天假期。很多企业管理者此时早已按照预定的行程，登上了度假的飞机。可想而知，这7天假期我们是如何度过的。尤其是要想联系这些企业管理者，需要先联系他们的秘书，而秘书们的电话要么不在服务区，要么已经关机。能想到的办法我们都用了，并且更重要的是，我们要保证付出之后有结果。幸运的是，经过一个疯狂的7天假期，我们最终做到了。30位中国优秀的企业管理者如期出现在节目现场，其中包括当时已负盛名的万科王石、步步高段永平，他们和伊梅尔特一起，为观众奉献了"一顿可口的大餐"。

故事2：2004年年底，索尼公司董事长兼首席执行官出井伸之坐在《对话》栏目主持人的对面。作为导演，我坐在现场不被人注意的角落，盯着桌子上的监视器。这位60岁的日本老人担任索尼掌门人已经10年了，他狂热地喜欢红酒和高尔夫运动，甚至在腿部受伤时也不忘下场。索尼——这家在第二次世界大战之后崛起的日本企业代表，面临着新的战略转型和调整。了解一个具有厚重历史的企业需要时间。在过去的一个月，我通读了所有能够找到的有关索尼和出井伸之的材料，了解了井深大、盛田昭夫、大贺典雄等一个个索尼早期领导人的故事和经历。现在的董事长出井伸之当年在欧洲学习的毕业论文是《欧盟的统一》。面对这样一位长者、前辈，虽然我与他是第一次见面，但我感觉对他已经非常熟悉，熟悉得就像他是在我身边生活了几十年的邻家长辈。关于他的爱好、经历、他对企业的认识和对未来的选择，我甚至可以事先帮助他草拟稿件，而他看到后加上一些自己的话就完全可以发表了。

故事3：我去过位于珠海的格力电器总部很多次，董明珠——这位中国商界的"铁娘子"，销售出身的企业家，至今仍活跃在中国的企业界，并带领格力电器走向了新的高度。2006年，我坐在董姐办公室旁边的会议室里，静静地听她讲述着自己的故事。谈到战略、经营、技术、营销时，董姐霸气十足，指点江山。但我知道，其实每个人内心深处都有一个最柔软的部分，只是很少有人能触摸得到。董姐因为工作的关系经常出差。每次出差前，董姐年龄尚小

自序　从"热爱+利他"到私董会教练

的儿子都会在家里跟她特别亲热地说再见，并且非常懂事地不缠着她，好让她放心去工作。有一天，董姐又要出差了。刚和儿子说完再见下了楼，董姐突然想起有个重要的东西落在家里，于是便回家去拿。她打开房门，发现儿子把自己蒙在被子里。她掀起被子，发现刚刚还很懂事地和自己说再见的儿子正躲在被窝里哭。在外永不示弱、永远以"女强人"形象示人的董姐讲到此处，瞬间泪崩。

以上这些，仅是我职业生涯中无数类似场景的几个缩影而已。

初识私董会

中国的企业家群体，或者为了追求梦想，或者为了改善生活，走在这条路上。《赢在中国》有一首主题曲，名字叫作《在路上》，由刘欢老师演唱，歌词是这样写的：那一天，我不得已上路，为不安分的心，为自尊的生存，为自我的证明……他们承担着巨大的压力和责任，向一个又一个未知的领域进发。在他们的前面，是期待去实现的目标，是要把一切不可能变成可能的决心；在他们的背后，是无数员工和家人期盼的眼神。企业家的创新精神是这个社会最宝贵的精神财富。他们的努力和奋斗丰富了这个世界，使我们的生活有更多可能，也更加多彩。无论是过去、现在还是未来，负责任的、有担当的企业家和创业者永远是这个社会的楷模和青年人的榜样。

我不断地思考，这些各行各业的企业家和创业者，他们国籍不同、年龄不等、经历不同、学历不同、性别不同，甚至精神特质也不同，他们身上的共性到底在哪里？

直到有一天我自认为找到了答案：热爱和利他。

热爱是最好的老师。对目标的坚持是他们勇往直前的原动力，而且取之不尽，用之不竭——此为热爱；他们不是在为自己工作，本质上他们认为自己是在为他人创造福祉，甚至他们的目标是改变世界——此为利他。因此，他们身上就有了永恒的力量。内心的热爱和目的的利他是他们身上共有的特质，并且内外结合，驱动他们不断从失败中爬起来，走向胜利。在《领导力的本质》一书中，作者约翰·安东纳基斯概括了优秀领导力的本质（见图0-1）。在他看来，优秀领导力的核心就在于做正确的事、以正确的理由做事和以正确的方式做事。按照我的理解，如果一个人做事的首要出发点是利他，那么这件事就会成为正确的事，并且最终会以更多倍的能量回馈到自己身上。同样，没有什么比内心的热爱更能作为做事正确的理由了。有了热爱和利他，接下来就是不断迭代做事方式，直至达成目标。

因此，热爱和利他成为我思考问题和选择方向的两个出发点，成为一个坐标系的横纵两个轴，我会在这个坐标系的右上角寻找未来努力的方向。

直到有一天，我发现了私董会。

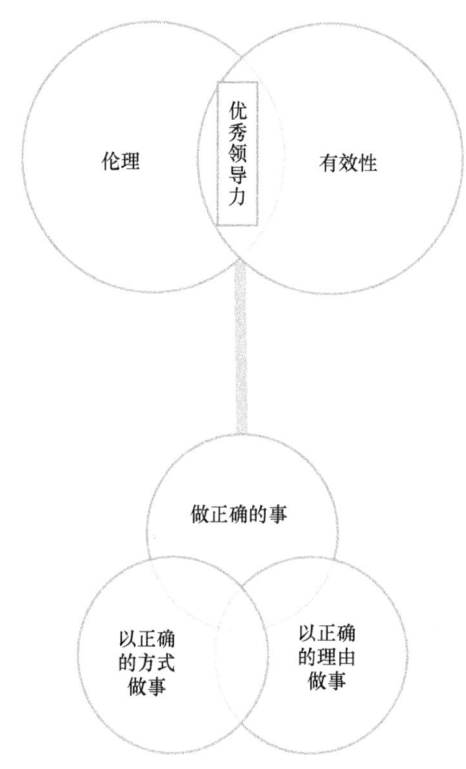

图 0-1　优秀领导力的本质

2014 年，通过当时伟事达中国区首席执行官吴强先生和一些朋友的引荐，我有幸接触到了私董会。我知道，这是一个近年来才被引入国内的舶来品。参与吴强先生主持的第一次私董会的学习和讨论之后，我就被私董会的巨大价值所打动了。我能够感觉到，虽然表面上看私董会只是一个会议流程的设计和再造，但是这个严谨而高效务实的流程能够产生巨大的能量和效果。

坦率地说，当时的我把私董会理解成了一种更大范围内的互助形式，是一种相对固定的互助小组真诚、深入、高效的交流。这种交流基于信任和真诚的分享，大家通过彼此照镜子，彼此关照盲区，更好地认识自己，从而吸取他人的经验教训，少走弯路，最终达到互帮互助、互相学习、共同成长的目的。同时我又在想，虽然私董会发端于企业 CEO 圆桌会议，但是作为一种互动形式，它似乎并不局限于此，只要大家能够本着真诚和相互信任的态度交流讨论，围绕问题进行深入的沟通和探讨，把这种形式应用到更广泛的领域，能够促进大家互相学习、共同成长，不是很好吗？

当时我想到了一些朋友和正在北京大学光华管理学院攻读 MBA 学位的同学们，大家分别来自不同的行业和地域，虽然经历、观点、专业和背景不同，但是在各自的领域普遍取得了相当出色的成绩。毋庸讳言，每个人在成长的道路上都或多或少地面临一些困惑和问题，有些人甚至面临很多，并且这些困惑和问题随时随地都在发生。我就想：如果能够把这种互动形式应用到身边这个群体中来，和大家共同学习成长；如果能够帮助一些同学和朋友在人生的道路上少走一些弯路，少一些困惑，激发出更好的想法和行动，从而让大家进一步共同观照和学习成长，那岂不是比单纯的吃饭、喝酒、聚会有意义得多？

帮助他人便是成就自己。如果通过我的努力和付出能够帮助一些人，哪怕只是帮助一点点，也能让我更加意识到自己存在的价值。就是这样一个小小的愿望，让我产生了牵头建立一个学习小组的动力，于是我在北京大学光华管理学院组织了一个松散的私董会学习小组，一来锻炼自己的私董会会议主持能力，二来也能够加速同学们之间的相互理解。很快，光华管理学院同学私董会的体验活动声名鹊起，可因每次活动名额有限，导致一席难求。

每次活动结束后，我都会把一些心得体会记下来，作为自我总结和提炼学习的过程。没想到，一个偶然的机会，当时伟事达中国区董事长徐向华看到了我写的这些小文，字里行间表现出来的我对私董会的热爱和钻研让他惊讶和感慨。于是他热情地邀请我去参加当年伟事达全球大师级教练兰斯在上海为中国教练举办的培训课程。从此，我和私董会深度结缘，直到现在。

关于私董会

作为一个舶来品，60 年的发展历史给了私董会丰富的积淀，这套成熟的工具和模式已然经过无数实践检验和证明，并且在中国这个蓬勃发展的国度展现出新的活力。我愿意在此基础上，围绕私董会的核心价值不断探索和前进，伴随优秀的企业家和创业者不断成长。因为，如果只局限在"术"的层面，缺乏"道"的引领，纯粹的工具性思维很快会使私董会丧失其本应该具备的生命力。只有不断地创新、"道""术"结合，才能使私董会在创造价值的道路上越走越远。只有真正地身心投入，启迪思维，互为镜子，大家才能真正领略其中的妙处。也许它不是那么风云激荡，但是只有身处其中的人才能真正感受到润物无声，而这也是私董会 60 多年来"永葆青春"的秘诀。于我自身而言，每次和大家交流时的反思和进步可谓明证。

好的东西无法预期,只要你准备好了,它就会来。我期待和大家在一起风雨同舟、共同成长,而且我确信只要我们在一起,就一定有光明的未来。

时间恰如白驹过隙,人生好似万里长征,有加法,有减法。我只希望未来不管如何做减法,私董会都能够成为你我共同的珍藏,在心底宁静的角落永远占有一席之地。

永持初心。未来不管走多远,不管走到哪里,我都希望大家不要忘记当初为什么出发。

我已经出发了,当你看到本书的时候,我知道你也在路上。

你可能希望实现自我教练而阅读本书;

你可能对教练技术感兴趣;

你可能希望成为一名教练,或者提高自己的教练技术;

你可能希望雇用一名教练;

你可能希望了解教练技术如何让你成为高效的教师、培训师或咨询师;

你可能想以新的视角审视自己的职业并了解别人如何看待教练;

……

不论什么原因,你都在不断跨越梦想和现实之间的鸿沟,希望你能从本书中有所收获。

是为序。

目录

01 第1章
2019 美国圣迭戈·全球教练大会　　1

关于全球教练大会　　1
第一次参加全球教练大会　　2
关于吉姆·柯林斯的演讲　　3
　　第五级领导力　　3
　　吉姆·柯林斯的12个问题　　3
　　针对吉姆·柯林斯的12个问题的额外解释　　4
关于全球大师级教练的奖项　　8
主题小组讨论　　8
集体参观　　9
尾声　　9

02 第2章
私董会教练需了解的私董会理论知识　　11

为何需要私董会　　11
私董会：去中心化的横向学习模式　　17
　　私董会的起源　　17
　　私董会 vs 商学院　　19
私董会的原则　　21
　　企业一把手原则　　21
　　非利益冲突原则　　21
　　保密原则　　22

　　　　平等原则　　　　　　　　　　　　　　　　　　23
　　　　教练原则　　　　　　　　　　　　　　　　　　23
　　　　实用原则　　　　　　　　　　　　　　　　　　23
　　直面复杂挑战　　　　　　　　　　　　　　　　　　23
　　对私董会认识深化的 4 个阶段　　　　　　　　　　26
　　　　第一个阶段：个人成长、解决问题、结交挚友　　28
　　　　第二个阶段：能量提升、同频共振、探索世界　　29
　　　　第三个阶段：重大决策、路径选择、迭代反馈　　31
　　　　第四个阶段：私董会价值提炼　　　　　　　　　32
　　私董会理论体系　　　　　　　　　　　　　　　　　34
　　　　1 个初心　　　　　　　　　　　　　　　　　　34
　　　　3 个目的　　　　　　　　　　　　　　　　　　34
　　　　3 个连接　　　　　　　　　　　　　　　　　　35
　　　　5 个价值观　　　　　　　　　　　　　　　　　36
　　　　3 个定律　　　　　　　　　　　　　　　　　　37
　　　　5 个本质　　　　　　　　　　　　　　　　　　38

03 第 3 章
私董会教练需掌握的方法论与基本运用　　42

　　U 型理论的应用　　　　　　　　　　　　　　　　42
　　　　U 型理论左侧的内容　　　　　　　　　　　　　43
　　　　U 型理论右侧的内容　　　　　　　　　　　　　44
　　《罗伯特议事规则》的借鉴　　　　　　　　　　　　47
　　　　《罗伯特议事规则》的根本原则　　　　　　　　49
　　　　《罗伯特议事规则》的 6 个步骤　　　　　　　　49
　　麦肯锡七步法　　　　　　　　　　　　　　　　　　51
　　　　与行动学习理论的结合　　　　　　　　　　　　53

领导力理论的基础 56
　沃伦·本尼斯：领导者的 4 种能力 57
　詹姆斯·库泽斯：卓越领导的 5 项行为 58
　约翰·麦克斯韦尔：领导力的 5 个层次 61
　吉姆·柯林斯：第五级领导者 63

04 第 4 章
私董会教练实战需掌握的关键内容 69

真正理解何谓私董会 69
　私董会的 4 根柱子 69
　私董会的小组和会议设计 70
　加入私董会小组的 10 个理由 72
私董会的运作方式、组织流程、方法和技巧 73
私董会问题处理基本流程 76
　提案&表决 76
　阐述 80
　提问 82
　澄清 88
　分享建议 89
　总结 90
　反馈 90
私董会教练在会议中的作用 91
　引导 91
　赞赏 95
　激发 98
　提升 99

促动	101
私董会教练是一门"手艺活"	103
答案变廉价，问题有价值	104
好的问题可以改变历史，甚至定义时代	105
好的问题可以穿越千年	111
远离答案，活在问题之中	113
好问题的特点	117
创造性思维提问法	119
提问的误区	125
私董会主持技巧	128
如何做好分工	128
如何做好热场	129
其他会议小技巧	144
一对一谈话	146
对话是教练技术的核心	146
初次正式约谈	147
每月一对一谈话	152
一对一谈话原则	156
一对一谈话中常犯的错误	157
引入外部专家	158
4种不同类型的专家	159
在不同阶段，借力合适的专家	160
让问题消失	161
私董会教练需注意的关键点	161
私董会教练的角色	162
教练的陷阱	167
私董会教练的中国道路探索	169

05 第 5 章
私董会教练的实战案例　　　　　　　　　　　172

06 第 6 章
尾声：私董会的未来　　　　　　　　　　　　179

附录 A
改变我所遇见的每个人的人生
——专访伟事达专家教练兰斯　　　　　　　182

附录 B
当你准备好了，能量就来了
——专访伟事达全球首位华人女性总裁教练陈文芳　　189

附录 C
我正在渐入佳境
——再访伟事达全球首位华人女性总裁教练陈文芳　　194

附录 D
私董会的救赎
——伟事达中国私董会 001 小组五周年回望　　　197

附录 E
做好企业家的向导，持续攀登领导力的高峰
——专访伟事达私董会资深教练、中国持牌人吴强　　205

参考文献　　　　　　　　　　　　　　　　　213
跋：让每场私董会都成为一部经典电影　　　214

第 1 章

2019 美国圣迭戈·全球教练大会

关于全球教练大会

2019年1月19日晚,中国深圳。

中国人民大学商学院企业转型与创新发展特训营的几十名同学从五湖四海聚集到此。今晚由特训营同学、深圳中科鼎创科技有限公司董事长金树柏先生做东请客。

作为特训营的教练,我喜欢和这群思想开放活跃、乐于学习的同学在一起聊天交流,尽管有时聊的内容有点漫无边际。为了赶上第二天一早回美国的飞机,我起身敬了一杯酒,恋恋不舍地离开饭桌,连夜从深圳赶回北京。

之后我从北京飞到位于美国加州西南部、加州与墨西哥交界处的美丽的海滨城市——圣迭戈。这里三面丘陵环抱,港阔水深,是世界优良的港湾之一。圣迭戈 1945 年后成为美国西海岸的主要海军基地,目前是美国太平洋地区最大的海军基地,也是该地区最大的核航母母港。圣迭戈通信工业发达,CDMA 的创始者、通信巨头高通公司总部位于此。

圣迭戈也是美国的专业私董会运营机构——伟事达(Vistage)的总部所在

地，伟事达是全球领先的 CEO 发展机构。自 1957 年起，伟事达将成功的 CEO、公司高管和企业主聚集在一起，组成私董会小组。每个伟事达私董会小组的目标都是帮助成员提升其业务表现和绩效。目前，伟事达在全球 20 多个国家拥有 23 000 多名 CEO 成员，还有 67 000 多名企业高管和中小企业主成员。可以说，伟事达是世界上最大的教练机构之一，致力于为全球的企业领导者解决棘手的挑战，帮助他们更加成功。每年，伟事达都会选择一个城市举办只有伟事达教练才能够参加的全球教练大会。2019 年选择的城市是伟事达总部所在地圣迭戈，当时有来自全球的 500 名私董会教练代表聚集在此，他们通过嘉宾演讲、主题论坛、小组讨论等形式进行为期 3 天的跨文化和跨领域的深度交流。可以说，伟事达全球教练大会是全球范围内领导力发展行业的顶级学术交流活动，也是业内最具威望的全球 CEO 教练盛会之一。

第一次参加全球教练大会

2019 年是我第一次参加伟事达全球教练大会，这次伟事达中国一共来了 4 人，其他 3 人分别是伟事达中国 CEO 徐向华、教练陈文芳和教练李祖滨。大会全程使用英文交流，这让英文还不太流利的我有些忐忑。

第一天上午，伟事达全球 CEO 里斯发表了热情洋溢的讲话。他首先对大家的到来表示了欢迎，然后梳理了过去一年伟事达所取得的成绩，并且重申了伟事达的使命愿景和价值观。在伟事达，教练的角色其实也是伟事达的创建者和合作伙伴，大家需要彼此信任、关怀，向世界级水平不断发起挑战，推动每个人不断从优秀到卓越。伟事达的价值正是围绕对教练的赋能，提升成员的价值，增加会员数量，吸引更多的教练和扩展伟事达的国际性社区，形成增长飞轮，不断向上发展。

每年，伟事达全球教练大会都会邀请一位知名人士来做主题演讲，2019 年邀请的是著名的管理专家及畅销书作家吉姆·柯林斯。柯林斯是当代著名管理大师，他毕业于斯坦福大学，获得了数学科学和工商管理硕士学位，也曾在斯坦福大学执教，1992 年获得斯坦福大学商学院杰出教学奖。他先后任职于麦肯锡公司和惠普公司。由他参与撰写的《基业长青》《从优秀到卓越》是近 10 年来全球热销的商业书籍。其中，《基业长青》探讨了百年企业长青的秘诀，成为管理经典。《哈佛商业评论》评选的"20 世纪 90 年代最重要的两本管理书籍"之一就是《基业长青》。《从优秀到卓越》关注的是中小企业成为伟大企业的必经之路，被称为"历史上最畅销的管理书籍"。长达 20 多年的潜心研究，使柯林斯在企业的发展规律方面形成了无人能比的深刻认识。他认为成功的唯一道路就是拥有清晰的思路、坚定的行动；那些带领一家优秀公司转变为伟大公司的领导者往往谦逊而有韧性、质朴而无畏，且具备高超的领导力艺术……他的金句"造钟，而不是报时"的含义是：伟大公司的创办人通常都是制造时钟的人，而不是报时的人。

关于吉姆·柯林斯的演讲

第五级领导力

柯林斯的演讲精彩幽默。在这次全球教练大会上，他指出，一名企业家如果希望将一家表现平庸甚至业绩不佳的公司转变成表现卓越的公司，至少需要 15 年时间和第五级领导力。

柯林斯认为领导力一般分为 5 个等级。第一级是个人能力；第二级是团队技巧；第三级是管理能力；第四级是传统观念中的领导力；第五级不仅拥有前 4 个层级的所有技能，还有一种"超常能力"，那就是谦逊的品质与坚定的职业意志的矛盾结合。因此，领导者要践行两个首要原则：选正确的人"上车"，让他们坐在关键的座位上。

此外，他还认为第五级领导力同第四级领导力的差异并不是领导者的个性不同，而在于他们是否谦逊。可以将此界定为一个矛盾体：真实而深度的谦逊，结合无情的志向和绝对冷酷的结果导向，而这些都被领导者真实的谦逊所包裹，以巨大的雄心指引着一个不关乎他们自己的方向。这个方向关乎公司及公司的初心和使命，并不关乎领导者个人的得失，不关乎他们能从中获得什么、他们看起来怎么样，或者人们对他们怎么看，等等。区别于第四级领导力，第五级领导力是这样的能力：会助力所有的志向、所有的雄心，所有这些都会驱动绩效达成，不惜一切将公司变得更伟大，而不是他们自己。这就是为什么人们会承诺于他们的事业！

吉姆·柯林斯的 12 个问题

在这次演讲中，柯林斯向在座的所有教练提出了以下 12 个问题。
问题 1：你愿意开始向第五级领导力努力吗？

问题2：你有没有践行两个首要原则：选正确的人"上车"，让他们坐在关键的座位上？

问题3：假设你找到了正确的人选，你向着第五级领导力的方向步步前进，接下来做什么呢？

问题4：你的"刺猬概念"是什么？

问题5：你如何增加飞轮的动能，来参加一次20英里的行军呢？

问题6：根据"先射子弹再开炮"的理论，你应该如何安排"赌注"？

问题7：你能在《再造卓越》一书中找到灾难的预兆吗？

问题8：你是在造钟，还是在报时？

问题9：你是否真正在坚守核心，然后砥砺前行？

问题10：你的 BHAG 是什么？

问题11：在座的各位有没有在人生中遇到一点点小运气，时不时帮你一把？但大家有没有想过其中有多少并非运气使然？

问题12：什么事情应该被列在"需停止的事项"清单上？

针对吉姆·柯林斯的12个问题的额外解释

在吉姆·柯林斯的 12 个问题中，有几点需要额外解释一下，方便大家更好地理解柯林斯到底在说什么。

"问题4"中的"刺猬概念"

柯林斯的"刺猬概念"源于一则古希腊寓言，寓言讲述了刺猬和狐狸的故事。狐狸是一个多任务者，可以同时做很多事情。狐狸很聪明，能够意识到它所处的环境，甚至可以远距离接触猎物，并制定很多策略来捕捉猎物——刺猬。

故事以狐狸遭遇挫败结束。在这个经典的故事中，刺猬只能做一件事，并以完美的方式做到：它通过将自己卷成球并抬起脊椎来保护自己，抵御狐狸的攻击。

柯林斯将这个古老的寓言应用于公司。建立大公司并获得成功的人可以与刺猬相提并论，因为他们一次只关注一件事情。

专注于许多事情的公司是狐狸。一次集中处理许多事情与任务可能会使公司失去焦点，降低其在市场上取得成功的概率。尽管刺猬比起狐狸行动缓慢且相对不那么聪明，但它能够简化周围的各种任务，因为它专注于能够带来成功的单一且无所不包的愿景。

要掌握"刺猬概念",需要深入理解以下 3 个问题,以及这 3 个问题重叠的区域。

问题 1:你对什么深有感情?

激情是公司成功最重要的因素之一,因为它真正决定了业绩增长,并且能够成为一个巨大的激励因素。在开始讨论"刺猬概念"时,先讨论如何了解和理解公司中每位员工的热情:什么因素能激励他们?与他们联系最多的公司的核心价值观是什么?他们最热衷的是什么?

所有伟大而成功的公司从不告诉员工什么是热情。事实上,它们会主动发现员工最热衷什么,然后给他们分配那些与他们的激情完全一致的具体项目。至关重要的是,掌握"刺猬概念"的第一个目的并不是寻找激情的各种元素,而是让员工努力完成令其充满激情的工作。

问题 2:你在世界上所拥有的最好的是什么?

在进一步讨论"刺猬概念"时,就需要了解公司为什么要做好它所做的事情,以及为什么它比市场上的其他竞争组织能够更好地完成这些特定的事情。

关于"刺猬概念"的这个讨论,目的不是让公司在内部发展大量的核心竞争力,而是让公司关注自己的主要和重要优势,并发展公司即使拥有先天优势也无法实现的能力。在"刺猬概念"中,允许公司在某些领域存在弱点。弄清"刺猬概念"的主要目的是让你专注于最擅长的业务方面,而不是想要的最佳方式。

如果你的核心业务不是最好的,那么它就不能成为你的"刺猬概念"。你必须找出自己的核心业务,并且能够比市场上任何其他人更好地完成这项业务。

问题 3:是什么在驱动你的经济引擎?

每个公司都必须产生收入和利润,必须充分意识到有助于其创造收入和利润的经济引擎。这一重要的洞察力将使管理层的目标更加清晰,并将产生巨大而持久的影响力,从而确保公司的长期成功。

公司的经济引擎就像流入人体的血液。没有血液,人就无法生存。对公司来说也是如此,无论公司的目标有多强大,如果没有经济引擎,公司都会破产。

以上 3 点,如果用通俗的语言概括,就是"我喜欢""我擅长""有价值",如图 1-1 所示。这里的价值包含经济价值和社会价值。

此外,除了追随员工的激情,公司还必须对上述 3 个问题进行彻底的研究,然后确定它们的重叠区域。这个重叠区域往往就是"刺猬概念"的所在之处,它决定了作为公司战略的核心愿景,使管理层更加了解公司的优势和能力。

图 1-1 "刺猬概念"的通俗化描述

"问题 5"中的 20 英里

从美国西海岸的圣迭戈到缅因州南端有 3 000 英里的路程,要想徒步走完这段路程,每天最快走多少英里?答案是:20 英里。

这个答案让人诧异。

因为有些人在天气晴好、地势平坦的情况下,每天能走 40 英里。然而,这样走的人往往并不能第一个到达终点。原因很简单,乘兴而行的人往往会低估旅程的艰难程度,他们的兴致会逐日衰减。当道路不顺、天气恶劣时,他们常常躲在帐篷里抱怨;等天气好、路顺的时候,一天走 40 英里或 50 英里。这样走的人,一定会被每天坚持走 20 英里的人渐渐抛在后头,甚至可能半途而废。这就是所谓的"20 英里法则"。

20 英里法则的核心是,通过拒绝追求一时的卓越来追求卓越,在外部条件有诸多不确定因素的情况下保持内在的确定性,即顺境不骄纵,逆境不气馁,谦卑而执着,羞涩而无畏。用一句话来形容,该法则就是"在失控中自控",始终恪守上限和下限,始终忍受两种不适——在外部环境艰难的情况下,因坚持业绩水准而带来的不适,以及在良好的形势下,因抑制发展而带来的不适。实际的情况常常是,不能忍受后一种不适的人,往往也不能忍受前一种不适。

20 英里法则隐含着一种世界观——关于"不确定性"的世界观。它坚信外在条件的不确定性、不可控性是常态,不要让随时变化的天气和路况来决定你做什么,而要让你自己来决定做什么。否则,你的业绩最终极有可能陷入不可控的泥潭。对别人的许诺或自己想象的美好前景不要太当真,否则你会在别人或自己开的大玩笑面前不知所措。

"问题 6"中的"先射子弹再开炮"理论

柯林斯在他的新书《选择卓越》中指出,众多企业面临一个"核心困境":一味致力于创新并不会取得伟大的成功,甚至还会导致灭亡;从不做大胆的或新颖的事情,这个世界就不会理你,最终的结果就是灭亡。在创新找死、不创新等死之间,柯林斯告诉人们,要秉持一个更有用的观点,即"先射子弹再开炮"。

子弹是什么？是一种低成本、低风险、低偏离率的实证经验。成功的企业都善于学习别人的实证经验，又发射过不少子弹，才找到自己需要全力实现的目标。柯林斯颠覆性地告诫世人，比尔·盖茨和史蒂夫·乔布斯绝不是预测未来的天才，也不是一下子就找准了创新的突破口从而大获成功，他们走过的路上弹坑遍地，因为他们曾发射了很多并未击中目标的子弹。

"先射子弹再开炮"是一种方法论，更是一种认识论。从认识论的角度看，实践永远大于理论，人们对客观世界的认识，永远是一个"实践—认识—再实践—再认识"的过程。只有经历了这个过程，才能逐步由"必然王国"进入"自由王国"。从方法论的角度看，方法的背后一定是思想路线，有什么样的思想路线，就有什么样的解决问题的过程方法。从某种意义来说，企业的成功就是一种方法的成功。

关于这个理论，中国华为公司的任正非先生有个非常生动的比喻："先开一枪，再打一炮，然后范弗里特弹药量。"先开一枪，就是在不同的前沿技术方向研究。华为公司非常鼓励对未来的不确定性技术进行探索，探索中没有"失败"这个词。当你感觉有可能会实现研发突破时，那就"再打一炮"。当你觉得有点把握时，再进行密集的投入，这就是"范弗里特弹药量"。范弗里特弹药量是指不计成本地投入庞大的弹药量进行密集的轰炸和炮击，对敌实施压制性和毁灭性的打击，旨在迅速高效地歼灭敌有生力量，使其难以组织有效的防御，从而最大限度地减少我方人员的伤亡。

任正非曾说，华为公司的研发标准是：

在距离目标 20 亿光年的地方，投一粒芝麻；

在距离目标 2 万千米的地方，投一个苹果；

在距离目标几千千米的地方，投一个西瓜。

在距离目标 5 千米的地方，投放范弗里特弹药量，扑上去，撕开一个口子，纵向发展，横向扩张。这样，产品就领先世界了。

范弗里特弹药量，就是对准同一个城墙口，数十年持之以恒地攻击。

任正非先生的思路和行动，应该说是对柯林斯所揭示的这个方法论的具体实践，并在实际经营中丰富和发展了该方法论的内涵和深度。

"问题 10"中的 BHAG 概念

吉姆·柯林斯和杰里·波拉斯在他们的著作《基业长青》中说，那些基业长青的公司拥有 BHAG，英文全称为"Big, Hairy, Audacious Goals"，即宏伟、艰难和大胆的目标。这个含义接近人们常讲的"企业要敢于做难而正确的事"。宏伟、艰难和大胆的目标（BHAG）作为促进发展的有力手段，有助于驱动组织实现愿景。

柯林斯无疑是一位非常出色的教练。对教练来说，如果说有一项能力是不可或缺的，那可能就是"提问"了。好的问题常常发人深省，引发人们的深刻思考。柯林斯的 12 个问题无疑值得每位教练甚至企业管理者深刻地思考。因此，与其说这是一次主题演讲，不如说这次主题演讲本身就是一次集体教练的过程。

关于全球大师级教练的奖项

在全球教练大会的上午日程中还有一个重头节目，那就是揭晓当年的全球大师级教练奖项获得者。此奖项的获得者只有一位，是从全球的所有教练中评选出来的。可以说每年获得"大师级教练"称号对教练来说是一项极为难得的殊荣，也可以说是教练生涯的光辉时刻。2019 年的大师级教练奖项获得者是一名叫作理查德·卡尔的美国教练。当他顶着一头花白的头发出现的那一刻，所有人都起立鼓掌，向他表示祝贺。当理查德·卡尔领奖时，台上突然出现了一大批人，原来这些人是之前的大师级教练奖项获得者，他们一起来见证理查德·卡尔的重要时刻。在这些人中，我发现了兰斯教练的身影。兰斯是 2015 年大师级教练奖项的获得者，他为人热情、谦逊，教练功力深厚。2014 年年底，他来到中国上海培训中国的教练，我们一起度过了难忘的时光。而这次培训也是我个人做私董会教练的正式起点。因为我个子高，名字中有一个"涛"字，所以我第一次跟兰斯介绍自己的时候开玩笑说可以叫我"Tower"，也就是"塔"的意思，所以每次兰斯见到我都亲切地叫我"Tower"。

自 1987 年至今，全球教练大会已经评选出了 30 多位大师级教练奖项获得者。2022 年，来自中国的私董会教练张伟俊获得了这一奖项。伟俊不仅是一名优秀的教练，更是对私董会在中国的发展做出卓越和深远贡献的人。他谦逊待人，是教练的典范与楷模。

主题小组讨论

从全球教练大会的当天下午开始，所有教练都会分成不同的主题小组进行讨论，而每个讨论房间会聚集 30～50 人不等。这些讨论的题目都是事先设定好的，每个人在报名参加教练大会时提前勾选即可。话题基本都是围绕教练技术而展开的，有的是如何更好地倾听，有的是如何提出强有力的问题，等等。每个房间都有 1～2 名教练作为主持人，带领参会的教练们一起讨论。小组讨论也是以主持教练讲述和小组讨论、两两讨论相结合的。在这个过程中，大家既可以学习小组讨论的内容，又可以和来自全球各地的教练们深入沟通。同时，主持教练都是从全球各地精选的优秀教练，从他们身上也可以学习很多教练技巧。

集体参观

在参会的第三天的下午，参会人员集体参观考察了伟事达的新总部，位于圣迭戈向北约 30 千米的一处两层独立办公区。这里环境静谧而优雅，是个办公的好地方。在总部的精心安排下，此次参访的几百名教练分成不同的组别，由不同的人带队，分别参观了品牌部、市场部、人力资源部、IT 技术部、法务部等部门，并由专人向大家做了介绍。

尾声

离开总部后，我和陈文芳教练、李祖滨教练一起来到了日落悬崖（见图 1-2），这是圣迭戈的一处著名景点。有人说，这里是全美国最美的日落观景点：一边是拔地而起的悬崖峭壁，另一边则是一望无际的湛蓝色大海，给人一种震撼之美。在辽阔的大海上，海浪拍打着悬崖上的巨石，如同一支雕刻笔，年复一年、日复一日地雕刻着。悬崖与清澈的海水交相辉映，令人陶醉。看着绝美的夕阳，我当时就在想，也许回国后，我可以做点什么，如把外来的成熟的私董会方法论和中国的具体实际、中国企业家和创业者的具体实际相结合，也许我可以进行一些新的探索和尝试。这些探索和尝试未必正确，但至少代表了我的努力。不管怎样探索和努力，我的初心都不变，那就是围绕小组成员的成长和赋能，帮助大家做更好的决策，实现更好的结果，发展更好的领导能力。这也是一个小组存在的最大理由和价值。

站在岸边的人永远学不会游泳，那就让我们从下水开始吧！

图1-2 日落悬崖(徐松涛 摄)

第 2 章

私董会教练需了解的私董会理论知识

为何需要私董会

管理大师彼得·德鲁克在《21世纪的管理挑战》一书中指出,我们正置身于一个意义深远的转型期,传统思维在这个时期需要发生重大的变革,甚至比第二次工业革命带来的变化、大萧条和第二次世界大战引发的结构性调整更加彻底。除非以引导变革创新为己任,否则任何组织都不能幸免于难。

正如德鲁克所言,今天,随着全球化进程的加快,信息技术呈爆炸式发展态势,知识工作者大量涌现,组织内外部环境变得日益动荡和不可预测,这是一个VUCA的世界。VUCA指的是不稳定(Volatile)、不确定(Uncertain)、复杂(Complex)、模糊(Ambiguous),包括科技、经济、金融、政治、法律、生态关系、劳动力和客户人口统计(及他们的喜好)、竞争、全球恐怖主义、流行性疾病等方面,每种变化都给组织带来了挑战和机遇。在这样的环境中,事物往往不可预知,疯狂的行为变得很寻常,权威不再受到重视,重要的利益相关者和衡量成功的重要标准的数量在不断增加。此外,中国企业家和创业者面临的环境也日益复杂,挑战巨大。

与此同时，中国社会的发展面临着一个剧烈变化的社会转型期，在这个转型期，中国面临"三浪叠加"的发展现实。所谓的"三浪叠加"，就是工业化、网络化和智能化。再加上中国幅员辽阔，各地区发展很不平衡，这就造成了更加复杂的市场环境和经营环境。在一些行业和地区，企业家们关心的是拥抱智能，成为时代变革的主角，成为行业的颠覆者，探索企业数字的魔力，开启一场企业数字化之旅。而在另一些行业和地区，传统的经营模式和经营方式仍旧大行其道，即使在相同的地区，不同的商业模式之间也差异巨大。新冠肺炎疫情的暴发，让很多行业和企业纷纷裁员关店，损失惨重，但也让一些行业拥有了全新的历史机遇。站在未来回看现在，这又是一个新的发展的历史时点。

华为公司创始人任正非说过："华为的最高战略和最低战略都是活下去。"在经济向上发展的时候，"活下去"相对比较容易，就像春天的气候，适合万物生长，各种生物都活得不错。但当经济发展遇到困难的时候，就不是什么企业都能"活下去"了，就像自然界的很多物种都过不了冬一样。经济学的概念中从来就没有永久的繁荣，经济周期的起伏就像四季更迭一样，萧条期就相当于冬天。美籍奥地利经济学家熊彼特把大萧条看作资本主义经济不可缺少的"冷水浴"。"冷水浴"对人体健康大有裨益，可以增加抵抗力，增强抗寒能力，预防感冒，还能提高血管弹性，但身体羸弱的人在冬天洗"冷水浴"，反而容易感冒发烧，弄不好还会丢了性命。只有"体质"好的企业，才能在经济周期的萧条期活下去。体质不好、随波逐流的企业，根本活不到冬天，也无缘目睹冰雪世界的美丽。从这个意义上讲，冬天也有积极作用，它创造了一种严酷的外部环境，能够筛选出那些真正优秀的企业。而真正优秀的企业，不论大小，都有一种共同的属性，那就是可以不断穿越经济周期。面对当前的"百年未有之大变局"，如何与团队一起众志成城，穿越周期，到达彼岸？中国的企业家、创业者负重前行，困惑不断，甚至有的压力山大，焦虑不已。危与机并存，希望与困难同在，前途光明，道路曲折。不创新"等死"，创新"找死"，领导者们对未来既充满期待，又举步维艰。

当代社会，企业家普遍面临以下困惑。

- 如何有效发现并正确面对自身的误区和盲区？
- 如何找到"后 EMBA"时代的个人学习和发展平台？
- 如何制定公司长期和短期发展策略？
- 如何做好企业人才蓝图规划并找到好的合伙人？
- 如何用"金手铐"留住核心管理层和员工？
- 如何聘请和管理职业经理人并塑造企业文化？
- 如何带领家族企业走出"做大必分家"的怪圈？

- 如何成功二次创业，再度走向辉煌？
- 如何达到事业和生活平衡？

……

在这些困惑中，既有企业战略选择、转型求变的生存发展的需要，也有个人学习成长的动力；既有关于引进人才与打造核心团队的诉求，也有家庭和生活需要平衡的苦恼。

在此基础上，可以大致总结出企业领导者普遍存在的四大痛点，如图2-1所示。

图2-1　企业领导者普遍存在的四大痛点

第一，商业业绩担忧。

该痛点突出体现在以下几个方面。

- 商业模式不确定。
- 商业模式变化快。
- 决策机制缺乏有效反馈。

在这个环境变动剧烈的时代，企业的商业模式需要不断地根据市场的变化进行动态调整，这就使得大多数企业领导者时刻处在商业业绩的追求和担忧之中且无法摆脱。

这种无法摆脱经常体现为：企业CEO长期陷于自身行业的泥潭深处，很少有机会抬起头来看看其他行业正在发生的变化。有时候，他们甚至认为关注其他行业对自身可能没有任何帮助。因此，他们视沿用已经约定俗成的商业模式为理所当然，甚至无法对未来的发展进行思考，因为眼前的经营压力和业绩要求已经让他们每天都精疲力竭了。

第二，公司治理无力。

该痛点突出体现在以下几个方面。
- 组织效率低下。
- 领导技能缺乏。
- 团队没有共识。

很多中国企业领导者都处在凝聚团队共识的初始阶段。在企业内部，通常只是"人在一起"的团伙，而不是"心在一起"的团队，因此团队内部经常出现效率低下的情况，这就使企业在市场上缺少真正的竞争力，难以真正进行有效的市场开拓并带领企业发展。

当我有机会到企业内部进行调研的时候，发现即使在很短的时间内对企业高管进行密集的访谈，也完全能够感受到团队成员的禀赋和优缺点。很多情况下显而易见的缺乏共识及与岗位不匹配的现象立刻无所遁形，但经常被每天跟团队成员在一起的CEO视而不见，有时恰恰是因为双方离得太近，从而使CEO"不识庐山真面目"，或者即使认识到了，也无法下决心去做一些改变。不愿意做出改变的原因是多方面的，有时可能是碍于情面，有时可能是认识得不彻底。总之，企业领导者对一些显而易见的事实的漠视有时会让我感到很吃惊，而这种治理方式也造成了组织效率低下，从而影响团队能力的发挥。

第三，视野高度局限。

该痛点突出体现在以下几个方面。
- 缺乏转型战略全局观。
- 缺乏对最新、最佳实践的关注。
- 岗位能力与企业未来发展要求不匹配。

专注于眼前事务的企业领导者在转型升级的大背景下，缺少对最新、最佳企业实践的关注，眼界狭窄，思路被限制，缺少全局观念，需要与未来企业发展要求相匹配的能力。

这是一个需要不断迭代更新的时代，社会的变化和发展速度需要人们不断发展适应未来、引领未来的能力。如何才能不断跨越自身发展过程中的非连续性，实现第二曲线的发展？有时需要人们从手头的事、眼前的事上后退一步，看到更广阔的世界，并保持对社会最新发展动态的关注、对有趣和美好事物的体验，把埋头走路、抬头看路和心中有路结合起来，打开心胸和视野，才能追求更好的结果。

第四，长期孤军奋战。

该痛点突出体现在以下几个方面。
- 缺乏人际网络。

- 缺乏鼓励和动力。
- 忘记初心。
- 落地资源能力不足。

大多数企业一把手内心孤独，而且缺少真正走进他们内心，能够在关键时刻给予他们能量的人际网络。出于彼此认同的相互陪伴本身就拥有价值。大量企业家满足于觥筹交错的浅层社交，以为这样"交朋友"就是发展企业的最佳手段。其实，这种手段大多数时间都流于形式，在真正需要的时候难以派上用场，且更多的只是资源交换，并非深入的鼓励和陪伴。

很多人走着走着，往往就会忘记当初为什么出发。事实上，目前社会上专注浅层社交和资源互换的组织仍旧不少。但是很明显，这类主要促进人际网络交际的组织存在的必要性和重要性越来越低。在一个浅层社交泛滥的时代，真正能够带来价值、能够在关键时刻进行深度沟通的小范围私密且值得信任的小圈子往往更具价值，并且具有长久而深远的影响力。

每天，企业领导者都会对无数平凡的事情做出无数的决策：现在是收购竞争对手的好时机吗？我们要开另一个办公室吗？我们应该在技术上投资多少？在每个主要决策中，都有数百个需要做出的小决策。一个企业的成功或失败取决于它的领导者所做的决策，以及这些领导者如何将决策转化为行动。人们在一生中扮演的各种角色上取得的成功，取决于其做出的决策。但是重要的决策不应该在真空中做出。有时，人们需要对那些让自己几乎没有时间考虑如何选择的事件或情况做出反应。但是，随着决策变得越来越重要，你应该花时间考虑决策的多个方面，并权衡自己的选择。

你应该征求别人的意见，然后把他们的专长和对这个问题的看法结合起来。例如，你可以咨询组织内外的同行，尊重和信任他们；你可以听取不同的观点，并将自己的观点暴露在不同的观点和意见中，这不仅是为了更好地理解直接决策的含义，而且可以从其他走类似道路的人那里收集有价值的见解。

一般来说，大多数领导者拥有传统的领导者发展思维，会直接关注计划的结果，关注行动是否产生直接的效果。在不确定性增多的时代，新型领导者会不断听从他人的意见和反馈，形成不同的领导者发展思维。他们会通过一个决策小组来帮助自己不断修订和调整计划，以打开个人认知和能力的盲区，在一个互相砥砺的氛围中不断迭代计划和方案，实现成长。私董会小组的定期会议能够不断给领导者反馈迭代，从而实现领导力的提升，达到更好的效果。不同的领导者发展思维的对比如图2-2所示。

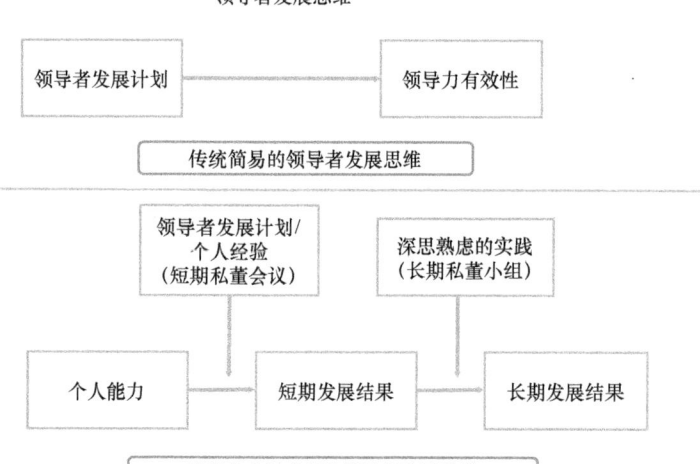

图 2-2　不同的领导者发展思维的对比

真正的挑战不是做什么，而是如何做，以及如何让他人参与进来。后者需要领导。事实上，大多数好的决策可能在执行时都失败了。如果一位领导者不能领导组织并将决策转化为行动和结果，那么再好的决策也毫无意义。领导者负责决策，这是他们的主要工作，也是他们存在的理由。但是，他们有权做决策并不意味着他们的决策总是正确的。同时，随着决策变得越来越重要、越来越复杂，需要考虑的因素越来越多，需要探索的未知因素越来越多，需要参与的人也越来越多。复杂性增加了决策的不确定性。这通常会迫使领导者走出舒适区，面临知识局限性的挑战，也会测试他们学习和应用新思想的能力。通过决策技巧，可以将那些在各种经济条件下蓬勃发展的领导者和组织与那些即使在最好的经济条件下也停滞不前或失败的领导者和组织区分开来，这恰恰是由领导者的一系列决策导致的。因此，帮助领导者在每个当下做更加正确的决策至关重要。因为一系列更加正确的决策可以帮助领导者逐步实现更好的结果，取得更好的成功。

同时，在某种程度上，每位企业领导者都是自身所在机构中那个最"孤独"的人，每位 CEO 都是"可怜"的全能型选手。有些话，不要说对企业的高管和核心团队，就是对自己的爱人和孩子都不能讲。长此以往，这些领导者很容易"憋出内伤"。麻省理工学院领导力中心执行主任哈尔·格雷格森认为，无论在什么样的组织中，领导者都可能陷入"领导者困境"：在组织中，职位越高，越难发现未知的未知，也就是不知道自己不知道的事。由于人们对系统有着天然的不信任，管理层和非管理层之间有一层隔膜，周围人会根据你的职位而改变对待你的态度。在向你汇报工作的时候，他们往往会告诉你一些他们认为你愿意听的话，而保留他们认为你不想听的话。而且你的等级越高，越难创造安全且充满信任的环境，从而越难得到下属真实全面的反馈，最终你很有可能进入认知盲区。因此，你不能只冥思苦想，而要走出去，和不同的人交流，并持续下去。

由此产生的一个显而易见的悖论是："孤独"的企业领导者需要高质量的社交圈。但同时很多人都在用错误的方式进行社交——他们建立不平衡的社群小组，或者与错误的人交往，又或者无法有效地利用自己的圈子。这些人可能取得一时的成功，但在这之后，他们的事业会达到瓶颈以致无法继续上升，甚至完全脱离原本的轨道。其中的原因就是，当他们的事业处于关键过渡期时，他们的社群小组无法对其提供助力或支持。在此基础上，私董会应运而生。

私董会：去中心化的横向学习模式

私人董事会，简称私董会，是源于美国的一项面向企业家的高端专业服务，以"身份共鸣、非利益冲突、私密性"为基本原则，每十几人组成一个私董会小组，每月或每两个月就其中某位成员在现实工作中遇到的重要问题展开讨论，深入剖析问题核心。小组成员彼此信任，相互提出极具价值的建议，分享来之不易的经验教训与创意，共同寻找解决方案并持续跟踪实施成效。

相对来说，私董会是一种新兴的企业家学习、交流与社交模式，完美地把高管教练、行动学习和深度社交融合起来，核心在于汇集跨行业的企业家群体智慧，解决企业经营管理中复杂而又现实的难题。

私董会的起源

1957 年的美国经济正处在下坡路上，之前的人们对美国充满了乐观和信心，之后则是一片悲观和疑虑。当时美国钢铁工业生产实际开工率只有 1956 年的 68%，而汽车产量也较 1956 年下降了近 10%。不论用什么标准来衡量，这一年的变化都是触目惊心的。

就在这样的一个环境下，美国割草机公司总裁罗伯特·诺斯在美国创办了第一个"总裁圆桌小组"。他请来了另几家公司的一把手倾听他的问题并帮他出谋划策。运用大家的智慧，罗伯特·诺斯很快渡过了危机，公司业绩成倍增长。

这次尝试给罗伯特·诺斯带来了一个简单却具有革命性的理念——领导者能在一起互相分享知识和经验，以帮助各自的公司解决问题，获得更理想的业绩。由此，他提议组成一个决策者委员会（The Executive Committee，TEC），并提出了非常清晰的愿景：将来自非竞争行业的、经历各异的 CEO 集合在一起，大家只要彼此信任、共同努力，就没有什么难题不能攻克，没有什么目标无法达成。这就是私董会的前身。

他山之石，可以攻玉。罗伯特的初衷旨在为企业领导者提供一个相互切磋、智慧碰撞的平台，将一些没有竞争关系和利害冲突的企业领导者结合成小组，每月定期举办会议，让他们成为彼此的"董事会成员"，及时发现问题，降低决策风险，从而让企业抓住机遇，发展得更加顺利。罗伯特以"总裁圆桌小组"的形式将他的想法呈现出来后，得到了众多企业领导者的欢迎，尤其是那些没有正式董事会机构的中小企业主。他们急需视野一致、身份共鸣、经验丰富的智囊团来交流经营管理中的问题。

60 多年来，"总裁圆桌小组"这种形式已经逐步从自发型组织发展成为一项专业服务，名称也更改为更能确切表达其含义的"私董会"（Private Board/CEO Group）。如今，这一服务已遍布北美、欧洲、澳大利亚等发达国家和地区，成为美国青年总裁协会等著名世界 CEO 机构最流行、最受欢迎的总裁服务之一。世界权威机构邓白氏（D&B）的一项调查显示，私董会服务可以有效提升企业的竞争力，拥有私董会的企业的成长速度是其他企业的 2.5 倍。据不完全统计，欧美发达国家已经有 50 多万名总裁拥有自己的私董会。

今天的商业环境同过去相比变化巨大，呈现出明显的时代特征。商业环境面临的总体趋势特征是：组织扁平化（管理更多人）、精干高效、高度的复杂性及压迫性的节奏。即使是经验丰富的领导者，要跟上时代步伐，也会感到力不从心，更别说超前于竞争曲线了。企业家每天的日程表堪比竞选中的政治家。领导者可能面临的最大误区是，认为过去让他们成功的经验还将继续让他们成功。这个误区让企业领导者面临"创新者的窘境"，在非连续性的发展和创新面前，过去的成绩反而成为未来成长的桎梏。事实证明，那些面对崭新的、始料未及的挑战而需要展现新行为的企业领导者，因为领导行为和风格与角色不匹配而导致不能实现他们想要的目标的领导者，很少接触组织外部的社会或很少有组织外部经历的领导者，以及必须同时具备情商、社交技能和技术专长才能在职业生涯中获得成功的专业人士，通过私董会这样一个智慧生发系统，可以有效促进自己的成长。

私董会 vs 商学院

很多参加私董会的企业家都上过商学院，甚至不少人一边开着私董会，一边学习商学院的课程。对他们来说，这是两种完全不同却非常互补的学习模式。

商学院教育有明确的学制和课程规划，每门课程都有权威的教师和教材，在教学过程中也会有大量的案例讨论。这种学习模式的好处是能快速获得系统的知识体系，并通过大量经典案例加强对知识的理解。

私董会虽说也是一种企业家的学习组织，但没有固定的学制、课程、教材和教授；虽然在组织内也要讨论案例，但这些案例几乎不用提前准备，而是参会人员正在或已经经历的。该学习模式强调成员互相学习，从彼此身上正在发生的问题和失败中学习，具体讨论的问题也经常由大家现场提出、投票产生，所以学习内容也是大多数人的"兴趣"所在。商学院强调"教学"，教师教、学生学；而私董会注重"切磋"，让参与者们互为师生。可以把企业家在商学院课堂上的学习模式称为纵向学习，而把企业家相互学习的模式称为横向学习。两种不同的学习模式如表 2-1 所示。

表 2-1　两种不同的学习模式

区　　别	纵　向　学　习	横　向　学　习
典型方式	• 商学院课程/培训课程 • 向权威专家学习，教师教学生，师父教徒弟	• 内部圆桌会议 • 同伴之间互相学习 • 没有绝对中心化的学习对象和权威 • 在平等的讨论中获得启发与反思
学习时间	1～3 年不等	没有固定期限，甚至可以终身参与
学习内容	• 过去的经验、理论和系统 • 已知的知识 • 内容由教师提前准备	• 正在发生的问题、困惑 • 当下的真实问题和挑战 • 问题当场提出、投票决定
学习方法	• 高人指点、名师指路 • 通常有标准答案 • 教师讲解专业知识、经典案例 • 小组讨论、问答互动等	• 互相学习、自我探索 • 没有标准答案 • 讨论实际问题，共同发现和解决问题 • 问题处理流程，通过访谈、讨论、辩论和角色扮演等方式
意义	获得更多的外部知识和经验	帮助别人解决问题并反省自己

纵向学习的优势在于能用最少的时间获得前人的研究成果和经验。但是，企业家面临的环境有高度的不确定性，面临的挑战也是独特的、个性的，仅有通用、标准的知识常常解决不了这些挑战。很多优秀企业家在创业之前从未接受过商学院教育，但他们都是"在战争中学习战争"的高手，能在经营一线的摸爬滚打中不断观察和思考，总结自己和他人的成功经验、失败教训，从中积累商业智慧。私董会可以让经验丰富的企业家在一起互相学习，加速实战商业智慧的积累。私董会要求参与的企业家行业不同、年龄不同、地域不同，多样性越高越好。很多私董会成员的商业经验加起来有数百年，而在每次的私董会小组会中，大家都能在实战问题的切磋中收获别人独特的观点和经验。

有意愿加入私董会的企业领导者需要具备以下特点。

- 对改变持开放态度。
- 愿意尝试新想法。
- 能够反思和承认错误。
- 愿意带着好奇和谦虚的态度倾听他人的意见。
- 乐于学习。
- 关注未来而不是关注过去。
- 能够根据需要调整自己的行为方式。
- 拥有个人使命感和激情。

如果一位领导者对自己目前的生意沾沾自喜，那么就很难对加入一个帮助他继续成长的私董会感兴趣，因为对他自身来讲，不改变是好的，改变了反而不好。因此，对那些浅尝辄止、小富即安型的创业者和企业家来说，长期参加一个私董会很难激起他们的兴趣。还有一类企业领导者，他们每天在做的事情就是力图证明自己无比正确，很少向内看到自己的问题和不足。这类领导者需要通过私董会来不断鞭策和提醒自己。未来不能靠等待，而需要人们去创造。因此，当下的所有人都要关注那些新的事物和新的变化。所谓"风起于青萍之末，浪成于微澜之间"，那些在未来将颠覆人们生活方式的事物一开始都是通过一种毫不起眼的方式来到这个世界的。起初有的人看不见、看不起，等他们反应过来的时候往往已经追不上、来不及。就像《人类简史》的作者尤瓦尔·赫拉利所讲的："那些事后看来不可避免的事，在当时总是毫不起眼。"这就需要人们不断保持好奇心，保持对新鲜事物的关注，保持一颗童心，只有这样才能保持自己的创造力。我系统地研究了天才的思维模式和思考方式。一个人如果要保持创造性，有时需要像天才那样去思考。而天才的思考方式主要有以下几个特点。

- 如果在做事的过程中发现了新奇有趣的东西，他们会暂时放下手头的事情，研究这个新奇有趣的东西。
- 天才在考虑方法时会想出大量可供选择的办法和猜测，从中选择精心研究的最好的方法。
- 天才通过融入任意的、偶然的或不相关的因素，让人们的想法发生变化。

简单地说，天才的思考方式可以被概括为追求新奇有趣、大量极致和组合创新。在私董会上，通过将大量来自不同行业的新奇观点从不同领域、不同角度进行组合，可以不断打破会议成员的思维框架，激发创新的灵感，从而能够击中别人击不中的靶子，甚至击中别人还没有看见的靶子。

最后，能够参加私董会的企业家一定是拥有使命感和激情的人，他们属于不甘平庸、永不止步的那种人。一些资源型企业家每日沉迷于人际交往，满脑子想着通过关系获得一些资源进而拿到一些项目，创造获利的机会，从而很难沉下心来加入私董会进行学习。

私董会的原则

企业一把手原则

私董会一般情况下只向企业一把手开放。这是因为私董会要解决和处理的问题是企业面临的最全面、最尖锐、最核心、最综合的问题，而非某一方面的、专业的问题；私董会所能提供的帮助也是最私密、最复杂、最实质的帮助，非一把手不能讨论、决策和实行。私董会是一个致力于解决问题，并凝聚行动力的组织。

在实际的私董会组织过程中，这一条基本原则随着时代的发展产生了新变化。例如，有专门的高管私董会，就是私董会的成员都不是企业一把手，而是企业的核心高管；还有相应的网络私董会，通过网络来沟通交流、定期会晤。从会议的媒介到参与的人员，私董会的内涵和外延也在不断发展、创新。事实上，作为一种深入探讨问题的方法论，私董会的讨论形式并不仅限于参会人员的职务和级别，每个人都可以做自己的主人，所以每个人都是自己生命的主宰，每个人都是自己的 CEO。即使是普通员工、部门经理，遇到职业生涯困惑和工作上的问题，通过私董会的讨论原则获得一些帮助和启发，也会让他们有莫大的收获。

非利益冲突原则

私董会的运作涉及大量商业秘密，因此，必须保证私董会成员之间不存在利益冲突。为了尽可能避免利益冲突，私董会成员应当来自不同的行业，有着类似的行业地位及发展阶段。同时，还应当披露他们是哪些其他私董会的成员以避免发生利益冲突。

非利益冲突同时也是相对的。在目前的商业模式和激烈的竞争中，跨界融合已经成为发展的主流，那些昨天你举着望远镜都没有看到的对手，今天可能就已经带着千军万马杀到你的阵前。同样，有些今天还拼得你死我活的竞争对手，明天可能就各自到自己擅长的其他领域跨界发展去了。因此，非利益冲突原则可以根据私董会的实际情况灵活掌握，只要大家同意，哪怕是处于同一个行业的上下游企业，也可能不存在明显的利益冲突，那么大家完全可以在同一个私董会公开讨论问题。

保密原则

私董会成员在交流过程中，随着讨论的深入，不可避免地会涉及大量的商业秘密，这些商业秘密具有重大价值。私董会成员和专家都必须签署保密协议，并承诺不利用这些商业秘密为自己或第三方牟利。

以下是常用的保密协议模板，供参考。

保密协议（模板）

为保障私董会成员及其公司的信息安全，本人承诺在参加完本次私董会后，对私董会相关内容严格保密，承诺如下。

一、本人对与会人员谈论的个人及企业状况，以及会议中使用或产生的文档和记录，任何情况下绝不以任何方式向外泄露。

二、本人如发现其他与会人员有违背保密承诺之行为，无论其是故意的还是过失的，都将提醒泄密者并告知会议召集人，并在第一时间采取必要措施防止保密信息的扩散，尽最大可能消除影响。

三、本人已清楚知道因个人故意或不当行为导致信息泄露，可能会侵害其他与会人员的权利。如有违反，愿承担后果，接受处罚。

四、上述保密责任，本人已逐条阅读，对其中的内容没有疑义，愿意承担保密责任。

五、本保密责任书一式×份，自签字或上传之日起生效。

承诺人：×××

××××年××月××日

平等原则

私董会成员之间的地位是平等的，各成员在私董会活动中应当遵循公认的议事准则，以求得最广泛坦诚的意见和最高的议事效率。私董会成员有退会的自由；通过民主投票，私董会也有开除成员的自由。

教练原则

私董会的运作需要一名资深的专业人士担任教练角色，承担引导私董会成员交流、思考、学习和解决问题的责任，帮助他们快速实现个人和企业的成长。优秀的教练是私董会成功的关键。

实用原则

私董会关注的是实践中的问题和挑战。成员讨论的是实际问题，分享的是实际问题，最后要解决的也是实际问题。私董会是"真实的人面对真实的问题，进行真实的讨论"。对于实际问题，使用苏格拉底式的对话能够将问题的关键和细节展现出来。问题最终的结论永远是开放式的，永远还有值得进一步总结和探讨的空间。

直面复杂挑战

从广义来说，人们面临的实际挑战无非以下两种：简单/步骤烦琐的挑战和结构复杂的挑战。

简单/步骤烦琐的挑战本质上是技术性的、机械的、有序的、线性的、可以预测的。

结构复杂的挑战本质上是创新性的、非科学的、混乱的、不稳定的、无法预测的。

结构复杂的挑战需要创新性的应对措施。这些挑战都是令人困惑又头疼的问题，没有正确的答案，只有最好的尝试。没有直接解决问题的方法，只能摸索着往前走，看看事情会如何发展。

下面的例子能够帮助你区别这两种挑战。

- 举行婚礼是简单/步骤烦琐的挑战，婚姻幸福是结构复杂的挑战。
- 买房是简单/步骤烦琐的挑战，做个好邻居是结构复杂的挑战。

- 修理汽车是简单/步骤烦琐的挑战，扰乱汽车行业是结构复杂的挑战。
- 复原魔方是简单/步骤烦琐的挑战，让魔方风靡全球并获得商业成功是结构复杂的挑战。
- 推行客户管理系统是简单/步骤烦琐的挑战，始终如一地提供成功的客户体验是结构复杂的挑战。
- 推广管理软件是简单/步骤烦琐的挑战，制订并实施强有力的创新计划是结构复杂的挑战。

……

任何人都可以根据说明书解决简单的挑战。步骤烦琐的挑战可以由专家解决，他们会用现成的或约定俗成的说明书。而面对结构复杂的挑战，连专家都不能确保永远成功，因为不存在分步的解决方案。只有高度多样化的人才参与，快速突破，具备敏捷性优势，不断尝试，不停地迭代反馈，才能成功应对结构复杂的挑战。

在私董会上，需要讨论的恰恰就是结构复杂的挑战，发挥同伴的优势，不断优化方案和升级认知，从而克服成长中的一个个难题。简单/步骤烦琐的挑战和结构复杂的挑战的不同之处如图 2-3 所示。

简单/步骤烦琐的挑战	结构复杂的挑战
技术性的 机械的 有序的 线性的	创新性的 非科学的 混乱的 不稳定的
可以预测	无法预测
知识就是力量	发挥人才的多样性就是力量

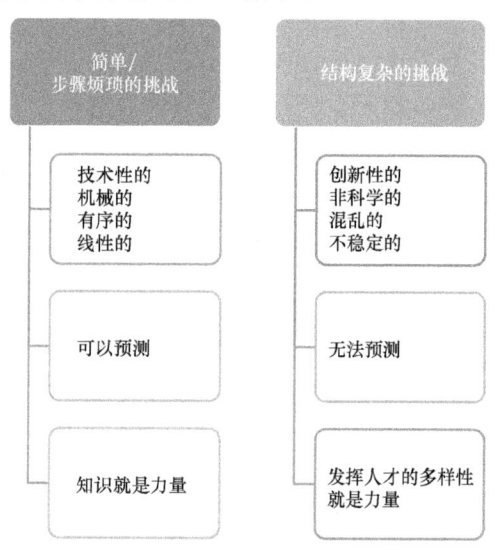

图 2-3　简单/步骤烦琐的挑战和结构复杂的挑战的不同之处

下面来看看一个国内的私董会组织是如何理解私董会在中国的兴起的。

面对转型困惑，跨界共生

全球经济发展无以为继，中国经济运行急剧减速，企业转型升级一片迷茫，这些都令中国企业家倍感焦虑。

作为企业最高级别的决策者，面对巨大的商业变革，面对企业决策难题，你还在孤军奋战？

商业大变革时代，企业家的思路突破比构建资源显得更重要。

古语有云："能用众智，则无畏于圣人！"

群策群力胜于单兵作战，私董会模式就是众筹企业家的"智"，不仅可以解决企业家和企业的领导力问题，还可以解决他们在实践中的专业问题，深度伴随企业落地方案的执行。

"激发新思维""高效解决问题"是越来越多的企业家关注并迫切选择私董会服务的原因。

拓宽视野，补充知识体系

当今社会已步入万物互联时代。互联网技术改写了传统商业的底层逻辑，企业老板无比纠结，现有的知识、经验、能力正面临空前的挑战。

闯入未知的领域，当你的个人局限成为企业发展的阻碍时，谁来帮你打破？

转型时期，不进则退，需要的不仅是果敢，还有智慧。私董会是"快速学习时代真知的道场"，依靠高效对话机制进行企业家社群式智慧分享，共同成长，助力企业家快速读懂这个时代，解决自身转型发展中的当务之急，得到私董会伙伴的智慧支持，学会从互联网的视角来审视自己企业未来的商业模式。

管理经营方式升级

未来企业的组织模式不再是"科层制"，而是具有开放共享精神、高效协作的"云组织"。互联网时代最需要的不再是老板的独断，而是组织平等对话中酝酿的智慧风暴，思维的改变使创新拥有无限可能。

面对老板变得越来越孤独、组织变得越来越笨的企业内部问题，企业如何获得重生？

私董会是帮助企业和老板推动管理升级的"微创手术"。它的神奇之处在于，以平等的对话为基石，深度挖掘企业实际问题，打破僵化的组织，改变企业原本"顽固的基因"，释放组织的自主活力，形成开放的智慧碰撞，在不断突破中成就组织创新，而这将是企业对接互联网时代的最大筹码。

深度社交获得心灵成长

各类企业培训浮华喧嚣，单向灌输的知识无法落地，耗时费钱，难有实效；MBA 剖析案例式的学习无法解决企业面向未来的个体实际问题，成本太高；

　　企业家自建的私人圈子，思维不免同质化，封闭有局限，无法实现多元化突破；

　　企业家渴望跳出浅层社交，以深度交互促进资源融合发展，哪种圈子对接更有效？

　　私董会是未来商学院大墙外最好的学习形式之一，也是最接地气的企业家学习型自组织。私密性极强的固定私董会小组就是一个能量圈，让身心疲惫的企业家彻底敞开心扉，直面困惑，互相激发，结交生命伙伴，彻底摆脱过去企业家社交流于觥筹交错、品酒赏车的浅层物质交流，帮助企业家解决深层问题，形成"学习—行动—反思"的良性循环，获得持续前进的正能量。

私董会的价值

智慧：私董会是企业家战略智慧无尽探索的发动机。
融合：私董会是企业家业务资源共融共生的新桥梁。
成长：私董会是企业家结交伙伴心灵成长的新道场。
责任：私董会是企业家双重责任传承担当的新圈层。
勇气：私董会是企业家拥抱变革求破求立的新联盟。

　　根据实践中的总结和迭代，我梳理了私董会的基本逻辑和理论框架，这套框架谈不上多么高深和完美，但希望对大家深入认识私董会有帮助。就像每个人在学习开车前必须首先学习交通法规、汽车操作原理，然后才能上车启动、挂挡、踩油门，在真正进行技术探讨和实践之前，大家必须首先深化对私董会的认识，并且形成自身的底层逻辑，这样才能保证大家在一场场的实践中"手段千变万化"，同时又能做到"万变不离其宗"。

对私董会认识深化的4个阶段

　　2021年7月10日，甘肃张掖，由我担任教练的伟事达091小组的又一次小组会开始了。这次会议的主题有些特殊，因为我将担任这次问题处理流程的案主①，请大家围绕我提出的问题进行深入讨论。

　　这次我提出的问题是：**我如何坚定地在私董会领域持续深耕，不断开拓发展？**

---

① 案主：私董会中的一个角色称谓，一般是指问题提出者、拥有者和所有者。

小组成员依次提问，我们的组长是来自兰州和家和集团的总裁马鸿亮，我们亲切地称呼他为"小马哥"。他临时客串教练，担任会议主持人。这次圆桌会议大概持续了 3 小时。在整个过程中，我冷汗直冒、脑子混乱，有时答非所问，甚至语无伦次，非常丢人。

会后我苦笑着自嘲：我原本以为自己是黄金斗士，至少是个白银斗士，可这一场私董会下来，发现自己连青铜都不是，就是一块废铁。

其实，这不是玩笑话，而是会后我的真实感受。091 小组的成员是我在全国一场场私董会体验会上招募来的，他们有的是餐饮界大亨，有的是国内儿童自行车行业的隐形冠军，有的是传媒巨子，有的是会展业老兵……他们的统一特征是"德才兼备、有情有义"，个个火眼金睛，通透睿智。一场会议下来，我只能说自己太不自量力了，什么场合都敢上。作为教练，我的那点残存的信心被打击到了"谷底"，最终得到这样一个令人很"无语"的结论，基本上也属于"咎由自取"。

在这次会议的结尾总结时，我说："在本场会议开始之前，作为小组的教练，我是有心理包袱的。但是，我对自己说，不管出现什么情况，勇敢地面对就好了。所以，关于本次会议的内容和大家的建议，我回去后要好好梳理，在下次小组会上向大家汇报。"

会后，我查看了自己做主持的私董会记录。这场由我做案主的私董会正好是我个人参与的第 300 场私董会，前 299 场都是由我主持或做教练的，第 300 场由我做案主，这纯属巧合，也是一次极为独特的纪念。我对自己说："再坏的结果也要承受，该来的一定会来，生活总要继续。"

借由第 300 场私董会，我进一步更新了私董会的价值主张，也正是这次成为案主，让我更加深切地感受到了私董会对我个人的帮助和成长。这种帮助不只是一次圆桌会议，不只是会上的 3 小时，还包括在那之后的小范围私下沟通、小组成员的期待和鼓励，以及暴露底线之后的痛定思痛、知耻而后勇。虽然行动总是迟滞于思想，但只要在思想和认知上有了切肤的体会，行动上自然不会太落后。

总体来讲，我对私董会的认识经历了 4 个主要阶段。
- 第一个阶段：个人成长、解决问题、结交挚友（第 1~20 场）。
- 第二个阶段：能量提升、同频共振、探索世界（第 21~200 场）。
- 第三个阶段：重大决策、路径选择、迭代反馈（第 201~300 场）。
- 第四个阶段：私董会价值提炼（见图 2-4）（第 301 场至今日）。

接下来我分别就自己对每个阶段的理解进行阐述，以更好地表达我的认识过程，希望这个过程对大家理解私董会有所助益。

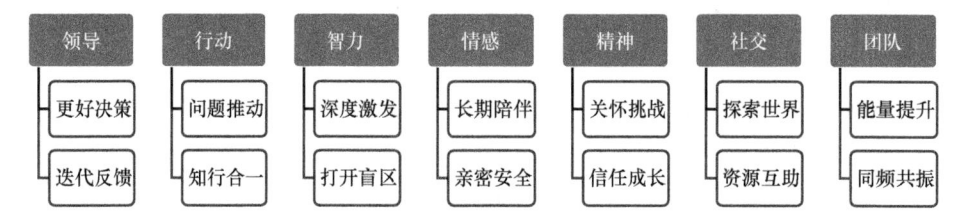

领导	行动	智力	情感	精神	社交	团队
更好决策	问题推动	深度激发	长期陪伴	关怀挑战	探索世界	能量提升
迭代反馈	知行合一	打开盲区	亲密安全	信任成长	资源互助	同频共振

图 2-4　私董会价值提炼

第一个阶段：个人成长、解决问题、结交挚友

大多数时候私董会都是以讨论问题的方式出现的，但是解决问题并非私董会最重要的目标。在一个私董会上，大家真正追求的是会议成员（也就是企业领导者个人）的成长。个人的成长是全方位的，既包含智慧的生发，也包含情感的积淀；既有思考的角度及深度的延展，也有执行能力和领导能力的提升。

密歇根大学商学院著名教授戴维·尤里奇研究发现，改变行为并不容易，一个人的价值观、态度和行为，大约50%是由遗传因素决定的，另外50%是后天习得的。人们的表现大约90%来自习惯，而这些习惯很难改变。企业的突破首先是企业家的突破，企业家的突破首先是认知和思维的突破，认知和思维的突破来自自我觉察和重建思维与行为模式。私董会正是通过集体挑战和关怀，让企业家从"外求"转向"内观"，促进深层的自我反思，并接下来指导行动。因此，私董会首先追求的是个人成长，这种向上生长的力量是根植于每个人内心深处的底层需求。从表面上看，成长来自外部的学习，其实质是通过外部对内部的压强，让企业家更多地向内看自己，不断进行反思、总结、提升，再落实到企业实际的经营管理中来。

同样，每个人在人生发展的不同阶段都会面临不同的问题，这些问题如果没有经过深入的讨论，人们通常就会特别容易给出自己的答案。而当你在私董会上和一群值得信任的小伙伴讨论的时候，群体的智慧一定大于个体的智慧，就一定会帮助你做出更正确的决策。因此，每次在私董会上，我都相信，提出问题的那一刻就是解决问题的开始。

问题的深度探讨总是伴随着思考力的提升。有时候，私董会上的讨论结果未必一定能够彻底解决问题，但能改变问题拥有者（案主）和问题之间的关系。其实，这种关系的改变也是一种解决问题的方式。大多数时候，通过私董会层层剥茧的讨论，案主的思维空间得到极大的拓展，大家在拥有共同信息的基础上做出的建设性意见会帮助案主重新定义原来的问题，进而深入了解问题的真相和本质。毫无疑问，最终大家帮助案主找到的"真问题"对于问题的解决至关重要。

人们越来越难以找到能够长期陪伴的挚友和灵魂伴侣，也越来越难以走进他人的内心。同样，打开自己的内心也需要时间。私董会为人们提供了一个安全的场所，使人们有机会深入坦诚地探讨人生难题、信仰和价值观，让自己成为更健全和充满活力的人；使人们认识到自己的巨大潜能，在面临挑战时获取支持、享受生活的乐趣并且成就一番事业。因此，私董会内的成员组合是非常重要的，这就要求人们在组建私董会的时候根据统一的标准进行遴选，在过程中不断磨合完善，让大家成为彼此创业路上的铁杆兄弟姐妹、饱经岁月洗礼的忠诚伙伴、毕生珍惜的挚友知己。

当大家彼此深度了解之后，信任就产生了，而且在这个过程中大家会发现每个人的底层价值观和精神追求，真正相互信赖的朋友就会自然而然出现。私董会会加速这个了解的过程，十次浅层次的、流于表面的社交也不如一次深度讨论的私董会。如果把时间都耗在毫无意义的浅层社交上，无疑是对领导者时间的巨大浪费。

第二个阶段：能量提升、同频共振、探索世界

从宏观上看，铝、硅、水和麦芽糖最显著的区别在于量子层面——质子、中子和电子的数量与组合方式不同。科学早已揭示，宇宙中万物的本质是能量。宇宙中的一切都靠能量的转变而运作。爱因斯坦的质能方程式 $E=mc^2$ 说明：物质的本质就是能量。

物理学家已经证明，世界上所有的物质都是由微观旋转的粒子组成的。这些粒子有着不同的振动频率，粒子的振动使世界成为目前丰富多彩的样子。各种生命也是如此。

从这个意义上讲，我不再认为身边的事物只是物质，它们还是能量、振动和频率。

你渴望得到的豪宅，不是由砖瓦和木头盖成的，它是质子、中子和电子的杰作，它的本质是能量。

你渴望得到的汽车不是由钢铁、橡胶和碳化纤维制成的，它是质子、中子和电子的杰作，它的本质是能量。

你渴望得到的伴侣，不是由皮肤、牙齿、头发和身体组成的，它是质子、

中子和电子的杰作，它的本质是能量。

你渴望得到的金钱不是由墨水和纸张组成的，它是质子、中子和电子的杰作，它的本质是能量。

并且你、我、他——我们都是能量。一切存在都是能量。所有事物都只不过是同一种东西——能量的不同表现形式。

科学实验积累的上百万组数据表明，人的生命体会随着精神状况（意识）的不同而发生能量强弱的起伏。

大量统计数据显示，一般情况下，一个人的能量场终其一生也不会发生多少变化。如果不是有重大事件促发，或者有高人或大师引导，绝大多数人的能量层级都不会发生改变。

人类所能做的最重要的事情就是提升自己的能量层级。一个能量层级的提升可以从根本上改变一个人生命中的一切。一个人的能量层级水平最终决定了这个人的生命成就和人生丰盛程度。一个人在一生中所追求的一切目标的实现程度都取决于其能量层级的高低。

神奇的是，当一个人觉醒之后为提升能量层级而努力时，同时也在向周围的人传送更高的能量。

同样的原理，每个组织（包括所有的企业），要想更加轻而易举地实现自己的目标，最有效的途径就是采取切实可行的措施，提升自己的整体能量层级。例如，提升组织现有成员的个体能量层级，向组织内部引进能量层级高的新成员，或者减少组织中能量层级低的成员。

因此，当私董会集体处在一个正能量的学习型组织时，这个集体本身就是充满能量的。如果大家在一个小组里互相激发，彼此鼓励，真诚探讨，那么这个小组本身就是一个能量场。在这样一个能量场，作为教练，要拥有更多的勇气、善意、宽容，甚至爱，去掉更多的骄傲、恐惧、内疚和羞愧。自然地，小组内每个人的能量都会提升。当大家的能量层级、变化频率更加接近时，相互之间的共振又会形成正反馈的循环，这便是同频共振、能量提升。

日本池口研究室在 2012 年做过一项实验研究。实验者将 64 个钟摆同时放在同一个实验场，然后随意拨动钟摆，一开始每个钟摆都按照各自的节奏摆动着，整个实验场充满了杂乱无序的声音。但是，一段时间之后，钟摆开始各自调整自己的摆动速度，慢慢趋向统一，最后达到同一频率的状态，摇摆的速度、声音变得整齐有序。万事万物都有自身的能量属性与信息属性，在同一个场域，能量与信息会相互影响，同频产生共振作用。人也是一样的，人是宇宙中的一部分，是一个个能量点。人与人之间、点与点之间会相互影响，同频产生的共振作用也会带动其他方面。每个"念"都是信息，当一个小组中的每个人都发出善心、善念、善愿，努力帮助他人时，这种能量也会影响现场的每个人及周围的世界。

在此基础上，让我们共同探索未知，进入那些让我们感到困惑迷惘的领域，通过彼此的激发变得更加明智，走出属于每个人的不同的创新之路。

第三个阶段：重大决策、路径选择、迭代反馈

"能量""同频"这些词听上去不错，但是感觉有点"虚"。在现实的企业环境中，能量必须落地，问题必须找到方案，同时方案要能够落地执行。

领导者每天都要做各种各样的决策，因为其他人解决不了的问题，最后都有可能汇集到领导者这里来。在这些决策中，有些是重大的决策，这些决策会对企业的发展产生重大的影响。举例如下。

- 遇到上市公司收购时，企业卖还是不卖？
- 当面前有几条路可走时，到底选择哪条路才能够更好地发展？
- 当面对企业的众多问题时，到底哪个才是真正重要的问题？
- 作为领导者，要把精力放到何处？

对这些重大决策问题的讨论，如果不是在私董会这样的能量场中，那么很明显，领导者要花很长时间才能向别人解释清楚。如果缺少专业的训练和引导，决策往往容易走偏。每次私董会后的复盘都让我真切地感受到，即使案主私下跟每个人进行一对一沟通，最后汇集到他那里的可能仍然是各种各样的信息。处理这些信息要花费领导者很多时间，而且未必能够达到理想的效果。而私董会可以极大地节省领导者决策所耗费的能量，提升领导者决策的效率。"三个臭皮匠，顶个诸葛亮"，何况得到众多拥有企业实战经验的领导者共同的智慧加持。因此，在很多情况下，私董会还没有开完，答案就已经呼之欲出了。当这么多人的答案几乎都指向一个明确的结果时，案主还需要纠结吗？他只需要把大家的智慧真正融合在一起，就可以得出自己内心的答案了。

接下来就是回到企业的实际，把决策执行落地，做出成果。当下次"老革命"再遇到"新问题"时，继续拿到私董会上来讨论决策。长此以往，形成不断的反馈循环，不断在执行中迭代，朝着更好的目标前进。

由此看来，私董会要帮助每位企业家和创业者形成一套完整的决策机制。这套机制不一定能保证每次都做出无比正确的决策，但是至少能够提高做出正确决策的概率，降低做出错误决策的概率。因为很多时候，可能CEO

拍脑袋产生的一个错误的决策，就会让之前的 10 个正确决策产生的效果化为乌有。

混沌大学创办人李善友教授讲过一个思想实验：一个盲人复原一个被打乱的魔方，需要花多长时间？

答案你可能想不到，事实上，他很难在没有帮助的情况下独立把魔方复原，甚至给他 137 亿年，都很难复原。

然而，还是同样的命题，只加一个条件，即他每拼一下，就给他一个反馈条件，告诉他离目标近了或远了。这样的话，他最少需要花多长时间能复原这个魔方呢？

时间是：2.5 分钟。

你没有看错。只是在每个步骤前给一个反馈条件，复原魔方的时间就会从 137 亿年缩短到 2.5 分钟。

这个思想实验告诉我们的是：反馈，迭代，再反馈，再迭代，一旦击穿阈值，事情就会呈指数级进化。

用李善友教授的原话来说就是："迭代反馈是神性法则。"

当然，这个反馈要遵循"越来越……"的方程式，呈螺旋式上升。越快速地做出正确反馈，就会越快速地迭代升级，越快速迭代升级，就越要反馈，再继续进化。

私董会的迭代反馈会成为这个神性法则的试验田，不断帮助领导者做出更正确的决策，选择更正确的路径，同时在实践中修正、迭代，实现"越来越……"的正反馈循环。

第四个阶段：私董会价值提炼

经历了案主的考验，我对私董会价值的理解进入第四个阶段私——董会价值提炼，我把用于提炼的模型形象地称为"私董会价值七色环"，如图 2-5 所示，包含领导、行动、智力、社交、精神、情感和团队 7 个方面，每个方面都有着不同的含义。

领导：更好决策、迭代反馈。私董会可以帮助领导者做更好、更正确的决策，并且在每次会议中都能够提供反馈，帮助领导者迭代自己的行为，取得更好的领导成果，这就是领导力提升的过程。

行动：问题推动、知行合一。私董会上的讨论是问题推动式的，大家不在会前预设答案。因为大家清楚地知道，在企业经营过程中，很多时候都没有标准答案，一系列行为都是领导者自身的选择，不同的选择会导致不同的领导结果。同时大家不能满足于会上的讨论，不管这样的讨论多么有深度。领导者心里比谁都清楚，如果没有行动，所有的讨论都是纸上谈兵，毫无意义。认知和行动一定要相互结合，在行动中验证认知，把深化的认知付诸行动，这才是私董会的真正目的。

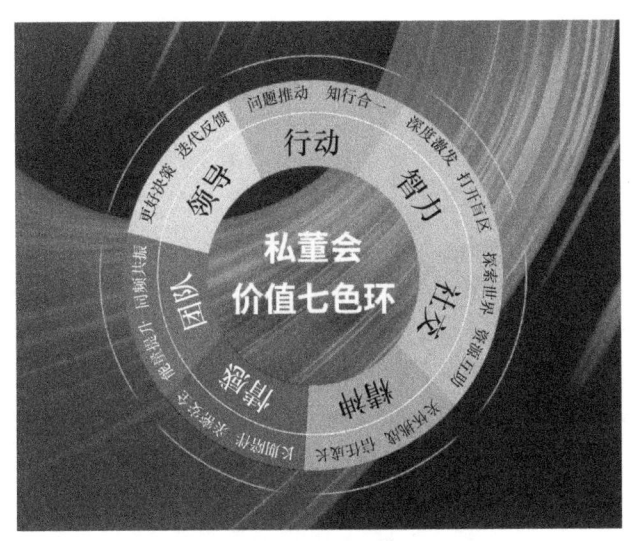

图 2-5　私董会价值七色环

智力：深度激发、打开盲区。私董会无疑是具有智力属性的，在私董会的讨论中，每个人真诚相待，打开盲区，让彼此看到以前所看不到的领域。这个维度被一群精明能干的人在分享不同经验和观察角度的过程中有力地增强了，会激发每个人的深度思考。

社交：探索世界、资源互助。同伴友好的氛围形成了社交维度。未来是不可知的，面向不确定的未来的领导者们手拉手共同向前探索，这无疑会增加找到未来出口的概率。虽然私董会不鼓励成员之间做生意，但是基于彼此深度信任的小组成员一定会在合适的机会下进行资源互助，这一行为来源于生意，又超越了单纯的生意。

精神：关怀挑战、信任成长。精神维度来源于帮助成员充分实现自己的过程。基于信任，成员们彼此挑战和关怀，互相支持，精神鼓励有时比物质鼓励更能给人力量。

情感：长期陪伴、亲密安全。长期的相互陪伴会让人们之间的情感变得更加醇厚，人们在示弱的时候也会感到非常安全。当私董会成员的内心渐渐打开的时候，也会使成员之间的关系变得更加亲密，而这样的场景在现实生活中极少存在。

团队：能量提升、同频共振。这里面包含两层含义：第一，私董会本身就是一个团队，私董会的讨论场是一个能量场，大家集体在这个能量场学习提升；第二，私董会不仅关注一把手的认知和行动，也关注一把手回到企业以后，与团队之间的互动和共振。因此，作为一名私董会教练，一定要把对领导者本人的关注和对领导者所代表的团队的关注结合起来。例如，教练可以借助东道主企业会议的机会，更好地了解企业团队；教练可以每年帮助会员企业做一次人才盘点，以第三方视角推进成员企业的团队建设，这样一定会对领导者本人有更好的启发，也更有助于会员企业获得更佳的经营成果。

综上所述，领导、行动、智力、社交、精神、情感和团队这个完整的价值链就形成了一个闭环。实际上，这个闭环的组成元素就是人们实际生活的组成元素，但在私董会上，成员形成了一个虽小但极强的场域。在这个场域，大家彼此促进、共同成长，沿着长长的未知通道，共同举起火炬，照亮前行的路，直至找到前方的出口，或者说，爬向前面的高峰。也许翻过一重山之后，大家还会向二重山、三重山继续进发，人生不就是这样一个不断向上的过程吗？

私董会理论体系

1个初心

私董会的初心是为创业者和企业家服务。对那些正处于初创阶段的创业者和处于成长型阶段的企业领导者来说，私董会无疑会给他们带来巨大的价值。对那些已经做到相当规模的企业家来说，私董会同样能够给他们带来一种新的感受，帮助他们在人生已经达到一定高度之后继续前行，寻求创新之道。有位企业家说："如果不是私董会，恐怕我早就退休了。"正是在私董会上同道的激励和互动，让这位企业家找到了人生新的方向，继续奋斗。

3个目的

私董会的目的是形成更好的领导力、更好的决策、更好的结果。

私董会高强度的讨论可以让企业领导者更多地反思和观照自己，讨论其他人的问题时也是如此。我不止一次听到在会后的总结上，某位成员对案主讲：

"刚才探讨的虽然是你的问题，但我也在反思我自己。"这其实是提升领导力的契机。另外，在讨论问题的过程中，成员有时会感到不舒服，而这种不舒服正是学习的时机。人无远虑，必有近忧。忧劳可以兴国，逸豫可以亡身。每个人都有自身的惰性，因此，虽然讨论会让大家感到不舒服，但能够促进每个人做更多的思考。这种不舒服会让大家在短期内失去习以为常的平衡感，内心产生反差。但实际上，通过失去平衡感，再重新开始一段回到平衡的旅程，会激发成员的深度思考，他们很可能再次整理自己脑海中旧有的知识体系，并形成新的知识体系，从而把信息和原来散乱的"文件"进行分类重组，形成新的认知。通过对信息的消化和吸收，成员可以适应这些信息，并得到一些令自己都感到意外的收获。

总体来讲，私董会实际上为人们提供了一个支持性场所，让人们有机会深入探讨生活中最具挑战性的问题，帮助人们实现个人成长，充满生机活力。私董会让人们认识到，通过发展领导力，每个人都有改变世界的巨大潜能。私董会的教练就像攀登珠峰过程中的夏尔巴向导，他带着一群很努力的登山者不断地攀越高峰。这座高峰首先是企业家领导力的高峰，只有在登上了领导力高峰之后，企业家才有能力带着企业继续攀登高峰。私董会就是一趟由教练带着成员不断持续向上攀登的旅程。在攀登的过程中，私董会持续推动着企业领导者做出更加客观的决策，从而带来更好的结果。

因此，私董会需要营造一个成员彼此高度信任、共同承诺严守秘密的环境，只有这样才能够不断鼓励所有成员敞开心扉，坦诚分享各自的问题，并共同思考应对挑战的良策。通过大家相互之间提供建设性的意见，帮助大家提高自我认知，并进一步改进领导方式，从而成长为更有效的领导者。

3 个连接

私董会的 3 个连接分别是智力连接、情感连接和精神连接。

首先是智力连接，这个连接被一群精明能干的人在分享不同经验和观察角度的过程中有力地增强了。在彼此打开对方盲区的过程中，每个人的智力都得到了极大的激发。一个长期参加私董会的成员会越来越感受到参加私董会给自己带来了更多看问题、思考问题的维度，这些多元维度的思考恰恰是产生深度的前提。其次是情感连接。情感连接源于人们在示弱时仍感觉安全，在一个合格的私董会中，成员产生信任的关系恰恰来源于彼此的示弱，甚至一个有经验的教练会有意识地通过提出一些能够让大家互相示弱的问题来促进成员之间的情感连接。同时，私董会还存在精神连接，这种连接来源于帮助成员充分实现自我价值的过程，不仅在情感层面连接，还能拓宽成员的核心价值。哪些核心价值令成员的内在有了怎样的成长？大家可以如何更好地理解某些精神？谈论这些问题时，私董会的小组内通常会产生比情感连接多得多的共鸣。

5 个价值观

私董会的价值观包括成长、信任、陪伴、关怀、挑战。

成长：成长是私董会最核心的目的，成员之间的信任和长期的陪伴是基石，成员彼此关怀并挑战是最重要的手段。

信任：信任是价值观的基础，没有信任，人们的关系就无法发展。教练和成员承诺对问题进行公正的探讨，严守保密制度，信任由此得以体现。

陪伴：私董会成员之间相互陪伴。

关怀：大家带着关怀去洞察和反馈，以积极的心态去处理问题。小组成员和教练公正不阿，不掺杂主观因素，在讨论问题或分享的过程中，体现出关怀的力量。

挑战：真正的成长是在舒适区之外实现的。在处理问题时，成员和教练互相挑战，探究问题本质。

当信任、关怀和挑战以正确的方式结合在一起时，个人和事业的成长就会发生。

除了核心价值观，还有一些通用的价值规范同样适合私董会。

- 保密：这是信任和坦诚的重要保障。
- 倾听：积极参与、换位思考，尊重他人的独特之处。
- 反馈：提出建设性建议，同时不做价值判断，不评价。
- 开放：每位成员都必须完全开放，无论是智力层面还是情感层面。

如果没有人倾听，人们就不能诚实地展示和剖析自己。令人惊奇的是，自我认知始于自我展示。一个人只有在其所信任的人以开放坦诚的心态倾听其讲述人生故事时，才能听到自己真实的心声，认识真实的自我。

对私董会的教练来说，能够让成员相互之间放下心理包袱，尽可能做到开放是非常重要的。如果某位成员只是分享了他的故事的一部分而非全部，那么其他成员是无法给出有效建议的。难题不仅有多个角度，还有多个层面，而不限于对所发生的事实的了解。如果缺乏足够开放的心态，结果就是，大家对所谈论的难题无法有全面的了解，也就无法针对难题提出正确的解决方案。如果没有正确的解决方案，就不会对成员带来更大的价值和帮助。

在私董会的价值观中，必须强调挑战的作用。挑战在私董会价值观中的地位是极其重要且不可取代的。可以说，它是私董会最重要的价值观。在私董会上，成员要通过对彼此的高强度挑战，达到互帮互助、共同成长的目的。成员之间的相互信任和尊重使大家可以挑战彼此的隐含假设，在别人看到问题的地方发现机会，交流一些在一个行业常见而在另一个行业鲜有人提的想法，拥抱一些新方法并朝着光明的未来前进。同时，这种高强度的挑战又建立在关怀的基础上，只有这样，高强度的挑战才能够被更好地接受和消化，并得到被挑战者积极的反馈。因此，也可以说：**挑战才是真正的关怀**。对企业一把手而言，他们在很多场合都是很难听到真实的声音的，所以这些挑战恰恰可以帮助他们听到最真实的反馈，使其打开思考盲区，推动问题的解决。

3 个定律

私董会的 3 个定律是：投入程度=收获程度，发现智慧→你的智慧，选中问题≈解决在即。

1. 投入程度=收获程度

投入程度等于收获程度。

这句话的意思是：在私董会上，成员收获的多少取决于个人投入心力的多少。

人们每天在自己的本职工作中开着各种各样的会议，如工作会、策划会、创意会、头脑风暴会等。在有些情况下，人们很容易把原来工作中的状态带到生活中，这样的影响是潜移默化的、很难觉察的。因此，如果你觉得自己在私董会上的状态和平时没有什么区别，那原因可能是你在私董会上的投入和平时没有什么区别。

因此，如果有可能，好好跟每位成员沟通，让他们慢慢放下内心的包袱，真诚地投入会议中去。慢慢地，他们就一定会有一些不同的发现，甚至有可能感到震撼，其实这是一个"享受"的过程。

2. 发现智慧→你的智慧

你所发现的智慧推导出你的智慧。

这句话的意思是：成员在私董会上发现的智慧其实是他自己的智慧，只不过在一个特定的情况下把它激发出来了。

私董会其实是一个能量场，这个能量场产生的能量取决于每个人的贡献。在这个能量场上，每次都会有很多智慧被激发出来，只不过每个人都会吸取其中一部分。而成员之所以能发现这些智慧并有所触动，是因为他们自己的智慧被激发出来了，从而吸收了智慧的信息。这就是人们常讲的：**智慧在这个房间里**。私董会的方法论，让人们原本相信已经存在的智慧自然生发流淌，一切都显得那么自然。

因此，当成员真诚地带着一颗为别人解决问题的初心，为了和大家进行深度交流而来，为了真诚地学习和分享而来时，大家也不会让他空手而归的。

3. 选中问题≈解决在即

问题被选中约等于这个问题快被解决了。

这句话的意思是：如果在私董会小组中你的问题被大家选中讨论，那么恭喜你，你离解决这个问题不远了。

有些私董会并不是在一个固定的小组里进行的。在一个由彼此之间完全陌生的成员组成的私董会上，通常采用的问题挑选方式是让每个人都提一个问题，然后通过投票来选出当天的案主和话题。在这种情况下，往往被选中的案主最后一定会得到极大的能量加持和启发，并最终满意地离开会议现场。

为什么？

因为当一位成员抛出一个话题时，起码证明了被选出来的案主有了面对这个问题的勇气，而面对是解决问题的前提。尽管这个话题最后可能不是真正的问题，但是请相信群体的智慧，在群体中，大家能够把真正的问题挑选出来。

因此，当案主放下顾虑，打开心扉，与大家沟通自己面临的实实在在的问题时，每个人的经验和智慧都在为他服务，相信结果一定会对他有所帮助。

5个本质

私董会的本质是认知共同体、学习共同体、事业共同体、心灵共同体、命运共同体。

猎豹移动联合创始人兼CEO傅盛在他的文章《所谓成长就是认知升级》中这样写道：

认知，几乎是人和人之间唯一的本质差别。技能的差别是可量化的，技能再多累加，也就是熟练工种。而认知的差别是本质的，是不可量化的。

记得在香港约过一次马云喝茶，他几乎不用电子邮件。当时我就琢磨，他为什么能去指挥那么大一个"帝国"？后来我发现，他在不断观察行业变化，从变化里找关键切入点，找资源和人来配合。

人和人比拼的，是对一件事情的理解和对行业的洞察。执行很重要，但执行的本质是为了实践认知。

有时候，我也会鉴古通今地去琢磨，为什么鸦片战争时期，大清帝国输得那么惨？简单地说，一群怀揣现代物理学认知的人，打败了一群信奉四书五经认知的人。其实就是两种不同认知的较量。

字节跳动的张一鸣在公开场合讲了一段话，大致意思是：认知能力决定了一个人的核心竞争力。其他生产要素如钱、人等，都是可以构建的，但人对事情的认知是根本性的。

那到底什么是认知？认知就是对世界上万事万物的看法。

认知之所以重要，是因为它决定了人们做事的方向和方式。在私董会中，其实就是通过大家的讨论，进行集体认知升维。一个人提升了认知水平，也就提高了处理问题、解决问题的能力，从而能够更好地处理自己和问题之间的关系，占领解决问题的高地。商场如同战场，在战场，首要的原则是占领高地；在商场，也要占领认知的高地、思维的高地，以更好地解决问题。

为什么战争的首要原则是占领高地呢？

占领高地其实就是认知升级的过程，是从二维升级，进入战场上方的第三维。在可以看到战场全景的有利地位——山丘上，战争的场面突然变小了。换句话说，从第三维（山丘的顶部）来观察，较小战场的混乱结合成了一幅首尾连贯的单一画面。

私董会不是一个接受评判的地方，而是一个学习的地方。这样的学习和挑战的氛围对 CEO 很重要，因为他们在自己的组织内很少走出舒适圈，他们的地位和关系决定了他们在组织内很少受到真正的挑战。对任何一个人来说，要想走出自己的舒适圈，都需要拥有自我肯定、自我觉察和终身学习的决心，也只有这样，才能真正获得学习的机会。在很多组织内部的会议中，也许大家经常花时间开会，但目的只是通过一个所谓的会议程序来证明领导者的话是对的。CEO 所处的行业可能千差万别，有些人可能会担心，一个外行能给他们带来什么建设性的意见呢？能提供有价值的思考和建议吗？请不要忘记，虽然这些 CEO 处在不同的行业，但是他们面临的挑战可能相同。行业的多样性恰恰天然地产生了创新的空间，因为某些有效的特定策略在一个行业可能司空见惯，而在另一个行业可能闻所未闻。

在一个 CEO 私董会中，你站在同伴的肩膀上，大家托起你，让你看到世界上更好的风景。这一风景，不仅来自你自身的视角，也来自同伴的视角。私董会不鼓励成员之间做生意，不过有时也不能完全禁止这一点。但是真正的合作是建立在相互信任和高度认同的基础上的，而不只是资源互换。

在孤独中挣扎和被"高处不胜寒"的感觉侵蚀的 CEO 需要与来自不同行业的 CEO 共同努力，深刻了解问题的复杂性，从不同的视角分享挑战与机会，建立富有互助精神和责任感的文化，驱除个人的孤独感，同时在更大范围内获得心灵的滋养和共鸣。因为当你在私董会的固定小组会上袒露自己的心声时，你心里很清楚，在过去的某个时刻，另一个小组成员同样也是如此面对大家，毫无保留。

许多 CEO 发现那些曾经服务于他们的信条现在已经无法继续为他们服务了。这种认识很有价值。私董会同伴可以帮助他们克服"4 种恐惧"——对失败的恐惧、对犯错的恐惧、对被拒绝的恐惧、对情绪不适的恐惧，从而帮助他们面对成功、被人接受、人际关系和谐、做更多正确的决策。这对于实现个人发展必不可少，只有这样才能真正带来行为的改变。从这个意义上讲，不断拥抱变化、面向未来的 CEO，他们的命运休戚相关，荣辱与共。这一切都取决于他们共同适应未来变化的速度与程度，与此同时，实现个人成长。

"4 种恐惧"的概念是由心理学家西马克·穆特斯比提出的。这些恐惧会在人们的有关行动和其他方面阻碍其能力的正常有效发挥。这些恐惧不仅会束缚人们，还会在领导者被这些恐惧支配时束缚整个组织。而"唯一值得恐惧的，就是恐惧本身"，这句名言出自富兰克林·罗斯福，它清晰地指导着人们今天的行动。

对失败的恐惧

"我害怕失败，所以，我需要成功。"

当领导者从害怕失败的角度出发时，他们往往不愿意行动。

他们也许会延迟决策，并错失机遇。

"恐惧失败"会妨碍他们对冒险和嬉闹的觉察。和他们的其他能力一样，必要的冒险也是创新和成长的能力。

对失败的害怕能显示出来，害怕失败的领导者的思想会变得很僵硬。他们在不变的模式中寻找答案，而非重构问题。他们会变得走极端、非黑即白，这些都限制了他们的创造性和冒险精神。

对犯错的恐惧

"我害怕错误，所以我要正确。"

作为一位领导者，害怕犯错会使他们比较难忍受管理团队中有人对他们的想法和结论提出挑战。

随着时间的推移，不同的声音开始变得顺从，管理团队成了领导者的"复读机"。

对领导者和公司业务来说，团队的创造力和想象力丢了。

最后，领导者害怕犯错误会增加犯错误的概率。

这样的领导者倾向于主导谈话，并试图控制人们的思维，而非把人们视作可以扩展自己对问题和机会的理解的来源。

对被拒绝的恐惧

"我害怕被拒绝，所以我要被接受。"

害怕被拒绝给领导者造成的困难，是让他们在关系紧张的环境中，难以坚持自己的立场。

那些害怕被拒绝的领导者会避免直面下属糟糕的业绩。

这种领导者喜欢使用被舆论一致赞同的决策，因为他们相信他们的决策被喜欢和受欢迎才是重要的。

害怕被拒绝的领导者会经常尝试让每个人都开心的办法。

这样的领导者压力大，"燃料"耗尽，缺乏信任。

更内向的领导者在处理这种恐惧时，常常会把自己从这种恐惧中抽离出来，并和那些他们渴望联系的人断绝联系。

对情绪不适的恐惧

"我害怕情绪不舒服，我要舒服。"

有的领导者害怕情绪不舒服，当他们面对阻力和其他人的愤怒时，很难保持镇定和投入。

他们倾向于避开情感激烈的讨论，因此会错过共同学习和成长的机会。

那些试图维持情绪稳定、舒适的领导者，往往会不顾自己的情绪，也不能对别人的情绪做出适当的反应。

当他们害怕应对其他人的情绪化反应时，几乎不可能做出明智的决策。

第 3 章

私董会教练需掌握的方法论与基本运用

U 型理论的应用

奥托·夏莫是麻省理工学院斯隆管理学院的高级讲师，组织学习运动先驱，"在当下"研究所的创始主席，同时也是赫尔辛基经济学院创新与知识研究中心的客座教授。他还是《第五项修炼·心灵篇》一书的合著者。

新时代，人们需要崭新的意识和集体领导能力。在《U 型理论》这本开创性的著作中，奥托·夏莫邀请大家一起以全新的视角审视世界，探索一种革命性的领导方式。关注的对象和方式是创新的关键，而阻碍人们有效关注的原因，是人们没有完全理解关注和意图产生的内在场景，并与之建立连接。这就是夏莫所说的"盲点"。U 型理论指出，在外观和行动之间，必须增加一个高质量的"内观"环节。只有把反应模式 U 型化，才能向正在呈现的未来学习，最终转化为"由心而发"的强有力行动。

穿过夏莫的 U 型过程，人们有意识地接近"盲点"，并学会了与"真实的大我"——知识与灵感最深层的源泉——建立连接。这就是"在当下"（Presencing），这是夏莫结合"当下"（Presence）和"感知"（Sensing）两个概念而创造的一个术语。在对 150 多名实践者和思想领袖长达 10 年的研究、行动学习和访谈的基础上，U 型理论提供了丰富多彩、引人入胜的故事和例证，收录了许多练习和实践，帮助领导者和整个组织转变意识，与未来的最佳可能性建立连接，并获得创造未来的能力。U 型理论如图 3-1 所示。

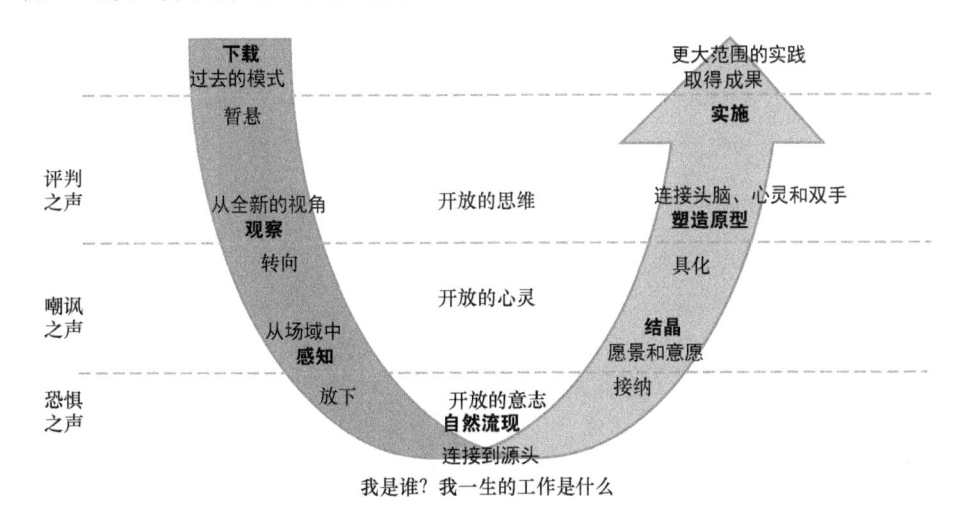

图 3-1　U 型理论

在 U 型理论中发展有效领导力的 7 项能力及步骤如下。

能力 1：下载。停止旧有的"下载"式思维习惯。

能力 2：观察。停止习惯式的"下判断"，以新的视角观察事物。

能力 3：感知。将注意力重新定位，从其他视角感知，从整体感知。

能力 4：自然流现。与沉静的根源和涌现的未来建立连接。

能力 5：结晶。澄清愿景和意愿。

能力 6：塑造原型。连接头脑、心灵和双手，通过实践探索未来。

能力 7：实施。连接微观、中观和宏观层面的领导力，维持和发展创新。

U 型理论左侧的内容

U 型理论的左侧是打破"下载"模式的"深潜"之旅，共有 3 个过程。

1. 暂悬（Suspending）

在接受访谈时，经济学家布莱恩·亚瑟指出，大多数人都按照自己习以为常的思维模式来认知周围的世界，但"真正的力量源于认识到（隐藏在事件背后的）内在模式，并顺势而为"。为此，需要"观察，观察，再观察"，然后"静修与反思"。这让奥托认识到,要想漫步"U境",需要使用暂停或搁置习惯的模式,即"暂悬"。

2. 转向（Redirecting）

"转向"是将你的注意力焦点从以"我"为中心,转移到你所在的场域,深刻地观察、体悟、感知系统的整体,既认识到自己与系统的连接,又超越对事物和因果关系的分析,觉察到限制或左右系统运作的深层次因素,如你对自己身份的认知、利益相关者的意图等。

3. 放下（Letting go）

"转向"之后,要想实现根本性的转变,就要"放下"那些牵绊着你的因素。奥托引用《圣经》故事指出,在古耶路撒冷,有一扇叫作"针眼"的门。此门非常窄,以至于每次满负重荷的骆驼到达此门时,赶驼人都要把骆驼身上的所有行李卸掉,骆驼才能通过。同样,U型理论的底部也有一扇"内在之门",只有放下一切不必要的东西,跨越这道门,才能进入"U境"的最深层。

U型理论的底端是最微妙的一个秘境——"自然流现"（Presencing）。这是一个"混沌"的境界:既有逻辑,又不逻辑使然;既有情感,又不由情感主导;既连接着过去,又不是对过去的延续;既连接着未来,又不能凭空想象或顺其自然;既可望而不可即,又似乎水到渠成……这是事物运作的本源,是生命与秩序展开的"道",是每个人内在的"小宇宙"。

U型理论右侧的内容

U型理论的右侧是新事物勃然生成的过程,与左侧对应,也有3个过程。

1. 接纳（Letting come）

在奥托看来,当你到达"自然流现"的状态,与本源连接,就能知道"我是谁""我为什么到这里来""我这一生最渴望做的是什么""我要到哪里去"这些生命的基本问题。因此,让这些想法自然地发生,并"接纳"它们。你想要的未来将从这里渐次展开。

2. 具化（Enacting）

从你得到的那些与本源连接、自然流现的想法开始,集中你的注意力,让这些想法逐渐"具化",让你想要的未来景象栩栩如生,生动而具体,并开始行动。

3. 实施

《老子》曰："天下难事必作于易，天下大事必作于细。"虽然有了宏伟的想法，但一开始，你需要塑造一个"原型"。这个原型虽然小，但包含着完整的结构和必需的要素。一旦验证之后，使其迅速得到推展。非常善于利用原型进行创新设计的 IDEO 公司 CEO 大卫·凯利曾说："（原型）失败能引导我们更快地走向成功。"因此，在实施行动之前先提出概念，快速地对其结果进行检验、反馈和改进，是非常重要的。

奥托·夏莫在《U 型理论》中文版序中讲到，他在与南怀瑾大师的谈话中得知，儒家思想的精髓在于"自我教化与道德完善"，其关键在于"格物致知"的能力，而"格物致知"这一过程包含 7 个步骤或空间："知止而后有定，定而后能静，静而后能安，安而后能虑，虑而后能得。"如图 3-2 所示，这 7 个步骤与经历 U 境的过程虽然不完全一致，但有内在的关联。

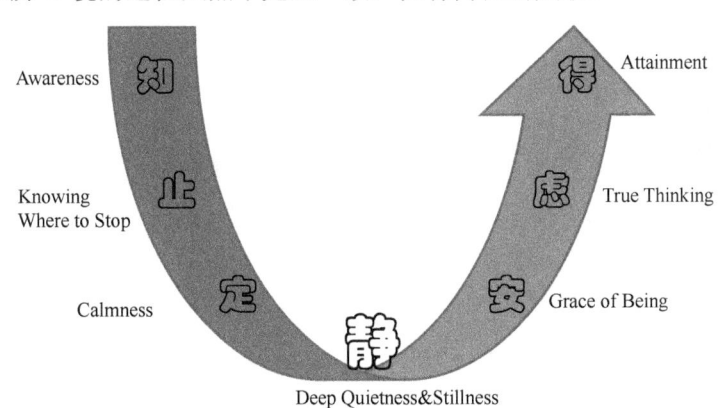

图 3-2 格物致知的 7 个步骤

在《U 型理论》一书的第一章，奥托讲述了他年轻时"直面大火"的经历。目睹自己从小生活的家庭农场毁于一场大火，面对凶猛的火焰和升腾的浓烟，奥托感受到原来的"我"也随风飘逝。时间似乎变得很慢，他的心安静下来，意识和周围的世界变得无比清晰，一个他要用生命去创造的未来与自己"不期而遇"——在那个状态，他的过去与未来连接到了一起，他感受到真实的"本我"被释放或激发出来，是那么轻松而自由。

类似这样的状态就是奥托所说的"自然流现"——在那里，你可以与自我最高的未来可能性连接、同频，并将其带到当下，引导自己去行动。在这种状态下，你能觉察到自我真实的存在（"大我"或"本我"），深刻地感知当下和驱动系统运作的深层本源。这样,未来似乎就应该自然而然地发生或到来。你不仅可以从过去的经验中学习,也可以从即将涌现的未来中学习。

要想进入"自然流现"的秘境,需要沿着 U 型理论的左侧逐级深入,历经三重"打开":终止"下载"模式,将自己习惯的思维模式"暂悬"起来,实现"开放的思维"(Open Mind);将注意力从事物的表面"转向"深处,以"开放的心灵"(Open Heart)深刻地"感知"系统的整体和内在运作机理;"放下"牵绊你的东西,以"开放的意志"(Open Will)穿过"针眼"之门,就会到达"自然流现"的秘境。

在这个过程中,奥托认为,人们要面对和征服 3 个"敌人":"评判之声""嘲讽之声""恐惧之声"。

第一个"敌人":"评判之声"

每个人都习惯性地"下判断",头脑中存在"评判之声"(Voice of Judgement),这阻碍着人们"暂悬"假设、实现"开放的思维"。除非人们能有意识地关闭"评判之声",否则就不可能真正地倾听和创新。在这里,关闭"评判之声"对于私董会上的讨论是非常重要的。在日常工作中,作为企业领导者,大多数情况下都倾向于对出现的事物马上做出判断并给出指导意见,似乎在某种程度上这已经成为企业领导者的一种工作习惯。但是,恰恰在私董会的讨论过程中,需要人们暂且放下判断,用开放的思维迎接讨论的问题。当你后退一步的时候,往往能够发现那些之前从来没有发现的景象,这些反而有助于你了解事物的全貌,从而更好地做出决策。

第二个"敌人":"嘲讽之声"

当你想打开心灵的大门,走向未知的、陌生的世界时,自然会遇到各种批评、怀疑、冷漠、嘲讽的心态或行为,阻碍你"开放心灵",这些就是"嘲讽之声"(Voice of Cynicism)。当一个人处于一个不安全的环境时,就很难做到完全开放,因为在一个可能遭受嘲讽和怀疑的环境中,他担心自己可能受到伤害。私董会要求每个人真正发自内心地关注小组里的伙伴,并且在任何情况下都秉持关怀之情来讨论问题,这种关怀在小组成立初期可能还不明显,但是当一个小组的成员之间有了相对长期的理解之后,这样的深度交流就会越来越通畅,并且促进大家的进一步开放,形成正反馈的循环。

第三个"敌人":"恐惧之声"

第三个"敌人"把守着通向"开放的意志"的大门,试图阻止人们放下自己已有的经验、习惯和身份，去接纳一个新的"本我"——它就是"恐惧之声"（Voice of Fear）。只有打开思维，打开心灵，人们才有可能逐渐放下眼前拥有的一切，去接纳一个新的自我，实现自我的真正成长。逐渐地，人们就能放下对未知的恐惧，以一种更加自信和坚定的状态去迎接未来。

奥托认为，"自然流现"是伟大的艺术家站在"空画布"之前的"内在状态"。克服上述三重障碍、实现三重"打开"也是领导力的内在工作，因为"最重要的领导工具就是你自己"。

从本质上看，这并不是一个很新的概念，许多古老的传统均注重领导者的自身修为。例如，《荀子·君道篇》指出："君者，民之原也，原清则流清，原浊则流浊。"《荀子·正论篇》中提到："主者，民之唱也；上者，下之仪也……故上者，下之本也。"上行下效，领导者的实际行动（"以身作则"）是最有力的语言。荀子甚至提出："天下者，至重也，非至强莫之能任……故非圣人莫之能王。"领导者如果不注重自我修为，就是不称职的。用现代的领导力术语来表达就是，仅"知道"（Knowing）是不够的，还必须"做到"（Doing），更重要的是"活出状态"（Being）。这是领导力的根本，也是一个持续修炼的过程。

私董会的问题处理流程借鉴了 U 型理论的精髓，实际上在私董会的提问探究这个阶段，之所以让大家在提问的过程中不带评论、不给建议，恰恰就是因为 U 型理论所讲的"暂悬"：不带评判，把关注点完全放在对方身上，设身处地地站在对方的角度着想，放下自我，智慧就会在这个时刻喷涌而出，相互激发。人们常讲："智慧在这个房间里。"要坚信，只要在私董会上放下评判、嘲讽和恐惧，大家集体激发，就会让智慧自然涌现。

另外，仅知道是不够的，还必须做到。这就要求人们在每次私董会结束后，就私董会上达成的具体成果的落实情况进行项目复盘、细化和跟踪反馈，并且指定专人负责跟踪落实情况，因为小组成员一旦回到企业，就容易把已经激发出来的智慧在落实的过程中大打折扣，从而降低会议的效用，也达不到私董会最初的愿望和期待。

《罗伯特议事规则》的借鉴

美国人崇尚自由，对待开会却是严肃认真的。美国人是"会少规矩多"。他们有一本厚厚的开会规则——《罗伯特议事规则》（*Robert's Rules of Order*）。这在世界上是独一无二的。《罗伯特议事规则》由亨利·马丁·罗伯特撰写，于1876年出版。

美国南北战争期间，在马萨诸塞州的贝特福特，有一位年轻的陆军中尉亨利·马丁·罗伯特。一天，他奉命参加一场类似"拥政爱民"的活动，主持地方教会的一次会议。偏偏这个会议的议题有很大的分歧。结果可想而知，这位才25岁的年轻军官把这场会开得一塌糊涂。人们在会上争论得不亦乐乎，结果是什么决议也没达成。这样的会，开了等于没开，甚至比没开还糟糕。

这件事让罗伯特一直耿耿于怀。这位毕业于大名鼎鼎的西点军校的美国军人的认真劲儿上来了，他发誓，如果找不到一个好的开会办法，他再也不开会了。

通过认真地探究人的智慧本质，罗伯特和大多数西方哲人一样，发现人是一种最难被道理说服的动物。当发生分歧时，不管分歧的基础是什么——或者出于利益冲突，或者出于信仰理念，或者出于知识经验的不同，一旦分歧明确公开，就非常难以在短短几小时或几天里靠语言交流来达成共识。分歧的双方找到共同点的可能性不是不存在，但是这需要有一定的交流机制，否则，一方说清楚了，另一方根本没听进去，还是没用。

看清了这一点，就不难理解，人类历史上大大小小的会议决议所达成的"一致"，要么是强权从上到下强迫会议参与人接受，要么就是一方势力压倒另一方势力。而这样的"一致"决议，在罗伯特这样的美国青年看来，违背了民主的理念，没有让拥有不同意见的人充分地表达他们的歧见，是不公平的，因此罗伯特想找到一个开会议事规则。

结果他发现，居然没有一部现成的开会议事规则。尽管西方人从古希腊广场民主时代开始就开会决议军政大事了，但直到如今仍然带有原始的"粗糙"，嗓门比道理的效力要大。尽管英国的议会有长久的议事历史、成套的礼仪规矩，尽管美国的参众两院有议事程序，法庭有庭审规则，但是民众自己并没有一部开会议事的统一规则。罗伯特决定自己写一个。

他开始研究已有的各种议事程序，探索这些程序的逻辑：为什么要这样规定？如果不这样规定的话，会产生什么结果？经过几年的努力，罗伯特终于写出了一个议事规则，并于1876年2月19日出版，这就是《议事规则袖珍手册》(*Pocket Manual of Rules of Order*)。该书出版后立即行销全国。到1915年，已经拥有将军头衔的罗伯特出版了该书的修订版，书名正式改为《罗伯特议事规则》。在此期间，这本由这位年轻军官写出来的开会规则卖出了200多万册，成为美国民众开会的标准手册。

罗伯特逝世于1923年。此后，他的后人和当初参与编写的人继续修订这部议事规则,使它适合不断变化的技术进步,目前已经出版了第 11 版。《罗伯特议事规则》的内容非常详细,包罗万象,有些是专门针对主持会议的主席的规则,有些是针对会议秘书的规则。当然,书中还有大量有关普通与会者的规则,包括针对不同意见的提出和表达的规则、辩论的规则,以及不同情况下的表决规则。

《罗伯特议事规则》的根本原则

1．平衡

保护各种人和人群的权利,包括意见占多数的人,也包括意见占少数的人,甚至包括那些没有出席会议的人,从而最终做到保护所有人的整体权利。正是几百年来人们对这种平衡的不懈追求,才换来了议事规则今天的发展成果。

2．对领袖权力的制约

全体成员按照自己的意愿选出领袖,并将一部分权力交给领袖。与此同时,集体必须保留一部分权力,使其仍旧能够直接控制事务,避免领袖因权力过大而将自己的意志强加在集体的头上。

3．多数原则

多数人的意志将成为总体的意志。

4．辩论原则

所有决策必须经过充分而且自由的辩论协商之后才能做出。每个人都有权利通过辩论说服其他人接受自己的意志,甚至直到这个意志变成总体的意志。

5．集体的意志自由

最大限度地保护集体,最大限度地保护和平衡集体成员的权利,然后依照自己的意愿自由行事。

《罗伯特议事规则》的 6 个步骤

第 1 步:动议。动议即"行动的建议",先想怎么做,再决定做不做。

第 2 步:附议。只要有一个人附议,则该议题就进入议程,从而达到保护少数人声音的目的。

第 3 步:陈述议题。先解决当下最紧要的议题,避免"然后"之类的事情。

第4步：辩论。辩论的四大铁律如下。

- 文明表达：禁止人身攻击、质疑动机、扣帽子、贴标签等行为。
- 一时一件：不跑题。
- 限时限次：不超时，禁止"一言堂"，如设定每人只能发言几次，每次几分钟。
- 发言完整：不得打断别人的正常发言。

面向主持人规则：参与者之间不能直接辩论，只能向主持人发言。

第5步：表决。为保证与会者的发言自由，领导者最好最后表态。在表决时，如果议题针对的是人，建议投票时使用无记名方式；如果针对的是事，建议举手表决。

第6步：宣布结果。

在《罗伯特议事规则》中可以看到，议事程序的规定或繁或简，议事规则的基本精神却是非常简约清晰的，大致来说有5项：权利公正、充分讨论、一时一件、一事一议、多数裁决。

为什么私董会也要引入严谨的规则和流程呢？这是因为缺乏流程和规则的讨论很容易发散，参与者很容易最终只分享了信息、抛出了想法并试图说服别人接受自己的想法。在自由自发的讨论中，经常会发生这样的情况：私董会的固定小组最后做出的决策要么基于不完整的信息，要么受房间里某位强势成员的影响。如此，人们认同的是那些最善于游说的人的想法，而不一定是最站得住脚的想法。

在私董会中，教练鼓励文明表达，同时鼓励挑战。但是私董会上的挑战不是纯粹为了挑战而提出的，而是基于对成员的深度关怀。因为在私董会上，所有人最终都会意识到，如果没有挑战，那私董会就失去了重要价值。正是因为面对重大挑战，才会让在场的每个人做更加深入的思考，从而摆脱他们在企业中熟悉的会议环境。对于那些离题太远的话题，私董会通常会设置"停车场"规则，把这些额外的话题先悬挂起来，放置在一边，等重要的议题讨论结束后，再集中精力解决这些议题。这些都是《罗伯特议事规则》在私董会实际操作中的具体体现。

因此，经过精心设计的、屡次有效的、含有具体参与规则的流程在实际的会议中是非常关键的，这样可以形成一种高效能的体验，从而使成员愿意将重大且严肃的问题带到私董会中讨论。这样的流程与规则也是私董会能够高效地取得成果的必要条件。

麦肯锡七步法

麦肯锡七步法就是用来解决某些复杂问题的方法，具体包括以下7步。

第1步：陈述问题。

第2步：分解问题。

第3步：给问题排序（用漏斗法消除非关键问题）。

第4步：制订详细的工作计划，即按什么顺序分析、如何分析。

第5步：对关键的议题进行分析。

第6步：归纳总结并建立有结构的结论。

第7步：整理结果，形成一套清晰明了的文件。

下面为大家详解麦肯锡七步法。

第1步，陈述问题。注意提出的问题必须是主导性的、具体的、有内容的（而非事实的罗列或一种无可争议的主张）、可行动的、以决策者下一步所需的行动为重点的。首要之务是对问题的准确了解。这一点在私董会上的应用是：案主必须在一开始就清晰、明确地表达自己的问题，并且告知全体成员他希望今天的会议能够明确帮助他做什么。

第2步，分解问题。可以通过画逻辑树来完成这一步，如图3-3所示。这样可以更加高效地分解问题，更加完整地解决问题。

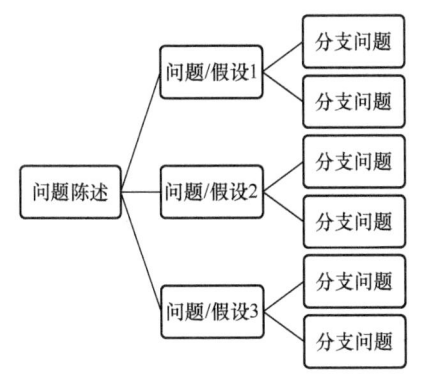

图3-3 使用逻辑树来分解问题

第3步，给问题排序。去掉所有非关键问题，把精力更多地放在重点问题上。

---

① MECE：英文全称为Mutually Exclusive Collectively Exhaustive，中文是指"相互独立，完全穷尽"。

第 4 步，制订详细的工作计划。最佳做法包括以下几种。

- 提早：不要等待数据收集完毕才开始工作。
- 经常：反复、仔细地分析数据，随之修改、补充或改善工作计划。
- 具体：具体分析，寻找具体来源。
- 综合：同项目小组成员一起检测，尝试其他假设。
- 里程碑：有序地工作，使用 80/20 方法按时交付。

第 5 步，对关键的议题进行分析。遵循以下原则：以假设和最终产品为导向，不要只拘泥于数字；经常反复地进行假设和数据分析，不要绕圈子；尽可能地简化分析，不轻言使用大的线性计划之类的工具；在仔细分析之前，先估算其重要性，开阔视野，不要"见树不见林"；使用 80/20 及简便的思维方法，别钻牛角尖；从专家那里获得数据，经常给出比"图书馆数据"更清晰的指导方向；对新数据采取灵活态度；对困难有所准备，勇于创新。要分解问题并聚焦关键问题，如图 3-4 所示。

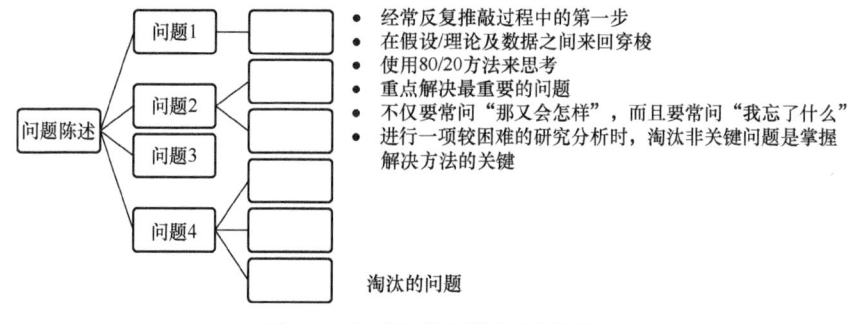

- 经常反复推敲过程中的第一步
- 在假设/理论及数据之间来回穿梭
- 使用80/20方法来思考
- 重点解决最重要的问题
- 不仅要常问"那又会怎样"，而且要常问"我忘了什么"
- 进行一项较困难的研究分析时，淘汰非关键问题是掌握解决方法的关键

图 3-4　分解问题并聚焦关键问题

第 6 步，归纳总结并建立有结构的结论。

第 7 步，整理结果，形成一套清晰明了的文件。准备故事图解：画出你所持论点的完整结构，用每张图表上方的信息文字串连成一个合乎逻辑又具说服力的故事。

麦肯锡七步法对于整个私董会的完整流程有着重要的借鉴意义。

在私董会进行过程中，明确案主的问题非常重要，所以一个有经验的私董会教练会在讨论问题的初期反复跟案主确认其所认为的真正问题，并且跟在场的所有成员确认。

在讨论过程中，教练也会根据议题的情况对现场的问题进行分解。可以把现场的成员分成不同的小组，分别讨论不同的议题，以进行更加细致的分析。

不管讨论的过程如何，私董会都会在会议的最后由现场成员和案主形成一整套针对问题的行动方案，并且按照解决方案的重要性进行排序，以便在后面

的小组会上对行动方案进行追踪监督。可以说，私董会的这些方法论都借鉴了麦肯锡七步法的精髓。

与行动学习理论的结合

行动学习是英国的管理思想家、行动学习先驱雷格·瑞文斯于 20 世纪 40 年代提出来的。雷格·瑞文斯是英国管理大师，被誉为"行动学习之父"，著有大量的行动学习专著和论文，包括《行动学习的起源和成长》《管理组织内部学习》《行动学习：管理者的新技术》等。

自"行动学习"这个概念首次在英国威尔士煤矿提出以来，它就一直有一个主要的目的："用真实的人，在真实的时间，解决真实的问题并取得真实的结果。"行动学习的初衷就是借助小组模式解决尚未有答案的实际问题，以此帮助管理人员提高他们提问的洞察力。从一开始，行动学习就有一个认知，即在解决问题的过程中，学习是开发突破性思维和取得重大成功的关键。在《行动学习的本质》一书中，瑞文斯提出了行动学习的方程式：

$$L（学习）=P（程序性知识）+Q（洞察性提问）$$

这里的 L 指 Learning，意为学习；P 指 Programmed Knowledge，意为程序性知识；Q 指 Questioning Insight，意为洞察性提问。在该方程式中，关注的重点是 Q，洞察性提问是行动学习的根本，程序性知识属于传统教育范畴。行动学习认为，如果没有洞察性提问，程序性知识的应用就会受到限制，只有通过洞察性提问，程序性知识才能得到充分应用。行动学习的方程式如图 3-5 所示。

L（学习）=P（程序性知识）+Q（洞察性提问）

	Programmed Knowledge	Questioning Insight
业务发展	传统教育范畴	行动学习的根本
领导力发展	用来解决谜题	解决难题或机会
组织发展	有固定答案	无固定解决方案
		弥补程序性知识的不足

图 3-5 行动学习的方程式

瑞文斯指出，行动学习的本质就是从未知开始，面对风险和混乱，提出越来越多的洞察性问题，同时要应用于行动。洞察性问题弥补了程序性知识的不足，而没有应用于行动和行为的智慧只不过是毫无意义的数据而已。

因此，他提醒，在大多数项目中，洞察性提问者的介入和小组成员的努力，使得专家的特别干预变得可有可无。带着程序性知识和开放的心态参与每个行动学习活动环节，可以让洞察性提问的探索硕果累累。这与我们在大多数私董会上的体验和感觉是一致的。我们发现，越少的专家参与小组活动，成员就越容易有一种平等的心态，越愿意打开自己，而且取得的成果越让人满意。

所有的行业都乐此不疲地给人们提供形式多样的答案，如自助书、研讨会和人生导师等。当然，人们想找一位专家来指导自己该做什么，也是很正常的。但是，没有什么可以取代反省、自我反思。我们在私董会上能做的最重要的事情之一就是引导人们提出正确的问题。任何专家都只会提供一般性的答案，所以在考虑这些人的答案时，你应该有所警惕，因为没有人能提供完全适合你的生活、你面临的问题或挑战的答案。

因此，在私董会上，教练的关注点不在于 P——程序性知识的传授，而在于提升成员解决问题的能力，这样教练的工作会更有意义，也更有成就感。

同时，作为一名教练，你应该能够注意到管理者和领导者个人特质的转换。

- 他们是否能逐渐从遵从过去的经验转换成对真正信念和内心源泉的持续再评估？
- 他们是否能逐渐从模仿他人中跳出来，真正打开自我，并相信其他参与者的真诚和友善？
- 他们是否能从立刻行动的惯性中挣脱，找到理性基础的信念？
- 他们是否能慢慢改变发号施令的习惯，转换成引发员工主动参与的兴趣？

只有实现特质的转换，才能推动业务发展、领导力发展和组织发展。在现实世界，企业家需要在捕捉机会、解决问题上取得实效进展，开展自我学习，找到具有挑战性的复杂问题的解决方法，进而带动组织中的个体共同学习，相互学习。

以前，企业家提出的问题可能集中在企业的身份、使命、消费群体及核心竞争力上。现在的形势迫使一些企业家提出比以往涵盖范围更大、更根本的问题。他们提出的许多问题其实都可以归结为一个根本性的问题：世界在发生变化，人们的生活也在发生变化，那么我们究竟能做什么生意呢？在这样一个快速变化的时代，如果想用昨天的老办法完成今天的工作、达成明天的交易，无异于痴人说梦。过去让一个人获得成功的因素未必能够让他在未来继续保持成功。因此，私董会是集体面向不确定的未来寻找共通的答案，达成基本的共识。私董会必须立足当下，展望未来，不断探索那些可能在未来产生重大影响的新思想、新方法和新问题。

同时，我们还会在私董会上提醒领导者，在某种程度上，集体探索新想法和重要问题时需要延迟判断，这是十分必要的。因为大多数人已经习惯通过快速回答问题或一味地反诘来对这些问题做出回应。有时，领导者需要表现得更加冷静，因为一些带有创新基因的问题可能起初看起来是不切实际的问题，但它随后会逐渐趋于实际。领导者应该给做梦者提供契机，让他们提出宏大的、展现雄心壮志的甚至可能有些不切实际的问题。同时，领导者必须改变过去看问题的方式，克服一些常见的障碍，如"我们从未那么做""那肯定是不行的"，从而推动会议的进行。

爱伦·毛姆福特（1997）根据他与同事对行动学习的实践研究成果，对瑞文斯的行动学习方程式进行了修正，将原来的"L=P+Q"变成了"L=Q1+P+Q2"。

他指出，最有效的学习来自迫切想解决某个管理问题的驱动力，所以学习是以对相关问题产生困惑或机会的发问开始的（Q1）。针对特定问题，会有一些已经成形的相关知识，而知晓这些知识有利于问题的解决，因此学习的第二步是获得这些知识，这时往往以"P"的方式（指导或讲授）进行学习。最初提问引发的思考与相关知识的学习结合在一起，会引发对问题的重新定义、对过去经验的重新解释，激发更加多样化或更具深度的见解，这一过程由团队成员共同促进（Q2）。

新的方程式能让参加者明确意识到：学习是从询问开始的，并且学习是一个循环往复的过程，而不是线性的从"P"到"Q"的单一路径。

在此基础上，我个人认为这个方程式还能再升级一下，因为问题和行动似乎不总是与进步和学习画等号，因为即使你通过程序性知识和洞察性提问获取了大量的知识，但是如果你不行动，不在行动中反思，那么你仍然很难把这些学习成果融入自己的血液里。

因此，如果将这个方程式升级一下，我的建议是：

$$L=(Q1+P+Q2)\times(AR)^n$$

在这里，A 是 Action，也就是行动。人们必须在行动中学习，也只有通过行动中的学习才能让学到的知识真正转化为内心的积淀。R 是反思（Reflection），通过自我反思来成长，通过反思来消化和咀嚼知识。事实上，反思是将卓越领导者和普通领导者区分开来的核心能力。有时，很多领导者像蜜蜂一般繁忙，甚至没有时间发现自己正在走向离他们最近的悬崖。这种行为相当于用战术上的勤奋来掩盖战略上的懒惰，而这并不是个例。最后的 n 是指，行动和反思是一个循环往复的过程，人们不断提出新的问题，不断在行动中试错，通过反思获得成长，如此循环。

现代商业环境变化太快，不允许企业家在老旧、刻板、过于简单化的设想方面取得成功。在个人层面，所有的企业家在面对变革趋势和工作压力方面，都面临一个循环的挑战。现在需要新鲜的灵敏性，简单地"依葫芦画瓢"已经不起作用了。因此，今天，成功的企业家必须拥抱自我发展和学习。在组织不再能保证一个人一辈子工作的时代，个体必须把"终身学习"当作典范。

领导力理论的基础

私董会是有效提高企业家领导力的一种方式，但不是唯一一种。除了私董会，大量的学者、专家从事领导力方面的研究，并且得出了很多很有价值的结论和研究成果。

从历史沿革来看，西方学者关于领导力理论方面的研究主要有9个流派，分别关注领导力的不同方面，这些流派分别如下。

- 特质学派：领导者和非领导者的区别在于某些秉性特点。
- 行为学派：关注领导者的行为及其对待追随者的方式。
- 权变学派：重点关注领导者与成员的关系，任务结构和领导者的职权决定了领导的有效性。
- 情境学派：领导力不会凭空产生，总是根植于情境之中。
- 关系学派：高质量的领导者-追随者关系以相互信任和相互尊重为基础，而低质量的领导者-追随者关系以履行合同义务为基础。
- 怀疑学派：对领导力是否真的存在或是否必需表示怀疑。
- 信息处理学派：领导者如何通过让自身的个人特点更符合追随者对领导者原型的预期来实现其领导者身份的合法化，以及他们为何可以如此。
- 新领导力学派：理想化和激励性的领导行为能够促使追随者舍小家为大家；变革型、魅力型及其他可归入新魅力型的领导力构成了当前领导力研究的一种主流范式。
- 生物与进化学派：倾向于衡量可观察的个体差异，因此它以自然科学为基础，从进化过程的角度探究适应性行为出现的根本原因。

这些理论研究成果对于我们在私董会上指导企业家领导力的提升，在关键时刻助他们一臂之力是很有帮助的。在众多的研究流派之中，我们挑选了几位大师，这些大师的研究也代表了当今领导力研究方面的前沿水平，对于教练在实操过程中的理论指导具有借鉴和帮助作用。

沃伦·本尼斯：领导者的4种能力

沃伦·本尼斯，被誉为"领导力之父"，组织发展理论先驱。他是一位使领导学成为一门学科，为领导学建立学术规则的大师。

沃伦·本尼斯1925年生于纽约，在第二次世界大战期间曾任美军军官，并因作战英勇而获得勋章。战争结束后，他先后在安蒂奥克学院和麻省理工学院学习经济学、心理学和商业知识，后来曾在几所美国大学执教，并从事过几年大学行政管理工作。

沃伦·本尼斯是4任美国总统顾问团成员，多家《财富》500强企业顾问，是XY理论创始人麦格雷戈、经济学领域泰斗萨缪尔森的学生，欧洲伟大的管理思想大师汉迪的老师，以其关于领导艺术的著作而闻名。本尼斯最负盛名的著作是《领导者：掌管的5大战略》，该书研究了90位美国领导者的行为和特征，入选的人物包括首位登上月球的阿姆斯勒朗、美国洛杉矶一支著名球队的教练Lalamas、乐队指挥家和成功商人等。最终，本尼斯得出了一个结论：他们或是左脑发达，或是右脑发达；他们高矮不等，胖瘦不一；他们的衣着不同，形象各异，但是他们都显示了对当时复杂环境状况的把握。因此，领导是全方位的，领导的位置对所有人都是敞开的。

这些领导者都具有4种能力，分别是注意力管理、意义管理、信任管理和自我管理。注意力管理的要点是有效的愿景，这一愿景是别人愿意共同享有的，并且能提供通向未来的桥梁。意义管理则要求领导者有能力成功地传达愿景。而信任对所有组织都是根本性的，其核心是可靠性（或者说是坚定性）。自我管理意味着领导者知道自己的技能并能有效地运用。

本尼斯因此得出结论，所有的领导者都有4个共同的主题策略。

- 通过愿景唤起关注。
- 通过沟通赋予意义。
- 通过定位赢得信任。
- 通过自重实现自我成长。

要领导一个优秀的团队，领导者不必具备团队成员所具备的所有技能，但必须具备创建愿景、感召他人的能力及正直的品质。关于愿景，本尼斯有句名言："愿景就是领导者的商品，而权力则是他手中的货币。"这样的领导者还要有出众的挑选和教练辅导能力——慧眼识才的本领、富有感染力的乐观精神、激发他人最大潜力的才能、促进沟通和调停冲突的能力、公平意识，以及能够赢得信任的真实。

在此基础上，本尼斯认为，要成为领导者，必须具备以下 4 种能力。
- 能够通过建立共同的愿景和意义来吸引人们投入其中。
- 有一种独特的声音（情商）。
- 具备正直的品质。
- 适应能力。适应能力对领导者来说是绝对不可或缺的。

领导者创造自己，领导者创造自己的方式就是培养自己的品格和愿景。而充分自由地表现自我就是领导力的本质。

詹姆斯·库泽斯：卓越领导的 5 项行为

30 多年来，领越™领导力是全球最具影响力的经典课程之一，卓越领导者的 5 项习惯行为成为领导力测评和提升的有效方法。近几年，领越™领导力也成为中国最受欢迎的领导力课程之一。

詹姆斯·库泽斯，领导力大师，汤姆彼得斯公司的荣誉退休主席，曾任美国圣克拉拉大学列维商学院院长特聘领导力教授；巴里·波斯纳，曾任美国圣克拉拉大学列维商学院院长和领导力教授，世界知名的学者和高管教育家。他们著有《领导力》《留下你的印记》等 12 本畅销书，全球销售达数百万册。

他们合著的荣获各种奖项的畅销书《领导力》已经出版到第 6 版，销量超过 200 万册。这本书基于对 70 000 多项调查、1 000 个书面案例和 100 个深度访谈的可靠研究，提供了能够提升个人和组织绩效的领导实践。

领越™领导力课程讨论的是领导者如何找到领导力的"真北"，如何激励他人自愿地在组织中做出卓越的成就，如何通过实际行动，把理念化为行动，把愿景化为现实，把障碍化为创新，把分裂化为团结，把冒险化为收益，以及领导者要创造一种氛围，激发人们抓住挑战性机会，取得非凡的成功。

根据库泽斯和巴斯纳的研究，卓越领导的 5 项行为分别是以身作则、共启愿景、挑战现状、使众人行和激励人心。这 5 项行为又包含 10 个承诺，如图 3-6 所示。

- 以身作则是领导力的起点和基础。领导者必须通过清晰的价值观、声音和言行一致来回答追随者的 3 个基本问题："你是谁？""你要带我们去哪里？""如何去？"领导者只有建立自己的信誉，并且树立榜样，才能影响和带动他人。
- 共启愿景是指面向未来、放飞梦想，描绘激动人心和富有吸引力的奋斗目标与愿景，让人们形成共识、共鸣和共振。

- 挑战现状是指抓住机会、打破陈规、引领变革、创新突破，冲破旧有的观念、制度、惯例和行为等的约束，开放思维、跨界学习、鼓励冒险、勤于尝试、积小胜为大胜，从错误和失败中学习成长。

5项行为	10个承诺
以身作则	1. 找到自己的声音，宣扬共同的梦想，以明确自己的理念 2. 使行动与共同的理念保持一致，为他人树立榜样
共启愿景	3. 展望未来，想象令人激动的各种可能 4. 诉诸共同愿景，感召他人为共同愿景奋斗
挑战现状	5. 发挥首创精神，向外寻找改进的创新方法 6. 进行试验和冒险，不断取得小小的成功，从错误中学习
使众人行	7. 通过强调共同目标和建立信任来促进合作 8. 通过分享权力与自主权来增强他人的实力
激励人心	9. 通过表彰个人的卓越表现来认可他人的贡献 10. 通过创造一种集体主义精神来庆祝价值的实现和胜利

图 3-6 卓越领导的 5 项行为

- 使众人行是指充分发挥团队中每个人的积极性和潜能，通过建立信任、团结合作、平等参与、授权赋能、激发自主、分担责任、分享信息、分享权力、分享利益，像一个真正的球队一样行动。
- 激励人心是指克服前进中的困难、挫折带来的心理压抑，不断保持和激发人们的工作意愿和激情。通过多种富有创造性的激励方式、经常性的有效认可，表彰人们的进步和成绩，营造一个崇尚进步、乐观积极、鼓舞人心的心理空间。

卓越领导的这 5 项习惯行为源自严谨的研究项目，该项目旨在确定：在组织中，要成就卓越，哪些领导力品质是最基本的。为了进行这项研究，库泽斯和巴斯纳收集了几千例"个人最佳领导经历"，即当人们被要求回想一个最能体现领导力的经历时，其所回忆的体验。可以说，这 5 项习惯行为作为他们得出的结论和规律，经受住了时间的考验。

"领导力提升的过程就是自我提升的过程"是形成领越^{TM}领导力的几大原则之首。在领导力提升的过程中，库泽斯和巴斯纳指出：我们所需要做的就是相信自己，开始我们的旅程。你不必向上寻找领导力，也不必从其他方面寻找领导力，你只需在自己的内心寻找。

领越™领导力的几个重要原则如下。

- **领导力是每个人的事**。领导力不是与生俱来的，也绝不是某种个人魅力的产物。任何人口特征在一个人是否可以成为卓越领导者方面都不会起任何作用。领导力讲的不是"你是谁""你从哪儿来"，而是"你做了什么"。领导力不是一种地位，不是普通人无法破译的密码，而是一套技能和能力，任何人都可以学会，只要他们有欲望和决心。
- **领导力是一种关系**。领导力指的是渴望领导他人的人和选择追随他的人之间的关系，这种关系有时是一对多的，有时是一对一的。不管是哪种情况，领导力都需要使他人参与。当人们要做出不同凡响的事时，这种关系的质量尤为重要。不需要复杂的统计数字，你从自己的经历中就可以知道这个答案：能够在追随者身上激发出积极情绪的领导者比那些制造消极情绪的领导者拥有明显更高绩效的团队。
- **最好的领导者也是最好的学习者**。领导力是一套可以观察到的技能和能力，它对任何一个人都是有用的。无论你是高管还是一线员工，也无论是在华尔街还是随便在哪条街，只要你有动机和欲望，有实践和反馈，有榜样和辅导，每项技能都可以被强化、被磨砺和被加强。有效的领导者会不断地学习，他们把所有的经历都看作学习的机会，而不局限于那些正式的课堂或研修班课程，他们在不断地寻找方法来改进他们自己和他们的组织。
- **要想成为卓越的领导者，需要刻意的实践**。在任何事情上达到最佳的人之所以能够达到那种水平，是因为他们花了更多的时间学习和实践。如果你想用一个大概的指标来衡量怎样才能取得最高水平的专业技能，估计要在 10 年内进行 10 000 小时的练习，这意味着在这 10 年里每天练习 2.7 小时。领导力的提升是一个持续的过程，如果你想成为最佳领导者，这个过程就必须持续下去。
- **领导力是一种追求和选择**。卓越的领导者总是追求比他们当前的状态更好，改进他人的绩效，带领人们去他们以前从没有去过的地方。你需要在解决当前问题的同时，着眼未来；你需要尊重他人，维护其尊严；你需要挑战现状，将逆境转变成机遇；你需要向所有为成功做出贡献的人表示感谢。
- **领导者超越平凡**。要想成为领导者，你就得相信你能够积极地影响他人，把自己当回事。如果你不把自己当回事，你就不会尝试领导行为。当人们与展现出卓越领导者行为的领导者一起工作时，他们明显会对领导者的行动和战略更加满意,他们会感觉更有承诺感,更兴奋,更充满活力,更有影响力,更有力量,而且更加高产。不管你的岗位是什么,你都得对你的追随者所能得到的领导力的品质负责,你要对你所展示的领导力负责。

约翰·麦克斯韦尔:领导力的 5 个层次

约翰·麦克斯韦尔是享誉全球的领导力大师、演说家与作家。他的著作已销售超过 2 000 万册。

麦克斯韦尔也是非营利组织 EOUIP 的创始人,该组织已经在全球 126 个国家和地区培训了超过 500 万名领导者。每年,他都要向不同组织的领导者发表演说,所著图书有《领导力 21 法则》《360 度领导力》《真正的成功》等,都是风靡全球的畅销书。

对于麦克斯韦尔所分的领导力的 5 个层次,我的理解如图 3-7 所示。

巅峰
尊重
人们追随你是因为你是谁,以及你所代表的东西

立人
复制
人们追随你是因为你对他们所付出的

生产
成果
人们追随你是因为你对组织做出的贡献

认同
关系
人们追随你是因为他们愿意听你的

职位
权力
人们追随你是因为他们不听不行

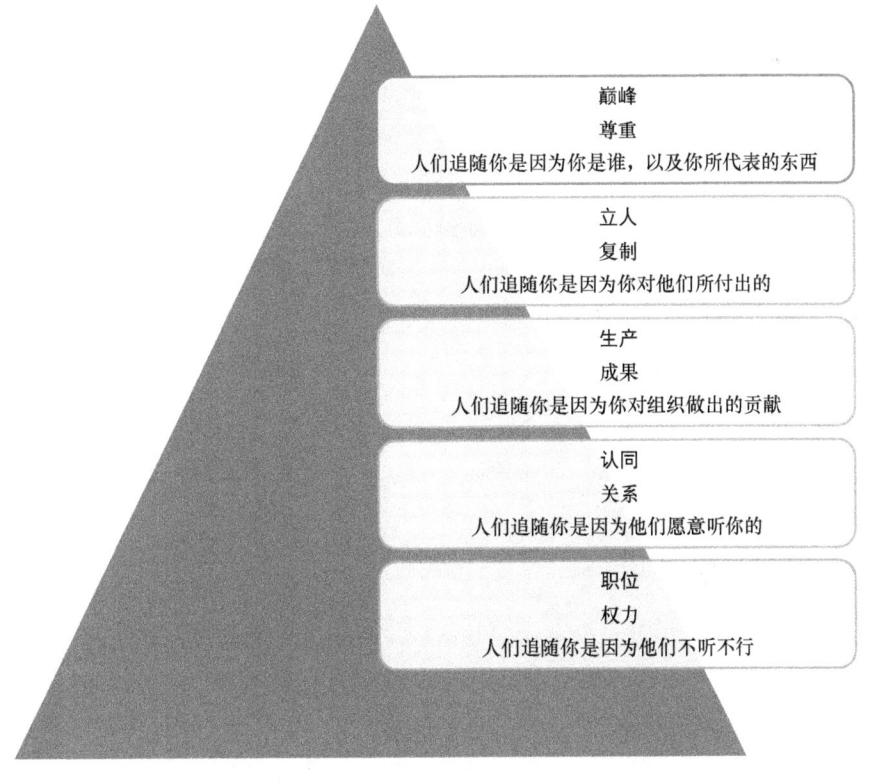

图 3-7 我所理解的麦克斯韦尔所分的领导力的 5 个层次

1. 第一层次：职位

第一层次是入门层次。职位型领导者仅有的影响力来自他们的职位和头衔。即使员工服从职位型领导者，往往也是因为他们不听不行。拥有一个领导职位本身无可厚非，但是将其作为迫使员工服从自己的筹码就大错特错了。在这种领导哲学之下，领导者拥有的是唯命是从的下属，而非和衷共济的团队。此类领导者依靠规章、政策条文和组织条款来管控员工。这样做的直接后果就是员工只会在领导者权威所及的范围内服从，以完成"份内事"为己任。领导者在其权力范围之外，则很难要求员工付出额外的时间和精力。职位型领导者在工作中与志愿者、年轻员工及高素质员工相处时，也往往存在困难，原因是这些员工具有强烈的独立性倾向。这个层次的领导力是唯一不需要能力或努力就能得到的，因为只需要利用职位就可以自然拥有它。

2. 第二层次：认同

第二层次完全基于对人际关系的把握。在认同这个领导力层面，人们追随你是因为他们愿意听你的。当你喜欢他人，将他人当作有血有肉的个体来看待时，你就开始影响他们了。在此过程中，信任得以建立，工作环境会变得积极向上。第二层次的领导者，其着眼点已非维持自己的职位，而在于如何了解身边的人并努力探寻和他们的相处之道。领导者与追随者彼此了解，推心置腹，建立了牢固持久的友好关系。即使没有领导员工，你也可以喜欢他们；但如果不能真正关爱员工，你就很难领导好他们。爱人者方能御人。

3. 第三层次：生产

第三层次基于成果，领导者由此获得影响力与公信力。在这一层次，领导和影响他人成为一种乐趣。众所周知，打胜仗是最好的团建，成功与生产率可以解决大量问题。

4. 第四层次：立人

第四层次的领导者充分利用自身的职位权力、人脉关系与生产能力投资追随者，着力培养他们直到他们真正成长为新的领导者。这就是中国人所说的"立人"。这样的结果就是复制——复制领导者自己。生产创造或许能够赢得竞争，但是关注个人发展能够赢得冠军。在这一层次，你总会看到两种变化：首先，团队协作迈向新水平；其次，工作表现再上新台阶。处于第四层次的领导者改变了追随者的人生。

5. 第五层次：巅峰

只有天赋异禀的领导者才能到达这一层次。这个层次的领导者在干什么？他们致力于培养第四层次的领导者。为什么杰克·韦尔奇或者说通用能够培养那么多 CEO？表面上是因为克劳顿维尔，而本质上是因为杰克·韦尔奇是第五层次的领导者。

领导力的 5 个层次的深层视角如下。

- 你可以成功迈向领导力的下一层次，但是你的足迹会留下永恒的印记。简单来说就是：你需要一层层地成长，是累积式的，不是取代式的。
- 对不同的人而言，你并不是总在同一领导力层次。简单来说，面对不同的对象，你的领导力是不同的。例如，新官上任，当你到一家新单位任职时，你可能处于第一层次；但对你的老部下来说，你可能处于第三或第四层次。领导力层次是动态的。
- 你的领导力层次越高，领导力的实现就越容易。你的领导力层次越高，你就越需要花费更多的时间与精力去再上新台阶。
- 在领导力征程中，每提升一个层次都需要日积月累，后退却是一瞬间的事。
- 在某个领导力层次上的故步自封会限制你与你的团队。这一点很重要！你完成任务的有效性和团队协作的能力受限于你的领导力。如果你的领导力水平只有 4 分，那你的办事效率也只有 4 分，而你延揽的人才也就 3 分的水平。
- 你不能独自走在领导力攀登之路上。立人者方能立己，想要成为一名成功的领导者，你必须帮助追随者不断提升自己。

吉姆·柯林斯：第五级领导者

吉姆·柯林斯凭借《基业长青》和《从优秀到卓越》两本影响深远的管理畅销书，奠定了自己在企业界的顶尖管理大师地位。

吉姆·柯林斯把领导力分成 5 个等级，而他个人极其推崇第五级领导力。在他对领导力的定义中，"第一级领导力"是个人能力；"第二级领导力"是团队技巧；"第三级领导力"是管理能力；"第四级领导力"是传统观念上的领导力；"第五级领导力"不仅拥有前 4 个层级的所有技能，还有一种超常能力，那是一种谦逊的品质与坚定的职业意志的矛盾结合。①这些人大多不愿抛头露面，不接受阿谀奉承，却有着坚强的毅力，愿意付出一切使公司变得更加杰出，并因此而舍弃了自己的私欲，将精力都投入实现公司更宏伟的目标上。这并不是说"第五级领导者"没有自我或没有个人私欲。事实上，他们的雄心壮志是一般人难以想象的。但是，他们的雄心壮志不是为了自己，而是为了公司伟大的前途。

公司董事会和高级管理层在寻找公司继任领导者的时候，需要下大力气来寻找具备第五级领导力的领导者，因为这关系到公司今后是否能成为杰出公司并持久保持杰出的业绩。

根据柯林斯的理论，第五级领导者具备以下 5 个特征。

1. 谦虚+强意志力

谦虚+强意志力是第五级领导者最具概括性的特征，其他特征都包含在这个最根本的特征中。谦虚的品质可以带来良好的人际关系。一般来说，聪明的领导者绝不会给自己随便树敌，他们知道社会的生存规则，懂得没有他人的帮助就没有自己更大的事业。在我国古代就有"天时、地利、人和"的说法，孟子则有"天时不如地利，地利不如人和"的言论。三者相较，"人和"尤为可贵。要想达到人和的境界，最简单的方法就是保持谦虚，不要随便给自己树敌。谦虚的品质可以让别人在同你交往时如沐春风，谦虚的领导者无疑更受人欢迎和尊敬。极强的个人意志可以让人不畏艰难，在自己选择的道路上坚定地走下去。企业在顺境中，可能很多领导者都能驾驭。只有当企业面临巨大的困难和挑战时，才是最考验领导者的时刻。当企业面临危机时，领导者需要拿出挽狂澜于既倒的气概，用自己的意志和信心稳定人心，带领企业走出困境。

2. 个人谦虚度

谦逊的品质可以增加领导者的个人魅力，可以体现领导者的个人修养。在现实生活中，很多领导者的个人能力可能不如下属，但是他们温文尔雅、谦谦君子的做派体现了十足的领导者风范，让人为之折服。柯林斯指出：在现实生活中，与这样的领导者交谈，你会被其自我剖析的方式所感动，他们谈论公司，谈论其他执行官的贡献，却本能地回避谈论自己的作用。然而，与此形成鲜明对比的是，其他领导者常常夸耀个人功绩，或者打心底把公司的成功归功于自

---

① 第五级领导力虽然在第1章有所提及，但为了方便读者理解此处的内容，此处又简单地介绍了一下。

己。殊不知，极力吹嘘自己以获得他人的认可，以及贬低别人成绩、夸大自己贡献的做法，都是一种极度的自我主义，这种领导特质往往会使公司走向衰败。柯林斯还分析了另一种情况：很多第四级领导者，他们才华卓越，但是具有强烈的个人主义，这种领导者能够在一段时间里将公司提升一个层次，但最终公司的绩效会连年下滑并走向失败。第四级领导者利用个人才干，可以在短时间内使公司业绩大有起色，但是这些努力就像强弩之末，在个人能力发挥到极限之时，也就是公司走向衰落之日。

3. 职业意志

除了拥有谦逊的品质，第五级领导者还会表现出非凡的职业意志。首先，第五级领导者在任何方面都不能容忍平庸。在他们的宗旨里，好的标准是永远向上走，永无止境。谦虚的品质和温和的处事方式并不代表第五级领导者在业务方面也不拘小节。他们对工作都是极度认真和仔细的，有着极强的责任心和职业意志。

其次，第五级领导者的职业意志还表现为他们对目标的专一和持之以恒，滴水穿石的精神是对他们职业意志的最好诠释。企业作为一个经营实体，有自己的发展愿景，虽说做大做强是每个企业的梦想，可是企业的决策者时刻都要清醒地认识到，不能广种薄收，而要对企业的目标持之以恒，将产品做好做精。这正是第五级领导者所秉承的信念。

最后，第五级领导者可以在企业遭遇危难时挺身而出，以强烈的信念和职业意志顶住压力，带领企业渡过难关。绝大多数的企业发展到一定阶段都会遭遇发展瓶颈，领导者是否能以坚强的意志带领企业迈过这道坎，是评判第五级领导者与其他领导者，以及评判卓越企业与优秀企业的标准。

4. 双重性格

柯林斯称第五级领导者具有双重性格：谦虚而执着，羞怯而无畏。这样的领导者往往保守而和蔼，并且彬彬有礼，极具贵族风度。这样的领导者不管面临什么样的困难，都始终保持谦逊有礼的风度，甚至在危急关头，他们仍然保持平和的态度。这种冷静的风范使他们总能安稳人心，同下属共度时艰，成功地扭转企业的颓势。领导者的双重性格看似矛盾，实则不然。他们保守的一面表现在做人上，激进的一面则表现在做事上，这就是古人所讲的"外圆内方"。这两种性格相得益彰，完美地融合在一起，最终成就了第五级领导者。

5. "窗子和镜子"模式

"窗子和镜子"模式意指领导者解释功劳时总往窗外看,追究责任时则会朝镜子看。当公司取得成功、分配功劳和荣誉时,第五级领导者会"站在窗口往外看",目光所及皆是窗外的也就是他人的功劳,对于窗内也就是自己的功劳,则完全视而不见。这是一种自然的、发自内心的行为,或许第五级领导者自己都没有意识到。这是他们谦逊的性格带来的必然结果。而且柯林斯认为,如果第五级领导者找不到特定的人或事以赋予其荣誉,他们便会将成功归因于好运。

6. 拉姆·查兰:领导梯队模型

拉姆·查兰1939年出生在印度北部的一个小镇,拥有哈佛商学院MBA和DBA学位,曾获得贝克学者奖,并在哈佛商学院留校任教。40多年来,查兰博士曾执教哈佛商学院、沃顿商学院、西北大学凯洛格商学院和通用电气"杰克·韦尔奇领导发展中心",多次获得"最佳教师"荣誉称号。

拉姆·查兰是当代全球最具影响力的管理咨询大师之一,被誉为"当代德鲁克",是杰克·韦尔奇最推崇的咨询大师。杰克·韦尔奇对他评价道:"他有一种罕见的能力,能够从无意义的事情中提炼出意义,并且以平静和有效的方式传递给他人。"

拉姆·查兰是闻名世界的管理顾问,他从事领导力培养多年,对领导力发展有着系统、深刻的认知,能够精准地把握领导力的本质——精细化和管道。他先将领导力发展细分成6个阶段,然后精准定义各个阶段的领导力内涵。以这种理论为基础创建的领导梯队模型,能够确保领导力不再是一团模糊的定义,而是基于不同职级、结合企业实际给出的准确、精细的定义,既有理论高度,又切实可用。领导梯队模型如图3-8所示。

培养领导者之前,首先要进行人才盘点,梳理领导人才层级,明晰领导力的定义,依据不同的层级,制订有针对性的发展计划。阿里巴巴的创始人马云特别重视企业的人才盘点,他曾经说过,阿里巴巴每年有3个重要的会议:一是战略会议;二是预算会议,三是人才盘点会议。经过长期积累,阿里巴巴拥有了良将如潮的人才团队和接班体系,形成了一套独特的文化,培养和锻炼出了一大批人才,并且不会因为任何人的卸任而引起混乱。这是非常了不起的成就。

在领导梯队模型中,各领导层级靠晋升的蜕变点连接起来,各人才梯队相互关联，自下而上构成企业的领导力管道。从领导梯队模型可以看出，领导力是自下而上发展的。从"个人贡献者"的自我管理能力，发展到"领导他人"的领导力，升级到"领导领导者"的领导力，上升到"职能领导者"的领导力，成就于"商业领导者"的领导力。领导力发展不仅针对个人，也针对组织。当一位管理者获得晋升时，企业必须确保他具备相应层级的领导能力，否则就会引起领导管道的堵塞。

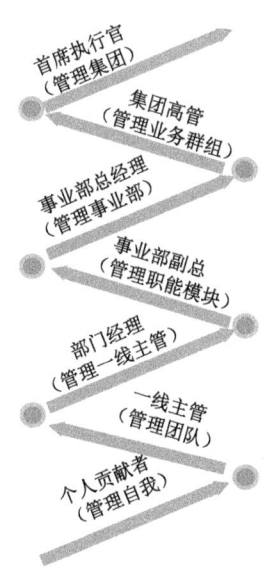

首席执行官（管理集团）
集团高管（管理业务群组）
事业部总经理（管理事业部）
事业部副总（管理职能模块）
部门经理（管理一线主管）
一线主管（管理团队）
个人贡献者（管理自我）

图 3-8　领导梯队模型

其实，"领导力赶不上职位晋升"在中国是很普遍的现象：公司迅速壮大，于是 CEO 将优秀的一线员工提升为一线经理，希望他能带领团队取得更好的成绩。想法不错，可是他能胜任经理的职位吗？真实结果很可能是这样：他仍然花大多数时间做自己擅长的业务工作，在领导团队方面十分犯怵，因为他的领导能力没有提升；他坐在管理者的位置，做着下属的工作，也不会花时间培养下属和打造团队。在这种情况下，他既耽误了自己的成长，也"盗窃"了下属的时间。

那么，在什么时间培养领导者所在层级必需的领导力呢？拉姆·查兰认为，最佳时机当属各层级之间的转折期。企业应在将领导者扶上更高层级时，及时实施领导力转变计划。实施过程中应抓住 3 个主要因素。第一，工作价值：更新工作理念和价值观，让工作聚焦重点。第二，时间管理：重新配置时间和精力，决定如何高效地工作。第三，该层级的领导技能：培养胜任新职务所需要的新能力，提升领导力。这 3 个因素形成一个相互影响、相互制约的"领导力之轮"。领导者要重新认知新岗位的工作价值，要知道领导成员完成团队目标远比埋头苦干重要。认清楚这一点后，新任领导者便会笃定地将时间和精力分配到领导工作上来，并努力学习新的领导技能，尽管一开始可能面临各种挫败。

拉姆·查兰仅用几条线，便勾勒出了"领导力""领导层级""组织""领导力转变"等因素之间的复杂关系。通过领导梯队模型，精准、明确地分层定义领导力，并实现大规模复制，打造企业的领导力通道，源源不断地为企业输送新鲜的领导人才，推动企业战略快速而扎实地落地。

拉姆·查兰总结了一流的领导者具备的八大管理技能。

- 为企业找到准确的市场定位。
- 预见并带领企业应对外部环境的变化。
- 培养企业文化，令员工齐心协力。
- 寻找员工中具有领导潜质的人。
- 打造管理团队。
- 设定符合实际的目标。
- 分清企业各项事务的轻重缓急，找到工作重点。
- 处理会对企业造成影响的各种市场力量与社会趋势。

在本章，我们挑选了若干在领导力研究方面卓有影响力的专家，介绍了一些领导力理论基础。在汗牛充栋的领导力相关研究中，以上这些只是给大家提供一个索引，希望每个志在掌握私董会教练技术的同伴不要仅满足于对教练技巧的掌握，还要在理论基础和学术深度上不断精进，并有所突破。沃伦·本尼斯在他的一本书中谈道："美国刚刚创立时，人口不到 400 万人，我们有 6 位卓越的领导人：华盛顿、杰斐逊、汉密尔顿、麦迪逊、富兰克林和亚当斯。现在我们的人口数量超过 3 亿人，我们肯定能诞生至少 600 名世界级的领导者。你会是其中之一吗？"我未必会成为其中之一，但是我期待陪伴未来的世界级领导者共同成长。中华民族在伟大复兴的历史进程中，也一定会诞生越来越多的世界级领导者，他们具有独特的中华民族精神气质和禀赋，同时引领着世界前进。作为长期跟企业家和领导者打交道的私董会教练，我希望我们这个教练群体能够发掘和助力更多的领导者成为世界级领导者，不辜负时代交给我们的历史重任。

第 4 章

私董会教练实战需掌握的关键内容

真正理解何谓私董会

私董会的 4 根柱子

私董会不是一个单一会议的名称。有人根据私董会问题处理流程开了一次会议，于是就把这次会议命名为"私董会"。其实，这只是私董会整体概念的一部分，而且是私董会整个内涵的一小部分。从整个私董会体系来说，支撑这个体系的是 4 根柱子，即私人董事会圆桌会议（问题处理流程）、一对一导师深度辅导、专家研讨会、知识库与交流社区，如图 4-1 所示。国内有些私董会机构在这 4 根柱子的基础上进行了补充和丰富，如增加了晚间围炉谈话、世界咖啡研讨、拆书会及在 CEO 层面之下的高管交流会等，这些都是一些很好的探索。

从私董会的过去和现状来看，它是不断发展、进化和完善的。我相信，以后私董会的外延仍然会不断丰富。正所谓"时异则事异，事异则备变"，只要私董会的组织者和领导者能够坚持私董会的核心价值观，坚持为企业家和创业者带来积极正向的效果，从而提高成员的领导力，帮助他们做出更好的决策，达到更好的效果，那么这种探索就是值得鼓励、值得肯定、值得探讨的。

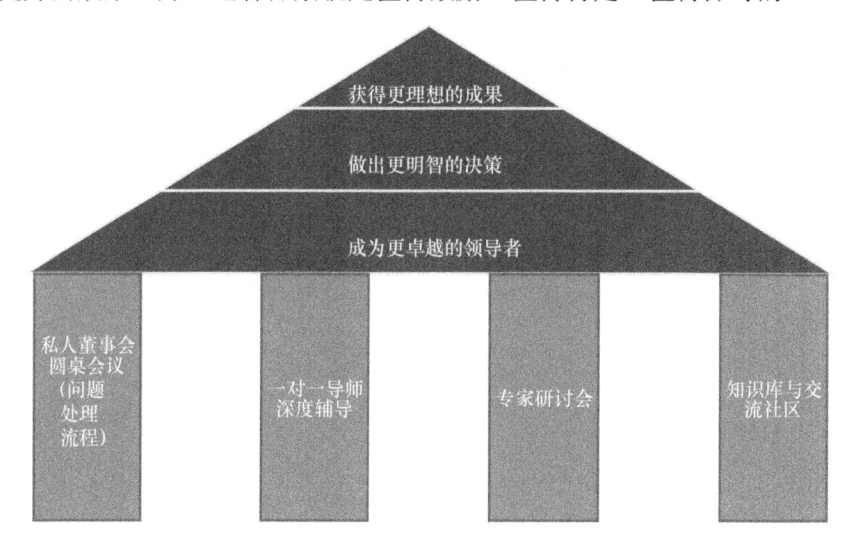

图 4-1　私董会的 4 根柱子

（金字塔顶层至底层：获得更理想的成果；做出更明智的决策；成为更卓越的领导者）

（4 根柱子：私人董事会圆桌会议（问题处理流程）；一对一导师深度辅导；专家研讨会；知识库与交流社区）

私董会的小组和会议设计

私董会小组的成员人数一般情况下不少于 8 人，12~15 人是比较合适的，最多 20 人。相关研究表明，一般情况下，一个有效的核心社群小组一般由 12~18 人组成。不过最重要的因素不是人数，而是结构：一个核心社群小组必须囊括精准的、来自不同行业的人，同时还必须跨越规模、领域、地域的界限。小组里的同伴应该能够帮助彼此学到更多东西，让大家在做决策时不被个人或组织内部的偏见左右，同时在个人层面得到更多的成长和平衡。小组的成员应该是正面行为的典范，如果一个私董会小组内部有很多充满热情、诚挚真实、慷慨大方的人，那么这个小组中的每个人都有可能成为这样的人。

如果私董会小组的成员来自同一个城市，则一般可以每月开一次小组会，一次一天，一年下来大概开 10 次会议。目前国内的私董会小组成员大都在不同城市，开会的交通和时间成本比较高，所以一般国内的私董会小组都是两个月开一次小组会，每次历时两天，一年 5 次会议，共 10 天。

下面是一个标准的两天小组会内容安排，其中的时间分配仅供参考，可以根据实际情况进行调整。

第一天

时间	活动
8:00	成员到达
8:30	新成员介绍（15分钟）
8:45	老成员分享：最有成就感的事情（15分钟）
9:00	小组的价值和规则（10分钟）
9:10	休息（10分钟）
9:20	第一个（案主）问题处理流程（180分钟）

午餐、午间休息

时间	活动
14:00	团队建设（120分钟）
16:00	休息（10分钟）
16:10	专家讲座（45分钟）
16:55	小组提问讨论（45分钟）
17:40	小结（10分钟）

晚宴

时间	活动
18:00	分享人生故事（90分钟）

第二天

时间	活动
7:00	成员到达
7:05	跑步（60分钟）
8:05	早餐（30分钟）
8:35	休息（15分钟）
8:50	到达会议室
9:00	第二个问题处理流程（180分钟）

午餐、午间休息

时间	活动
14:00	专家讲座（90分钟）
15:30	休息（10分钟）
15:40	小组提问讨论（70分钟）
16:50	休息（10分钟）
17:00	小组会总结与反思（25分钟）
17:25	小组会结束（5分钟）
17:30	祝小组成员体验愉快

加入私董会小组的 10 个理由

2016 年 10 月,《福布斯》杂志刊登了一篇名为《加入私董会小组的 10 个理由》(*10 Reasons to Join a CEO Peer Group*)的文章。《福布斯》通过采访 Critical Mass for Business 这家公司的创始人理查德·弗兰兹,总结了每位企业家和 CEO 都需要一个私董会小组的 10 个理由。弗兰兹在同伴学习领域有几十年的深入研究,他曾被国家级媒体采访报道,是全美国公认的 CEO 同伴学习的思想领袖。弗兰兹本人也是多个私董会小组的成员,他坦言从中得到了很大的好处。

以下是他分享的加入私董会小组的 10 个理由。

(1)私董会小组将是你安全的避风港。

私董会的保密性,使每个成员都能完全坦诚地面对自己的问题。它为 CEO 提供了一个安全的环境,在这里大家可以探讨一些无法直接与外人谈论的、与他们的业务或家庭息息相关的话题。

(2)在小组中,你会迅速提升自己的逻辑能力。

当私董会小组为其成员解决困难时,大家不同的角度和见解,可以大大提升讨论的质量和探讨的深度。

(3)私董会小组能让你得到最真实的反馈。

在私董会中,小组成员可以如愿以偿地得到最真实的一手反馈。有时反馈和评价太过直白或犀利,也会让他们有些难以接受。但对这些商业领袖来说,他们的想法偶尔受到挑战又何尝不是一件好事呢?

(4)你可以从小组中得到真正实用的指导建议。

私董会小组可以创建类似独家定制的个人指导委员会。在业务遇到瓶颈或需要做出重大决策时,这样一个经验丰富的专业指导委员会,往往能起到至关重要的作用。

(5)完全开放、畅所欲言的讨论环境。

对私董会小组的成员来说,是没有什么问责制可言的,每个人都可以畅所欲言。每个成员都有一个带给自己压力的同行,但能够一次又一次从中获益,不断前行。

(6)真正的集体智慧凝结。

将众多管理者的注意力集中于某一特定的事件上,正是私董会小组的力量所在。小组最终讨论的结果,则体现了更加强大的精神力量,是集体智慧的凝结和升华。

（7）你的小组同伴会不停地启发你获得新的认知。

CEO要持续更新自己的知识系统储备，这是他们目前所面临的挑战。当有一名成员从小组中获得新的信息，那么这就好像一盏明灯，能够让小组成员对未来有更加清晰的认知。

（8）共同帮助和成长。

私董会小组是汇集新颖见解的新途径，这也是它能给组员带来力量的原因。这些小组成员之间不仅可以互相帮助，解决对方的问题，还能够使成员成长为更好的领导者和个人。

（9）小组会期间，你的身心能得到真正的放空。

大多数企业家，甚至是成功的企业家，都会有难以避免和克服的惰性。私董会小组可以让成员"偷个懒"，让他们从烦冗的事务中抽离出来，放松自己的身心。

（10）帮助你的企业提高保险系数。

发展新生企业并不是一件容易的事，绝大部分都惨遭失败。在私董会小组中，组员通过智慧共享有了更大的胜算，他们的企业也有了更高的存活率和更大的发展空间。

弗兰兹说："大多数加入私董会小组的企业家或CEO，都会留在自己的小组很长时间，每年的续约率超过80%。"当然，每个人留下来的原因不尽相同，但不可否认的是，私董会小组让企业家都受益匪浅。

私董会的运作方式、组织流程、方法和技巧

下面将按照私董会的私人董事会圆桌会议（问题处理流程）、一对一导师深度辅导、专家研讨会、知识库与交流社区这4根柱子详细介绍私董会的运作方式和组织流程，以及在组织会议的过程中需要使用的一些方法和技巧。

在介绍这些方法和技巧之前，我在此先做一个简单说明。

- 技巧和方法没有穷尽，也无所谓好坏。因此，没有好的或坏的方法和技巧，只有擅长或不擅长使用方法和技巧的人。
- 方法要根据现场的情况、当时参与者的状态和情绪随时调整与选择。只要有利于深入探讨，有利于大家在现场打开心扉，有利于大家的学习和收获，就是值得探索的。
- 方法与时俱进，不变的是组织者愿意和大家共同学习、共同进步的那颗

热心，只要有了这颗心，就具备了最好的前提和基础。
- 在4根柱子中，圆桌会议是人们普遍理解的狭义的私董会，也就是私董会独具特色的问题处理流程。在圆桌会议中，教练更像一个主持人、引导者，他的主要作用是把控场上流程，维持规则，对大家共同的投入与产出负责；在圆桌会议之外，教练是一个召集者、组织者，同时发挥教练的功能。可以说，在整个私董会组织结构里，教练的角色是复杂而又统一的，这就对教练提出了一个相对很高的要求。

在召开正式的私董会议前，要做充足的准备，除了要确定会议的时间、地点、参与人及可能的嘉宾，还要就会议的具体流程和会议所需的设备与物料等进行确认，确保这些因素不会耽误会议的正常进程。

在一般情况下，一台电脑和一块屏幕是必需的，教练可以用它们来放映PPT，推进会议议程，案主也可能需要使用PPT进行情况介绍。

为了保证所有人的焦点聚集在一处，在会议推进过程中，一块大白板或白板架配合培训用的大白纸也是必需的。通常情况下，如果使用大白纸的话，教练通常需要注意把每张白纸上的内容书写清晰，同时在完成相关内容后，把其中比较重要的部分粘到墙壁上，保证所有人共同看见并遵守。

可以用不同颜色的笔来刺激大家的视觉感官，以激发创意；用铃铛来通知时间；用彩色橡皮筋球来作为相互之间传递的信物，教练可以规定谁拿到球谁说话；每人一个海绵软球，用来在发言的间隙放在手中把玩。各种道具的使用会让会议充满新鲜感和生动感，也在一定程度上不让会议显得枯燥和无趣。以下为私董会常用设备与文具清单。

基本设备：

- *PPT放映设备。*
- *一台笔记本电脑，用于播放PPT或视频。*
- *若干白板架和白板纸，白板纸规格为60cm×90cm。*
- *为每位成员准备笔记本或A4纸、铅笔和水。*
- *不同颜色的白板笔若干。*
- *写有成员姓名的挂牌或桌牌。*
- *会议相关材料，如私董会介绍、人员介绍等。*
- *万能黏土2盒、便利贴若干。*
- *摇铃一个。*
- *手动计时器一个。*
- *彩色橡皮筋球一个。*

- 海绵软球人手一个。

可选项：

- 下午茶、点心、水果、咖啡等。

如果是私董会小组的第一次会议，有必要就成员的行为做一定的约束。例如，可以约定大家的基本行为，可以签署一份成员合约或保密协议，要求成员在保密、坦诚、信任、倾听的前提下，不评判他人，积极反馈。以下为私董会成员合约的模板。

私董会成员合约

保密

我承诺对团队会议的所有谈话严格保密，绝不向团队成员以外的人，包括同事、合作伙伴、配偶或朋友等，透露任何信息。

坦诚

在对任何信息都严格保密的基础上，我承诺与团队成员坦诚分享高度私密的个人信息。如果团队成员不够坦诚，我有责任提出并在团队内讨论这一问题。我同意绝不逼迫团队成员谈论使之感到不舒服的个人私密问题。

信任

我相信团队中的每位成员都是值得信任的。我理解信任是建立在成员诚实、坦诚的沟通和互相关心的基础上的。

倾听

我承诺认真倾听，不打断其他成员的发言。

不评判他人

我承诺不对团队成员进行评判。我不勉强其他成员接受我的价值观和信念。

反馈

作为团队成员，我会提供和接受有关思想、行为、领导素质和沟通方式等方面的建设性反馈意见。

出席

除了特殊情况，我会准时参加团队的会议，不迟到、不早退。

会员签名：

日　　期：

私董会小组也可以经由大家的共同讨论，设立一定的惩罚机制。例如，我的一个私董会小组就在小组的第一次会议上，围绕以下框架，共同讨论制定了一个基本规则。该规则对小组成员具有普遍约束力,要求大家共同遵守。以下为小组规则框架的模板。

共同讨论的小组规则框架

1. 选举班委(组长:_____纪律委员:_____财务大臣:_____)。
2. 缺席规定:第一次缺席(两天没来)交纳____元,第二次缺席交纳____元,第三次缺席视同自动退组。
3. 迟到1分钟,做俯卧撑(深蹲)____个,罚款____元,____元封顶。
4. 早退一次,交纳_____元。
5. 手机一响,交纳_____元。
6. 请假半天,乐捐_____元;请假一天,乐捐_____元。

……

私董会问题处理基本流程

私董会问题处理基本流程如下。

提案&表决

提案:教练先让每位成员提交一个议案,明确当天要讨论的话题是什么。教练应要求这些议案必须是正在困扰这些成员的真实问题。

表决:由各位成员表决,选出大家都感兴趣的议题。议题通常以投票方式产生,以得票最多的为准,也可以提前确定某位成员的议题。

"双明确原则":明确案主;明确问题。

在问题处理流程中,首先要明确案主,也就是问题拥有者;其次要明确案主的问题,也就是在本次问题处理流程中要讨论的问题。

从时间上看,该问题可以在会议之前通过与每位成员沟通后由教练确定,也可以在现场由每个人提出问题后大家投票确定。

如果是现场由民主投票方式产生议题,那么可以在每个人提出问题之后做好编号,现场每个人可以投两票,两票中可以投自己一票,另一票必须投给其他人。

民主投票可采用匿名的方式先投票后唱票,选出票数最多的问题作为案主问题;也可以现场举手进行统计。

第4章 私董会教练实战需掌握的关键内容

如果不通过民主投票方式产生议题，讨论特定议题或指定议题也是可以的。

私董会上不讨论空泛的问题，问题必须有拥有者，所要谈论的问题一定是现场的一位成员当前面临的，而且他要把问题用"我如何……"的句式概括为一句话。

我们要进一步明确和强调私董会上讨论的问题的原则与标准：私董会上讨论的是"我自己""当下"面临的困惑和问题，而不是那些需要教授回答的问题。

这样的问题大致分为两类。

（1）面临的具体问题：企业战略转型升级、人际关系困扰、绩效挑战等。这样的问题比较常见，例如：

我如何让我的团队充满激情，实现绩效目标？

我如何笃定战略方向，实现企业转型成功？

我如何让公司成为有影响力的××行业服务商？

我如何通过数据化提高经营能力，进一步提升企业核心竞争力？

……

（2）内部问题、自我认知及对外部世界的认知。例如：

我如何跳出自我，认识本我，实现超我？

我如何坚定方向，减少内耗，摆脱迷茫，勇敢前进？

……

从一般意义来讲，私董会一般从第一类问题入手，最后往往归结到第二类问题，因为第一类问题的深层原因往往是第二类问题。

在实际操作过程中，如果需要提前设定议题，通常我会建议组织者在微信群里预先征集大家的问题，格式如下。

本次私董会，我们采取预先确定议题的方式。

对议题的思考：

（1）你在做或准备做什么事？目标是什么？

（2）为了实现你的目标，你所遇到的问题或你所担心的问题是什么？

（3）如果这个问题不解决，会对目前或未来造成什么影响？

（4）你已经做了哪些努力？

（5）你将问题提交到小组，希望得到什么？

议题的格式：

每个人都采用"我如何……"这个格式，用一句话描述自己的问题。

（例如：我如何使我们的专用机器人在中国的西南市场快速得到推广？）

这样提前征集问题有以下几个好处。

第一，作为教练和私董会的主持人，可以在会议前提前了解大家的问题走向，以及会议上每个人所关心和思考的内容，方便教练对参会人员的结构和层次有一个宏观的把握。

第二，通过前期的征集，让现场参与的人员认识到自己不是来泛泛地参加一个活动，而是需要思考和参与的，从而提高其在现场的参与度。

第三，一个活动只有跟自己关心的内容密切相关，参会者才会投入会议的流程中去，而每个成员的积极参与对会议的产出至关重要。

第四，提前确定的议题会给教练一定的时间去了解议题背后的企业主、企业和行业，从而提前做好准备。而充足的准备永远不过分，也是会议取得关键成果的重要条件。

偶尔会出现备选参与人数远远多于实际能够参与人数的情况，如15人的会议可能有50人报名。这个时候就要根据一定的标准对参与私董会的成员进行筛选，也可以提前以问卷调查的方式进行。

例如，有一次我主持一个政府部门主办的培训班，班上一共有50位同学，但是为了达到更好的效果，主办方和我商量之后决定从中选择15人参加私董会。为此我专门设计了一个调查问卷，问卷内容如下。

企业家私董会参会成员调查问卷

1. 姓名：
2. 企业名称：
3. 职务：
4. 您是否为所在企业最高决策人？（是　否）
5. 企业收入规模：

    A. 0～100万元

    B. 100万～1 000万元

    C. 1 000万～5 000万元

    D. 5 000万～3亿元

    E. 3亿元及以上

6. 员工人数：

    A. 0～50人

    B. 50～100人

    C. 100～500人

  D. 500~2 000人

  E. 2 000人以上

7. 目前企业发展面临的主要挑战：（不超过3个）

8. 在接下来的3~6个月之内需要做的一个重要决策是什么？

9. 您以前是否参加过私董会？（是 否）

10. 您是否愿意作为案主，和大家一起深入讨论自己面临的挑战，并听取大家的建议？（是 否）

11. 您对参加私董会的期待是什么？

  应该说，通过这样一个调查问卷，可以有效地收集参与人员的相关信息，包括企业规模、员工人数、岗位职务、目前正在思考的问题、接下来面临的挑战和需要做出的决策等，这也会对教练提前准备起到很好的提示作用。

  在确定了参加会议的人员之后，就可以把相关参与者拉到一个微信群里，在群里进行更加精准的调查。这个时候就可以请大家各自提出问题，可以通过组织者的协助提前沟通确定议题，也可以在群里由大家投票选出需要现场讨论的问题。当然，也可以不着急确定议题，只是先让大家把问题提出来，然后在现场请大家进一步阐述后，再来选择当场讨论的议题。这几种确定议题的方式都可以考虑，根据实际情况灵活把握即可。

  确定议题后，一般情况下，需要私董会教练与案主提前沟通，如有必要，双方应提前见面，就接下来私董会上要讨论的内容及相关的行业背景、企业状况、案主要达到的目标进行一轮沟通，以便就会议内容做一些准备。

  通常情况下，作为教练，我不会把提前准备的工作内容止步于此。每家企业的背后都有发展的历史、创始人的经历及行业背景，所以我会收集尽可能多的资料来对案主和案主企业、案主企业所在的行业有相对充分的了解，甚至在必要的时候，我会把这些资料打印出来，现场分发给参与的成员浏览阅读。

  我记得有一次到重庆主持一个私董会会议，案主是一家教育机构的负责人。我提前收集了国内比较领先的几个教育机构的数据、发展历程和未来的发展方向，也找到了咨询机构、券商针对这个行业的相关咨询报告。这些信息都是市场上公开的数据，但是这些发展得比较早、在市场上比较领先的企业对目前正处于创立阶段的企业无疑是具有表率作用的。因此，我提前把重要的资料打印出来，现场用20分钟向大家通读这份材料，再结合之前提问阶段所获得的信息，让大家对案主整个企业的发展阶段、未来目标、市场前景有了非常透彻的认识和了解。从最终的效果看，企业未来的发展道路非常清楚，创始人也非常年轻、有活力，同时踏实上进，我相信他的未来会非常光明。这两年这家企业快速发展的事实也证实了我们会上的讨论成果。有意思的是，当我一年后再到重庆见到这位企业家时，他直接从包里拿出了当时打印的行业报告和材料，并且告诉我说：这份材料一直在他的包里随身携带，已经被翻看得有些发皱、发黄。由此可见，在一次会议中，充分的提前准备、精心挑选的会议材料，会对案主获得支持和会议最终实现良好的效果起到非常大的作用。

阐述

由提出问题的成员作为"问题所有者"（案主），向各位成员详细阐述自己面临的具体问题。阐述问题时可以参考以下标准格式："我如何××××？这个问题很重要，因为××××。为了解决这个问题，我已经做了××××。我希望小组能帮助我××××。"这个标准句式的作用是让问题变得更加清晰。

确定议题后，需要在现场让案主围绕自己的问题进行阐述，阐述的目的是让大家在后面的提问环节开始之前，对案主的情况有一个基本的了解。一般案主阐述的时间为3~5分钟，如果案主准备得比较充分，或者通过PPT进行演讲，那么这个环节可以适当延长到15~20分钟。如果有必要的话，教练可以提前看一下PPT，指导案主阐述时遵循简单直接的原则，不要有过多的垃圾信息及冗余的修饰成分。

在问题阐述阶段，一般要求案主对自己所提出的问题提供一些背景信息。在这里可以要求案主对自己所提出的问题介绍得相对全面一些，但是在绝大多数情况下，案主此时的阐述只是为了给小组成员在提问阶段提供更多的素材而已。

很多时候，我们只需要根据案主在阐述阶段提供的有效信息的多少，就可以大致判断出案主思路的清晰程度。

很多时候，案主不知道如何充分利用这几分钟的有效时间给现场的成员提供足够多的解决问题的信息，而这恰恰需要在私董会上由成员一起帮助案主进行梳理，从而助力案主更好地进行深度思考。

案主在问题阐述阶段可能谈到以下内容。

第一步：请案主重复他最迫切需要解决的问题。

我最需要解决的问题是：我如何_____？

第二步：清晰描述该问题。

目前情况如何？

这种情况已经持续了多长时间？

事情恶化到了何种程度？

第三步：明确问题对当前状况的影响。

当前这个问题对你有什么影响？

该种情形目前已经对你产生了什么结果？

当前这个问题对他人有什么影响？

该种情形目前已经对他人产生了什么结果？

当你在考虑对自己和他人的影响时，你的情绪是怎样的？

第四步：明确该问题对未来意味着什么。

如果一切保持不变，会发生什么？

这个问题给你造成了哪些风险？

当你在考虑这些可能的结果时，你的情绪是怎样的？

第五步：检视自己在这个问题中起到的作用。

这个问题发展到现在这种地步，你为此负有怎样的责任？

为了解决这个问题，你都做出了哪些努力？

你希望今天这个会议能给你带来什么帮助？

第六步：描述最理想的结果。

这一问题将在何时得以解决？解决之后一切会有怎样的不同？

你想要什么样的结果？

当你在设想这个解决方案的时候，你的情绪如何？

第七步：下定决心采取行动。

为了促使问题得以解决，你能采取的最有力的措施是什么？

在采取措施的过程中，你可能遇到什么样的障碍？如何清除这些障碍？

你什么时候采取这一措施？

在案主的问题阐述完毕以后，主持人（教练）可以问案主几个问题，以求得对他所提问题拥有更多参考信息。即使有些答案之前提到了，但是再次重复有利于现场所有人同步，因为在刚才的阐述阶段有可能存在有人分神的情况。尤其是在会议的开始阶段，案主的表达并不一定能够立刻进入状态，或者逻辑未必清晰，所以通过主持人进一步的追问和对信息的重复获取，有助于在开始阶段所有人都能够做到信息同步，也为后来的提问打下良好的基础。

这几个问题可以用于在案主阐述之后进一步追问，以使现场所有人更加明确探讨的话题。

为什么今天你提出的这个问题是重要的？

为了解决你今天提出的问题，你做出了哪些努力？

当前这个问题对你有什么影响？它在多大程度上占用了你的时间？在多大程度上影响了你和他人的关系？在多大程度上影响了你的情绪？如果解决不好，会让你的金钱受到多大程度的损失？

请再一次明确一下，你希望今天这个会议帮你解决的问题是什么。用一句话概括。

用"我如何"开头将这个问题描述成一句话。

提问

由其他成员向案主提问，帮助他明确真正的问题。在这个阶段，成员只能提问，案主也只能就问题做出回答，不得做任意发挥。这个环节很有挑战性，也是最有价值的。教练会引导其他成员不断提问，层层剥开问题表象，直到抵达问题的本质，抛弃伪问题，挖掘真问题，并帮助案主重新澄清问题。对问题的甄别和澄清往往是解决问题的重要一步。往往只要思路清晰了，案主基本就能找到答案。

提问是私董会问题处理流程的"活的灵魂"。

让我们从约哈里之窗谈起。

企业一把手领导力的成果，直接决定了企业的成败，而领导力的成果源于领导者采取的行为，领导者的行为又取决于领导者的认知。

约哈里之窗由美国心理学家约瑟夫·勒夫和哈里·英格拉姆在20世纪50年代提出，并以两人的名字命名。当时他们正在从事一项组织动力学的研究。发展至今，约哈里之窗与组织发展更加相关，因为它现在的研究重点主要是人的软技能、行为习惯、移情作用、人际合作、人际发展及组织间发展等。现在，约哈里之窗已经成了一个被广泛使用的管理模型，用来分析和训练个人发展的自我意识，增强信息沟通、人际关系、团队发展、组织动力及组织间关系。

约哈里之窗是一种关于沟通的技巧和理论。根据这个理论，人的内心世界被分为4个区域：开放区、盲目区、隐秘区、未知区，如图4-2所示。

所谓开放区，就是自己知道别人也知道的关于自己的事情。

所谓盲目区，就是自己不知道而别人知道的关于自己的事情。

所谓隐秘区，就是自己知道而别人不知道的关于自己的事情。

所谓未知区，就是自己不知道别人也不知道的关于自己的事情，称为未知之事，未知之事为隐藏潜能。

第4章 私董会教练实战需掌握的关键内容

	自己知道	自己不知道
别人知道	开放区	盲目区
别人不知道	隐秘区	未知区

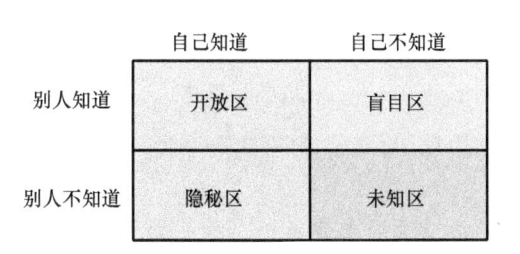

图 4-2　约哈里之窗

通过建立在任务、信任基础上的交流，扩大开放区，缩小盲目区和隐蔽区，揭明未知区，这就是知识组织的功能。

约哈里之窗不是静止的，而是动态的，人们可以通过内、外部的努力改变约哈里之窗 4 个区域的分布。也就是说，如果你开放的、隐私的事实被放大了，那么你的盲点和隐藏潜能相对就变小了，如图 4-3 所示。

	自己知道	自己不知道
别人知道	开放区	盲目区
别人不知道	隐秘区	未知区

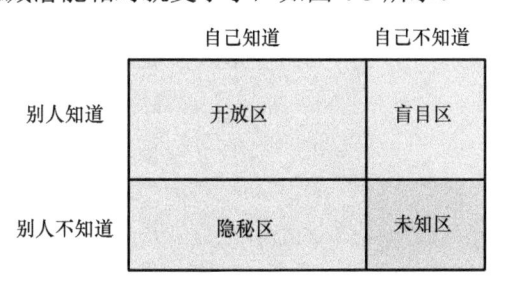

图 4-3　约哈里之窗的动态变化

领导者在"自己知道"的领域通常能采取有力的措施，但对"自己不知道"的领域很难有所作为。由于人类的自负天性，领导者会强化"自己知道"的部分，并选择回避"自己不知道"的部分。但是，危机总在不知道的地方发展壮大，等知道时已回天无力。因此，很多企业都失败在"自己不知道"的盲目区。曾占领全球手机市场半壁江山、市值高达 2 000 多亿欧元的诺基亚公司，于 2014 年被微软收购，其 CEO 约玛·奥利拉在记者招待会上无奈地说："我们并没有做错什么，但不知为什么我们输了。"这句话就是对失败于盲目区的最好诠释。

在"自己不知道"的区域，除了盲目区，还有未知潜能区。这个区域不仅自己不知道，别人也不知道，很多颠覆性的创新都出现在这个区域。而开发未知潜能区的方法，就是缩小盲目区和隐秘区，这意味着暴露自己的无知和隐私，由此产生的挫败和尴尬有时会令人无法接受。

在提问阶段，通过群体的互动，通过反问、回应、分享等手段，不断冲破人们内心的本能阻力，使个人和组织思维中的盲点越来越少，隐私被充分披露，从而达到个人素质提升和组织效能的根本改变。

盛行于20世纪初到50年代的古典决策理论有几个基本观点和假设，其中有：

决策者有现成的办法获得与决策情况有关的所有方面的信息，以全面掌握有关决策环境的信息。

所有的决策者如果都用相同的方式处理信息，那么他们就会做出相同的决策。

这正是私董会在提问环节的基本假设，就是通过层层递进的提问，抽丝剥茧，褪去表象，接近事实的真相。

如果把案主在提问阶段所提出的问题比作冰山的话，那么提问探究就是从冰山顶部向下无限接近真相的过程。最终当所有的事实都浮出水面时，大家才恍然大悟：啊，原来刚才所见的只不过是冰山一角而已。

从这个角度来讲，一般而言，案主一开始所提出的问题基本都是表面问题，不是真问题。私董会的一个重要目的就是帮助案主厘清其所面临的真问题，进而提出解决建议。

维琴尼亚·萨提亚是美国最具影响力的首席心理治疗大师之一，她开发了一个以她的名字命名的成长模式。萨提亚使用了一个非常形象的比喻：一个人能够被外界看到的行为表现或应对方式，就像一座漂浮在水面上的巨大冰山露在水面上的很小的一部分，大约只有1/8，剩下的7/8都藏在水底。而暗藏在水面之下更大的山体，则是长期被压抑并被人们忽略的"内在"。揭开冰山的秘密，可以看到生命中的渴望、期待、观点和感受，看到真正的自我。

冰山理论实际上是一个隐喻，它指一个人的"自我"就像一座冰山一样，包括行为、应对方式、感受、观点、期待、渴望、自我7个层次。人们能看到的只是表面很少的一部分——行为，而占了更大一部分的内在世界却藏在更深层次，不为人所见，恰如冰山隐藏在水面下的部分，如图4-4所示。

萨提亚借助冰山的隐喻来探索人们不同层次的自我，鼓励人们将注意力转向他们的内在过程，而不是只关注内容，并把他们带入觉察中，转化这些隐藏的观点、信念、感受和期待，使它们成为正面的能量。

事实上，私董会问题处理流程的提问阶段就如同冰山理论所指出的那样，是一个从表象不断深入，向案主的个人内在不断挖掘的过程。在这个过程中，大家经常看到案主若有所思，有时是某个问题击中了他的内心，让他不得不停下来好好想一想；有时是问到了案主的盲目区，让他无所适从；有时是问到了他的痛处，让他举棋不定、踌躇难言。一个个从四面八方汇聚来的强有力的问题，就像一颗颗炮弹，炸开了案主的思路和智慧，最终使案主恍然大悟，收获满满。

图 4-4　萨提亚的个人内在冰山图

因此，提问阶段的灵魂拷问，是最能够产生价值的环节。一旦私董会在这个环节充分交流，智慧迸发，最后的结果和建议往往不言自明。大多数第一次参与私董会的案主在这个阶段往往会被问得大汗淋漓、面红耳赤。但在这个环节结束后，他们又往往会感觉醍醐灌顶，深受启发。这一切都来自对提问环节的充分把握。

提问阶段有两个基本要求。

- 所有成员不发表观点，只提问。
- 每个人都不要尝试给出任何建议，也不对回答做任何评论。

这两个基本要求都明确无误地指向一个原则：推迟判断。而这也是集体进行创造性思考的重要原则。在人们产生想法时，通过推迟判断来帮助大家产生尽可能多的想法，同时在想法出现时及时将其记录下来，到后期再详细描述或改进这些想法。

当人们集体探究和寻找新的想法时，无论是独自一个人还是一个小组，最基本的原则都是在产生想法时不急于判断、评价或批评。没有什么比批评和判断性思考能更快或更绝对地熄灭人们的创造力了。要遵循这一原则有些困难，因为人们被教育成为批评的、判断性的动物，会本能地和直接地判断新的思维与想法。判断性思维就像开车，在同一时间，你的一只脚踩在油门上，另一只脚踩在刹车上。因此，无论何时，当你尽力思考新的想法时，都会把更多的时间用于想象某个想法不可行或不能实现的所有原因，而不是产生尽可能多的想法。判断看起来似乎比尝试产生新的想法更有把握。人们经常专心于判断一些想法，而把产生想法排除在外。因此，一旦一个想法产生之后被立即判断，创造性思维就会被确定成型，并且停滞不前。最后，几乎没有新的想法产生，思想被引导和限定为无力的、有把握的、保守的想法，如图4-5所示。

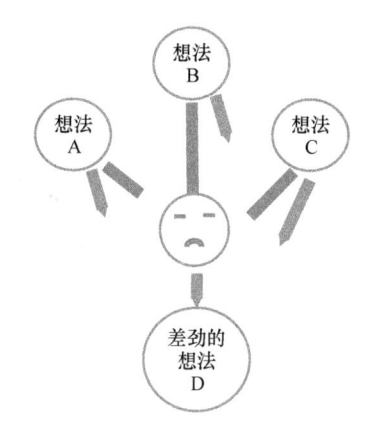

图4-5 立即判断会导致没有新的想法产生

因此，当大量的想法产生时，推迟判断的秘诀是把集体的思维分成两个阶段：可能性思考和可行性思考。可能性思考是产生未经加工的想法，没有任何的判断和评价。你避开头脑中的批评家，你明白你头脑里的批评家是你头脑的一部分，它不断地告诉你为什么有些事情不可行或不可能完成。此时的策略是产生尽可能多的想法，甚至显而易见的和新奇的提问也可以，尽可能不加任何方式的评论。

在小组产生了最大数量的可能想法后，可以把策略转为可行性思考，找出对案主来说最有价值的想法。可能性思考和可行性思考是两个独立的智力行为，两者是不可调和的，如图4-6所示。

主持人或教练可以在提问阶段通过一些手段上的变化和方式上的限定来提升提问的效率，从而达到理想的效果。例如，可以将提问分成几轮进行，在开始阶段每个人都可以问一些简单的问题，慢慢进入状态，到第二阶段、第三阶段再放开提问。

举例来说，提问开始前，可以在某些方面做一些限定，这样可以更好地集中在座所有人的注意力和炮火，"轰开城墙的一角"。再通过后续的问题蜂拥而入，攻下整个"堡垒"。

可能性思考　可行性思考
没有判断
没有批评
没有评价
没有自言自语

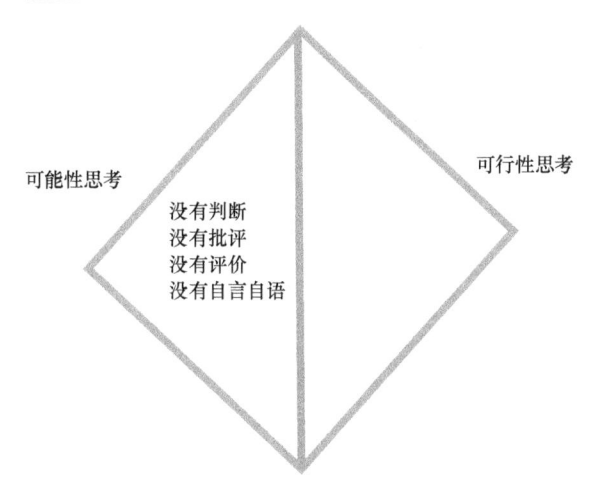

图 4-6　可能性思考和可行性思考

具体可以这样做。

在数量上做一些限定，如第一轮每个人只提一个问题，让每个人都发言并参与。

在方向上做一些限定，如每个人问一个跟数字有关的问题，用最直观的方式把基本事实弄清楚。

在节奏上做一些限定，如可以要求提问者和回答者在 1 分钟内快问快答，追求最大的信息量。

在空间上做一些限定，如规定只问关于"人员"的问题。

提问是整个私董会问题处理流程最重要的阶段，没有之一。

之所以说这个阶段是最重要的，是因为提问质量的好坏直接决定了后面建议质量的好坏。

在某种程度上，人们收获的质量取决于其所提出的问题的质量，以及所给出的答案的质量。

因此，在提问阶段一定要充分展开提问，要有充足的时间给参与者思考，给案主思考；一定要尝试从各种不同的角度提问，十几个没有利害关系的同伴从各自的角度提出令人深思的问题，这将是一个多么强大的能量场！

管理大师彼得·德鲁克说过："最重要、最艰难的工作从来就不是找到对的答案，而是问出正确的问题。因为世界上最无用，甚至最危险的情况，就是虽然答对了，但一开始就问错了。"

爱因斯坦曾经说过："如果给我 1 小时解答一道决定我生死的问题，我会花 55 分钟来弄清楚这道题到底在问什么。一旦清楚了它到底在问什么，剩下的 5 分钟足够回答这个问题了。"

只有提出正确的问题，明确真正的问题，接下来的建议和行动才会水到渠成。

在 2019 年 5 月的美国 *Inc.* 杂志上，有一组报道私董会的文章，文章中列举了 5 个被私董会教练和成员问过的最好的问题。

（1）你究竟在等什么？

（2）如果你离开这个位置，你的继任者最先做的 3 件事是什么？

（3）是什么阻碍了你去雇用一位 CEO？

（4）你如何招募人才？

（5）你为你的公司打工，还是你的公司为你打工？

在私董会上，需要诚实、正直和真实的对话，成员不能把和睦的优先级放在信任之前，或者完全相反。我们经常会在一些相互之间表现得很礼貌、小心翼翼及不愿意坦率表达的会议中感受到这一点——如果在会议中养成了这样的氛围，人们可能会提问题，但不会深入地探讨。最糟糕的是，公开场合的客套会降低大家的进取心，或者产生私下的不坦率行为。因此，私董会的成员必须把信任看成比保持和睦更重要的事情，私董会的主持人或教练要鼓励、要求、确保大家可以放心地公开讨论任何事情。一次卓越的私董会问题处理流程与一次好的会议最大的差异就在于，前者能够通过深入及有焦点的对话来整合团队成员的经验、智慧。这也是一个顶尖团队和一个胜任的团队的最大区别。

永远都要相信：智慧在这个房间里。我们所要做的就是把大家的智慧释放出来。

澄清

经过上一轮的问答，案主重新修正自己面临的问题，这个时候问题往往比之前更加清晰、聚焦。

在大家分享建议之前，需要暂且"让子弹先飞一会"。

在澄清阶段，需要每个人站在案主的角度把他的问题重新下一个定义。

这个新的定义同样需要概括为"我如何……"。

在提问阶段，案主提出了自己的问题，但它通常不是真正的问题。换句话说，案主在一开始提出的问题只是问题的表象，在经过大家反复提问、深入探究之后，相信在场的每个人都对之前案主提出的问题有了新的认识：有可能是从全新的角度提出的问题；有可能是在原来的基础上更加深入的问题。总之，问题已经在原来的基础上大大深化了。通过集体的努力，大家的智慧已经打开，全体成员站在一个新的入口，需要重新审视案主一开始提出的问题。

现场每个人都站在案主的角度，同样用"我如何……"来进行一句话的概括，然后由案主选择最接近其真实想法的那个。

可以让每个人都帮助案主重新定义问题，也可以把现场的成员分成若干小组，以小组为单位帮助案主定义问题。在很多情况下，到了澄清定义这个阶段，案主的真问题已经呼之欲出了。

记得有一次私董会，案主一开始提出的问题是："我如何让我的团队在工作中充满激情？"在提问阶段，成员逐渐发现：案主作为一名成功的企业家，目前全家已经办理了移民手续，他作为公司的董事长，每年有将近一半的时间不在国内，同时他也没有对公司的治理机制进行很好的安排，以至于出现了他所说的团队动力不足这个问题。在澄清定义这个阶段，有成员直接将他的问题重新概括为"我如何在工作中重新充满激情"。当这句话说出来之后，全场发出了会心的笑声。最终的问题归结到了案主本人身上，而不是案主在一开始提出的把责任都推到团队身上。因为如果企业领导人自己都不能冲在前线，又没有一个很好的机制保障团队的积极性，那团队动力自然就不足。因此，解决这个问题的关键是从自己着手，先燃起自己的激情，才能接下来给团队赋能。后来案主也表示认可这个定义，接下来大家就不是围绕"我如何让我的团队在工作中充满激情"给案主提建议了，而是自然地转到帮助案主"在工作中重新充满激情"。这个结果可能是案主事先完全没有预料到的，而这恰恰是对他本人的最大的提醒和帮助。

分享建议

由其他成员向案主提出具体可操作的建议，最好是自己曾经亲历的经验和心得。通过成员的现身说法，向案主提供一些切实可行的建议，可以帮助他们开阔思路，寻找到新的解决方案。通过这种推心置腹的讨论，成员之间还能建立信任和友情。

在分享建议之前，大家可以留出一些整理思路的时间，通常可以给大家10～20分钟进行思考或讨论。如果需要成员把建议用明确的文字记录下来，那么也可以给大家更多的时间。每个人或每个小组可以把建议的关键词写在提前准备的大白纸上，分享的时候可以在集体面前予以展示，这样会给大家留下更深刻的印象。

在分享阶段，如果成员有类似解决问题的经验，那么可以结合自身的经历和感受有针对性地给出自己的建议。

在分享阶段，不宜由单个人或某几个人占据过多的时间，还是要尊重每个人的意见，每个人的意见都是平等的。

总结

由案主对当天的讨论进行总结陈词，并且根据大家的建议，给出接下来改进问题的步骤和时间表。最后表达自己当天最大的收获是什么，以及未来还有哪些可以改进的地方。

教练要安排专人记录案主的承诺，并且在案主总结之后，指定专门的成员来监督接下来执行工作的落实情况，教练也要参与到监督执行的过程中来。

一次正常的问题处理流程大概需要4小时，如果按照4小时来做限定的话，可以把时间大致做如下分配。

开场热身：30分钟。

提出问题：10分钟。

提问：15分钟。

提问探究：80分钟。

澄清定义：20分钟。

分享建议：20分钟。

总结承诺：5分钟。

收尾复盘：15分钟。

讨论休息：45分钟（这个步骤穿插在其他各步骤之中，可以在完成2~3个步骤之后休息一次，每次15~20分钟，由教练根据现场情况而定）。

反馈

下一次召开私董会时，案主会向小组成员汇报他在过去一段时间的实施进展，并征求下一步的建议。

设定私董会小组有一个很明显的好处，就是可以设立一个迭代反馈机制。

每次小组召开会议的时候，可以就上次会议的成果及行动承诺做一次回顾，请上期案主和事先指定的监督人就这段时间的行动和进展向全体成员汇报，并让大家给予反馈。

借由这样一个不停迭代反馈的机制，可以形成一个正向反馈的飞轮。从"问题—解决方案—行动计划—监督实施—产生新问题"，再经由新的问题处理流程形成新的解决方案和行动计划，循环往复，陪伴着小组成员共同发展，大家一起成长。

私董会教练在会议中的作用

私董会教练不只是一场会议的主持人，不只是一个流程的把控者，在整个会议过程中，主持人的大脑中始终有两个"CPU"在工作：一个关注着现场的流程、脉络、结构；另一个时刻关注着讨论的话题、问题的进展及如何激发团队更深层次的讨论。可以说，私董会的主持工作是高强度的脑力工作和体力工作的结合。

在这个过程中，主持人（教练）必须有乐观的精神，能够感染人、带动人，即使在会议进程陷入僵局时也能直面困难并且从中发现希望。也就是说，主持人本身应该是积极的，应该具有将消极能量转化为前进动力的魄力，他关心的重点应该时刻在小组身上，在组员身上，而不是在自己身上。

如果要带动他人打开心扉，他自己首先要有开放的思想，首先要敞开自己的心扉；他对未知的一切要有强烈的好奇心，这驱使着他带领着小组成员一起去探索案主那极少对他人言说的困惑和问题并寻求解决办法；他必须有较高的目标意识，不能带领大家把讨论的方向跑偏，如果方向跑偏，那就要发挥自己的情商把话题引向正路，这就要求主持人有很好的系统思维的能力，从而把团队的信赖从纸上谈兵付诸行动，从而激励团队前进。

私董会教练在私董会议中起到的作用主要包括引导、赞赏、激发、提升、促动。

引导

为了提升会议和交流的效果，出现了一个很重要的角色——引导者（Facilitator）。

在私董会上，引导者只是教练所承担的角色之一。就一般意义来说，引导者主持会议，管理会议的会谈过程，但不参与内容的讨论，也不评判和影响会议的结果。一个单纯的引导者关注如何让会议开得最有效。他不向参加者提供个人的想法，而是向大家提供系统的、结构化的会谈过程和工具。引导者不会赞同某个观点，而会确保每位参与者的心声都能够被其他人听到。引导者不会对会议结果做决策或发号施令，而会支持参与者厘清自己努力的目标，并制订相应的行动计划。总之，引导者的目的是促进所有的成员积极且平等地参与讨论。他的角色是相对中立的，他赋予成员参与的权利。引导者要帮助整个团队互相合作，达成共识，这样的会议结果会让整个团队成员感觉自己是会议成果的主人。

引导者的角色有点儿类似裁判，他不是上场的球员，他的工作是观察大家的互动，而不是参与其中。引导者的工作就是控制过程，引发互动和总结。总之，引导者就是要促使参与者自己确定目标，并找到实现目标的方法。

站在一个引导者的角度，教练要相信"三个臭皮匠，顶个诸葛亮"。也就是说，集体的智慧要高于个体的智慧。引导者是团队中的催化剂，引发大家的积极投入和参与。

引导者必须坚定地相信：
- 每个人都是聪明且有智慧的，有能力且有意愿把事情做好。
- 每个人的想法都有相同的价值，不论他们的职位高低。
- 人们对自己参与制订的计划更有承担责任的意愿。
- 相信参加者会对所做出的决定承担责任。
- 如果提供合适的工具和流程，人们是能够解决彼此之间的冲突和矛盾的。
- 团队的互动过程，如果设计得合理，一定可以得到成果。

在引导者眼里，参加者最重要。他们要确定自己的目标，做出决策，制订行动计划，并对收获成果负责。

私董会的引导者要坚持灵活运用以下核心技能。
- 保持中立。当教练扮演一个引导者角色的时候，其工作更多的是关注和引导团队互动的过程。此时，教练不要把自己的意见掺和在引导过程中。当然，教练不会全程都扮演引导者的角色，在必要的时候，教练一定要主动站出来推动会议的深入进行。
- 积极倾听。私董会对教练的倾听能力要求很高，要求其在倾听的过程中放下自己的评判。在倾听的过程中，教练的肢体语言要表明对对方的关注，而且要保持目光上的接触。教练要能够运用目光对讲话的人表示肯定，对不善发言的人给予鼓励。
- 提问。善于提问是教练的重要能力。通过提问，可以检测观点背后的假设，可以引发大家的参与，也可以收集信息，还可以探究盲点。有效的提问能够帮助大家穿透事物的表象，达到其本质。
- 复述。在会议引导过程中，教练可以不断地通过复述的方式澄清发言者的真实意图。复述是把发言者刚刚讲过的话重复一遍，一方面是向对方确认他的话被听到，另一方面也可以让其他人更加清晰地知晓发言者的意思。
- 确保不偏离主题。为会议讨论设定规则，确保在规定时间内完成某个讨论环节。有时会请某个人做计时员，当有人跑题时，教练会温和地指出来，把偏离主题的议题写在一张写有"停车场"的白板纸上，意思是这个议题被记录下来。如果会议主题讨论结束后还有时间，就可以谈这个议题，或者以后再找时间交流。
- 给予和接收反馈。教练可以在引导过程中"举起镜子"，给予参加者回馈，帮助他们看清楚彼此，并根据引导者的反馈做出调整。教练在需要的时候，也可以向会议成员征求反馈，了解大家对会议节奏、过程和内容的感受与看法。
- 厘清对方想法背后的假设。人们在沟通过程中，常常只呈现自己的想法，却没有表达想法背后的假设，还常常默认对方也有同样的假设，这会造成很大的误解。教练会在需要的时候厘清彼此想法背后的假设，促进彼此之间相互理解。
- 收集大家的想法。在白板纸上记录大家不断冒出来的想法和最终的决策。教练要懂得如何整理大家的想法并能够归纳总结，这些记录是简洁明了的，能够被大家清楚地看到。记录时要使用发言者自己的原有表达，而不是教练理解后的用词。
- 整合、归纳总结大家的想法。把不同的想法进行整合并及时归纳总结，促进大家达成共识和承诺。当大家彼此头脑激荡，在彼此想法的基础上产生新的想法时，把这些想法记录在白板纸上，形成集体共识。

成熟的引导行为往往表现出如下特点。
- 注重收集成员信息。优秀的教练常常会充分收集会议的信息，包括他们的商业需求和个人需求。引导者要提前做好调研、访谈，阅读参会人员的背景资料、年报等，事先准备好要提出的问题，以便对参会人员有一个比较全面的认识。
- 积极乐观。教练不应该带有负面的情绪，而要保持积极乐观的态度，引导团队聚焦于"我们能够实现什么"，以及如何把每个人的潜力都发掘出来。
- 促成共识。引导的基本方向就是帮助整个会议达成共识，引导的过程就是一个达成共识的过程。教练始终在推动会议，使最终的成果能够反映出每个人的心声。
- 灵活。优秀的教练会为每场会议设计恰当的流程，同时在会议上保持灵活的引导风格，可以根据需要调整和改变会议流程。他们掌握了大量的过程性工具，可以随时拿出备用策略。
- 心怀理解。教练能够从内心深处理解现在的企业家和创业者所面临的压力，他们有时表现出怀疑、抵触、敌对等行为，通常是高压下的结果。
- 有敏锐的洞察力。优秀的教练有敏锐的观察力，他们很仔细地关注成员之间的动态，随时观察其中的变化。他们不仅关注参会者如何达成目标，也关注成员之间的人际互动。
- 自信、坚定。引导不是被动的服从，它需要强烈的自信和坚定。如果会议的讨论进入一个无效的状态，教练要能够坚定、从容地介入，重新调整大家的研讨方式和方向。
- 为而不争。教练在会场上少讲话，把讲话、表达的机会尽可能多地留给参会者。教练的任务主要是讲清楚规则、充分深入地表达、保持会议节奏、做总结。教练不要使自己成为大家的焦点，而要将大家的关注点放在彼此身上。

在同一场会议中，引导者角色好的经验和差的表现会表现得非常明显，如表 4-1 所示。

表 4-1　引导者角色：好的经验与差的表现

好 的 经 验	差 的 表 现
了解和评估每个人的需求	忽视成员的需求和想法
创建一个开放、信任、坦诚的氛围	担心自己的表现，让大家处于自我防卫的状态
以成员为中心，为每个人服务	以自己为中心，吸引大家的关注
语言简单、直接	语言啰唆，表达不当
公平对待每位参与者，一视同仁	让几个人主导整个会议的交流过程
保持灵活性，必要时调整流程和方向	固执地坚持某个流程
懂得如何运用不同的过程工具	没有备用方案，工具单一
确保每段会谈结束后，对下一段有一个清晰的说明和铺垫	从不检查会议进展状况

续表

好 的 经 验	差 的 表 现
确保大家对最终的会议成果有很高的认同度	未能激发出大家的主人翁意识
会议结束时，能够运用积极、乐观的语言	会议结束时，语气平淡，草草收场
有人发言时，要求其他人倾听，不在私底下讲话	会中有会

赞赏

人们基本的生存需要被满足后，最迫切的就是心理需要的满足——希望被理解、被肯定、被赏识。

根据调查，因为薪资待遇而跳槽的员工只有12%，88%的人跳槽是因为其他原因。事实上，员工跳槽的原因主要是心理因素，包括不被信任或感觉不被珍惜。如果员工觉得他们的努力不被认可，就会离开。而一个人的工作满意度与周围同事对他的认可、赞赏的程度有很大关系。在一个对成员的贡献表示认可的环境中工作，比做同样的事情却不受周围的人重视，要开心得多。

盖瑞·查普曼在《赞赏的五种语言》中论述了赞赏的5种方式：肯定的言辞、精心时刻、服务的行为、称心的礼物、身体接触。在私董会的引导过程中，肯定的言辞和身体接触这两种方式是教练经常使用的。在使用赞赏的不同方式的时候，通常要注意不同方式的特点，这样才能把赞赏的功效发挥到最大。

肯定的言辞，就是通过语言来表扬一个人，而表扬的焦点集中在他取得的成绩或成就上。有时候，只说"谢谢"是远远不够的，表扬内容越具体，效果越明显。在赞赏的过程中，有时要肯定对方的品格，每个人身上都有很多很好的品质，如坚韧、勇敢、谦卑、自律、怜悯、宽容、诚实、正直、耐心等。

举个例子，在我主持的一次私董会上，一位年轻的创业者作为案主，在大家的轮番"轰炸"下，全程表现了良好的品质。我注意到他在当晚回答每位成员提出的问题时都站起来回答，他用行动充分表示了对每位成员的尊重，且回答问题时谦恭有礼，不卑不亢，这种风格和态度赢得了大家的一致好评。在会后总结的时候，作为引导者，我首先肯定了案主这样的品质，我想这对其他人是非常好的学习典范。

身体接触的效果因人而异，并不是所有人都接受并喜欢这种赞赏方式。符合文化习惯，同时适合在工作场合使用的接触方式包括以下几种。

- 别人用力和我握手，以此来表达对我的工作的认可，我会觉得被重视。
- 我工作完成得好，别人和我击掌庆祝，我会觉得自己得到了赞赏。

- 工作上遇到难题，如果某个人轻拍我的后背，我会感觉更有力量去坚持。
- 当同事站在我身边，把手搭在我的肩膀上，表扬我时，我会觉得自己被赞赏了。
- 发生个人悲剧时，如果有同事拥抱我，我会很感动。

有时，在问题处理流程中设计一些身体接触往往会有出其不意的效果，同时可以在无形中有效增加成员之间的情感交流。例如，可以设计在一场会议结束后，每个人找到一个在本次会议中对自己有最大启发的人，单独和他握手并表示感谢。作为教练，可以要求每个人都这么做。这样一圈下来，既活跃了气氛，又让大家感到温暖。这就是一个典型的应用赞赏来处理问题的例子。

精心时刻指的是在某段特定时间，将注意力全部集中在某个人身上，而不只是身体在一起而已。

以下是精心时刻的几个具体例子。

一起吃午餐，顺便聊聊工作。

开完会后，大家一起喝点东西、聊聊天。

组织户外活动。

一起共进晚餐。

……

我会在私董会小组活动中选择一些特殊的时刻来进行感情的强化和升华。例如，如果大家时间允许的话，我会在会后安排半天的时间，让大家一起到所在城市附近的某个有标志性意义的旅游景区、名胜古迹参观游览，这些时刻给我们留下了很多美好的回忆。

例如，我们小组到新疆乌鲁木齐开会，第三天大家集体到草原上哈萨克族的帐篷里聚餐；我们到重庆开会，第三天大家集体到大足石刻参观；我们到安徽宣城开会，第三天大家集体到敬亭山体验"诗仙"李白的"相看两不厌，唯有敬亭山"。凡此种种，不一而足。

服务的行为是指为他人提供帮助，这也是一种表达赞赏的好方式。同样，一份称心如意的礼物能产生强大的力量，它不仅是一份礼物，更是一份感谢、赏识和鼓励。如果要用称心的礼物来表达赞赏，诀窍就是"给正确的人送正确的东西"。

在伟事达091小组一周年的纪念晚宴上，我给每位成员送了一份特别的礼物：我为每位成员写了一首七律诗，分别配上他们的照片，做成一个精美的玻璃+木质相框送给他们。你可以想象大家拿到这份礼物时的意外和惊喜，虽然打油诗写得不怎么样，但属于量身定制。还有一次在安徽开会，东道主是当地一家优秀公司的董事长秀东女士。她的先生老俞非常有才华，他根据秀东女士的描述，在和我们每个人都没有见过面的情况下，把每个人的名字嵌进一句诗里，并且写成毛笔书法作品送给我们。我至今仍然记得他送给我的那幅字是"月影松涛含道趣，花香鸟语透禅机"，如图4-7所示。小组成员中有个人的名字中有个"鹏"字，他送的是"鹏程万里"；小组成员中有个人的名字中有个"虹"字，他送的是"气贯长虹"……你可以想象，当晚饭局的气氛瞬间达到高潮。

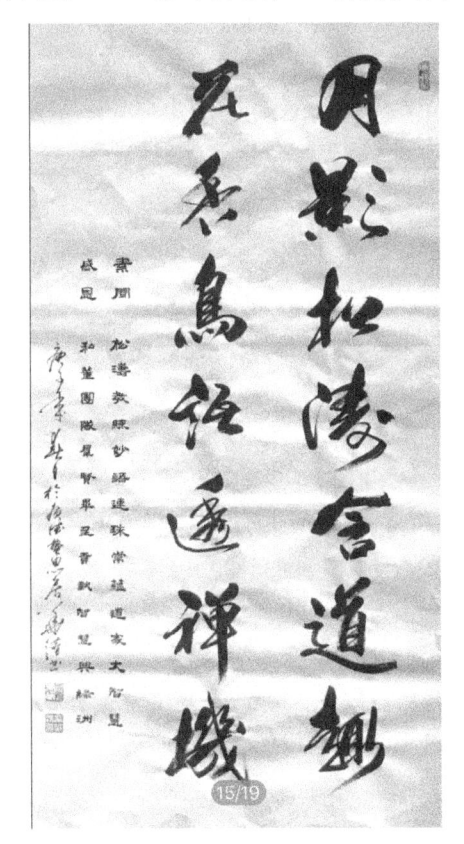

图4-7 小组成员赠我的书法作品

私董会教练10种简单易行的赞赏方式

（1）口头表扬（"感谢你……""真高兴你能成为我们团队的一员"）。

（2）会后写一封电子邮件或发送微信（"我只是想告诉你……""你……对我真是太有帮助了"）。

（3）会议间隙停下来看看大家的讨论进展，休息期间花几分钟跟一个人聊聊，了解他最新的情况。

（4）安排和成员共处的时间。例如，出差到成员所在的城市和对方一起吃饭。

（5）随手帮个小忙（帮忙开门或提东西）。

（6）成员忙于讨论的时候，帮他们倒杯水。

（7）准备好饮料、零食和甜点。

（8）送一些你认为很有价值的书或分享文章链接。

（9）当成员顺利完成任务后，上前与他们击掌庆祝。

（10）每次见面都热情地问候（"真高兴看到你"）。

激发

激发的含义是：鼓励和激励领导者超越自我。

大部分私董会成员都是积极进取、渴望成功的人。当他们面临艰巨的任务、惧怕失败时，往往需要教练扮演好激励者的角色。通过鼓励和支持，教练能够激发成员挑战自己，并且在面对挑战时充满斗志，最终战胜挑战。

激励小组成员超越自我是一项艰巨的任务，教练能够做的一件事情就是为他们寻找、创造或争取发展机会。如果教练不在会议上这样做，成员很可能得不到这样的机会。但是，同时也要注意，教练在私董会上给成员提供挑战和发展的机会时，要把风险降到最低，永远不应该把成员引向失败。教练就是要通过一次次的小组会不断挑战领导者的假想，并寻找新的行动机会。

在挫折中为成员提供支持。如何帮助成员应对变革，应对混乱、裁员及快速变化的使命和组织结构是当今企业领导者担忧的问题。一些问题对领导者来说可能是挫折，但是对组织来讲恰恰是变革的机会。让领导承担责任，即使面临挫折。告诉领导者这是组织生命周期的一部分。在会后的行动计划中，时刻保持对会议成员现实中面临的挑战的关注，并在他们需要的时候能够提供帮助。

在讨论过程中，偶尔会出现即使达到了意见交流活跃这种心理状态，也没有得出结论的情况。就像你忽然对那些平时只会按吩咐办事的人说"你发表一下自己的意见吧"，他也说不出所以然来。因此，刺激参与者慢慢提出一些自己的看法，然后继续鼓励他们互相讨论，逐步发展这些看法。这一点非常重要。另外，提出富有启发性的问题，利用框架结构来框住这些行为也很有必要。例如，通过一些流程图、讨论方法让所有人都参与进来，从而激发出全体人员的能力。即使有些不善于讨论的人在意识到了这种框架结构后，也一定可以大幅提升自己的参与度和活跃度。

提升

在私董会的主持过程中，保持立场中立和引导会议流程是教练的两个基本作用。在这两个基本作用之外，教练还要提升整个团队的层次，并且帮助团队取得最大的成果。

私董会教练不能满足于只扮演主持人的角色。除了掌握单纯的会议技巧或主持技巧，教练还要在流程把控、立场中立的前提下，提高团队的知识生产性和创造性。这样的提升能够活跃人与人之间的关系及团队的思维水平，从而促进整体的发展；促进具有建设性的讨论，活跃团队，提高实践能力；断绝怒吼、骂声、牢骚和不满，将团队提升为一个充满全新的创意和笑声的团队，扎扎实实地为小组成员打开盲区，开拓思路，从更高的角度和更长远的眼光来审视自己的事业，并对下一步的行动有所建议，让每个人在每次会议上都有所收获和回味。这才是私董会教练最有价值、付出最多思考和努力的地方。

我提出了一个"上下先前"的概念来指导教练扮演好提升的角色。

"上"代表更高：我们是否能够把参会成员的眼界提升到一个更高的维度来看待当下的问题？

"下"代表更深：我们是否能够驱动参会成员用更加本质的思考来提出问题，把真因向下深挖？

"先"代表更早：我们是否能够打破共识，站在更加独特的角度来提升思考能力？

"前"代表更久：我们是否能够站在时间的维度，用更长远的眼光来看待当前面临的困惑？

举个例子，当你想改变较低层级的行为时，可以先改变对更高层级的认知，这样往往更加有效。同时，当你思考低层级的习惯时，也不该忘了去更高层级看看导致低层级习惯发生的根本原因，因为高的层级总是不可避免地驱动低的层级。

因此，当一个变化在高的层级发生（如你认为生活本身很有趣）时，它往往会影响低层级的行为变化（如你会把一下午的时光都用在一个爱好上）。如果你只在低层级做出改变，而高层次的意识却没有发生变化，低层次的改变常常是难以持久的。

神经语言程序大师罗伯特·迪尔茨提出了一个名为"逻辑层次"的理论，

如图 4-8 所示。该理论表明，在小组讨论过程中，如果大家的问题更多地集中在行为层面和能力层面，那么在适当的时机，教练需要把整个话题提升到价值观层面、身份层面和愿景层面。

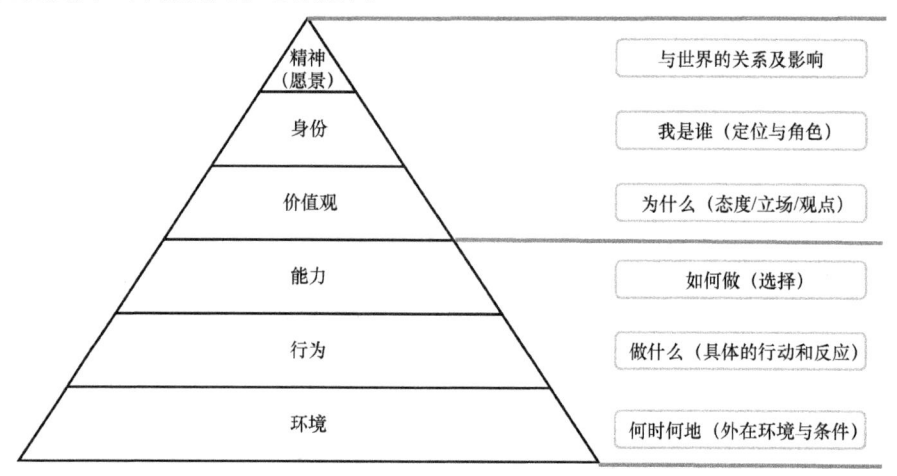

```
            精神（愿景）  ——  与世界的关系及影响
              身份       ——  我是谁（定位与角色）
             价值观      ——  为什么（态度/立场/观点）
              能力       ——  如何做（选择）
              行为       ——  做什么（具体的行动和反应）
              环境       ——  何时何地（外在环境与条件）
```

图 4-8　罗伯特·迪尔茨的逻辑层次理论

下面分别阐述一下这几个层面的含义。

愿景

愿景是指"我与世界上其他人或事物之间的关系"。当一个人或一家企业聊到影响力，即自己可以给他人、给社会带来怎样的影响时，基本就处在这个愿景层面了。

问题：我能带给别人的影响是什么？我的人生使命是什么？世界会因为我而变得有什么不同？

身份

身份是指"我是谁"，指一个人或一个机构对内在自己的认知，包括怎样看待自己，如何给自己定位，或者如何描述自己的角色。这个时候就涉及身份层面。人们一生中会扮演很多角色，但身份始终只有一个。人们穷其一生的目标就是成为自己想成为的那个"我"。

问题：我想成为一个怎样的自己？5 年后，我会成为一个什么样的人？

价值观

价值观是指"为什么"。人们会带着自己的价值体系去处理每件事，对每件事情的处理都表明了人们的态度、立场和观点。

问题：我为什么做这件事情？做这件事情能给我带来什么？一套怎样的价值信念能帮助我实现这个身份？什么是最重要的？我应该坚持什么、放弃什么？我应该相信一些什么原则和规律？

能力

能力是指"如何做"。简而言之，就是一个人能做到的事情。

问题：我可以做到吗？要做到这些，我应该具备哪些能力？为了实现这个身份和这套价值观，我应该学习什么知识和技能？掌握什么方法和套路？什么可以做？什么可以不做？

行为

行为是指"做什么"。能力最终体现在每天的所作所为上。

问题：我在做什么？哪些行为可以让我得到自己想要的？要达成目标需要哪些具体行动？具体怎么做？第一步是什么？今年的计划具体怎么安排？

环境

环境是指"时间、地点、人、事、物"，是行为和行动所发生的外在情境，包括所有外界条件。

问题：我什么时候在哪里做这件事情？哪些人和资源可以帮助我实现目标？我如何利用身边的资源？

促动

促动要有效激发团队智慧，促进群体共识，提升整体执行力。促动的主要作用是保证私董会成员围绕重大决策、路径选择等目标进行有效的运作，促进成员以更具效能的方式进行思考和对话。促动不同于培训、咨询和指导，不是简单地提供方案，而是倾听、对思考的引导，以及对不良互动方式的干预。

集体思考固然可能得出独自一人无法得出的崭新创意，但也容易陷入集体思考的陷阱。举例如下。

- 社会型怠工。这是一种并无恶意但是一旦人数到达一定数目就会发生的现象。解决问题的处理器（头脑）过多，就会产生"自己不参与也没大碍"的想法。
- 情感对立。在激烈的比赛当中，"肢体碰撞"在所难免，选手如果过分惧怕肢体冲突，就打不出一场好的比赛。在实际会议中，有时人们会因为害怕"情感对立"而不敢表达自己的意见。因此，私董会上，大家要克服"情感对立"，建立一个良好的讨论环境。
- 决策受声音大的少数人的影响。这是指根据声音大的人和比较熟悉的人的意见做出决策的现象。一旦养成了这样的习惯，其他人就会停止思考，不再发表自己的意见。长此以往，成员的头脑就会退化。
- 集体压力与行动一致。这是由于成员的思维受到无形的规定或压力的束缚，如中国传统文化中的"以和为贵"，可能会在无形之中形成压力，从而压制全新创意的产生。
- 集体的愚见。这是指智商 150 的人聚集在一起只能得出智商 100 的答案的现象。

美国心理学家埃文·詹尼斯曾经对群体决策的问题做过仔细深入的研究，他把群体决策的失误归咎于决策群体内高度的凝聚力和从众效应的压力。在群体压力之下，人们有时候并不能自如地发表自己的见解，而倾向于人云亦云，出现"群体幻觉"的现象。于是有价值的不同意见可能会被压制，一些错误的偏见却被一再强调，这些都会使群体做出错误的决策。

要实现促动的功能，需要主持人（教练）在整个会议过程中，帮助小组成员将注意力放在团队的工作方法和对话方式上，并在恰当的时候进行干预，避免落入"集体思考的陷阱"。

例如，针对社会型怠工，可以事先设定一个模拟场景，安排各自的角色或分配职务，如 A 代表投资人，B 代表老板，让他们各自进入角色，这样他们就会积极地发表意见了。这样也能有效避免情感对立，因为如果一个人扮演了"挑剔的顾客"角色，那么他就可能会提出很多之前不会提出的要求。另外，主持人在促动的过程中，要把"情感对立"变为"意见对立"。可以通过后文中的工具箱找到合适的讨论框架，让互相争论的当事人面向白板开动脑筋，对着讨论框架发表自己的意见。这样可以有效缓和他们心理上的对立情绪。

要避免决策受到声音大的少数人的影响，可以让大家各自在便笺上写下自己的意见，然后贴在画有框架结构的纸板上，这样就容易把那些"声音小的宝贵意见"引出来。

要想纠正"集体压力与行动一致"，可以根据需要在会议进程中适当引入外部人员参加讨论，增加另外的视角，如女性的视角、外国人的视角等，这样容易得出不同角度的观点。例如，在一次私董会讨论中，讨论主题是一位老父亲如何更好地处理他和女儿的关系，案主是那位老父亲，在座的几乎都是男性。教练在最后总结之前，令人意外地叫起了负责会议记录的女助手。这位助手正好跟案主的女儿处在同一个年龄段，能够代表同时代女孩子的想法。结果这位助手表达的意见正好是之前全场讨论中所缺失的。这样的"神来之笔"就需要教练"眼观六路、耳听八方"，没有深厚的教练素养和临场应变的能力，是很难做到的。

破冰环节的充分展开是避免陷入集体思考陷阱的很好办法。有时候，如果破冰环节还没充分展开就进入深入讨论的环节，会难以真正深入地讨论问题。这时就可以宣布先暂时休息一下，集体做一些运动，缓解一下会议的紧张情绪，或者做一个破冰的小游戏，再回到讨论中来。

总之，促动不仅要在会议上促进成员思考，使大家避免陷入集体思考的陷阱，还要着力于改善私董会小组的行为能力，驱使小组成员回到工作岗位与其他团队成员一起工作时，仍旧能够和他们进行良好的沟通，从而发挥团队的最大潜能，跟踪落实私董会上的行动承诺，把在会议上达成的行动计划落到实处。

私董会教练是一门"手艺活"

引导、赞赏、激发、提升、促动这几个角色基本概括了私董会教练在会议中的作用。

如果想把这几个角色同时扮演好，不仅需要在会议推进过程中不时地转换身份和角色，还需要在会议前和会议后做好相应的准备工作与后续安排等事务。

这就需要人们对每次私董会、每个成员常怀感恩和敬畏之心。每次会议都是大家集体智慧的结晶，每个案主都值得人们充分尊重和珍视。

几乎在每次私董会上，我都要提醒每位成员：让我们感谢案主，他不是来接受我们的评判的，他是来给我们提供学习机会的。

私董会教练需要把自己所要扮演的这几个角色烂熟于心，并且在实践中活学活用，从而不断提高自己的能力和水平。

我们常讲：私董会教练没有什么特别的，流程并不复杂，技巧也并没有多么高超，但如果想在每次会议上都扮演好自己的角色，带领大家取得良好的成果，也并不是一件容易的事。

总体而言，私董会教练是一门手艺活，需要人们把理念、方法论和每次的具体实践相结合，走出自己的特色和风格。

就像卖油翁能够做到的那样：无他，但手熟尔。

这就像你每天都会去家门口的菜市场买豆腐，菜市场有好几个豆腐摊，从表面上看也看不出来不同的豆腐摊的豆腐有什么区别，但是吃来吃去，你总是觉得其中一家的豆腐特别好吃，于是后来你就总去这家买豆腐了。即使这家的豆腐卖光了，你宁可不吃，也不去别的摊位买。一名好的私董会教练就像这家做豆腐的师傅一样，大家做豆腐的程序都是相同的，但经过他的手做出来的豆腐就会让人感觉味道不一样，就会让人感觉刚刚好，这就是一个好的手艺人的标准特征。

在一名成熟的私董会教练看来，当他把这些内容融会贯通、运用得炉火纯青的时候，他的眼里已经没有这些内容和流程了。在他的眼里，只有小组成员和案主的问题、解决思路及对他们的关怀，就像一位手艺人面对自己的作品，刀工、技法、颜色等这些已经不重要了，最重要的是作品的灵魂及它的内在价值，一切技巧都是为作品的内在服务的。每个作品都是鲜活的生命，每场私董会也一样。

进乎所当进，止乎所当止。节奏合理，问题犀利，讨论深入，详略得当，细节到位，酣畅淋漓。行家一出手，就知有没有。到了这个阶段，过程有时反而会极其质朴，可能这个目标就是私董会教练应该追求的。

如果想达到这个阶段，你就要反过来问问自己为什么要做私董会教练。你拥有什么样的发心，你怀着什么样的目的，决定了你能够达到什么样的境界。因为归根到底，每个人终究要成为自己，而不是成为一个别人眼中的形象。只有成为自己，才能"人剑合一"，飞花摘叶皆可作为手中的武器，臻于至高境界。

答案变廉价，问题有价值

提问就像呼吸一样，是上天的馈赠，是人们生活中一个必不可少并被大家所接受的部分，也是一件任何人都能做的事。最新的研究发现，一个4岁左右的孩子平均一天问300多个问题。值得注意的是，对绝大多数孩子来说，4岁是提问高峰年龄。在那之后，提问开始变少，直到他们开始更多地寻求答案，而不是考虑如何提出问题。

提问是人们在一生中必会的一项重要技能。这项技能可以高效地填补人们不会的知识。然而提问的技能却经常被大家忽视。很少有人在意如何科学地提问，更不要说如何才能提出一个好问题了。

有人说，中国人缺少在提问这个方面的专项训练。这个问题产生的原因部分在于中国固有的文化中"不要打断别人讲话"这一项。如果你贸然打断别人讲话，会被视作一种不礼貌的行为。然而，打断别人的讲话并提问，在西方国家的文化中会被视为对发言者的尊重，因为提问代表你认真地听对方讲话了。

在中国的课堂上，一般都是在老师问"大家有问题吗"之后，才会有人举手提问，很少有人会在老师讲到一半的时候举手提问。然而在美国的课堂上，老师经常会强调让学生随时打断他并提问。因此，在美国课堂上，学生提问的机会远远大于在中国课堂上。由于本就缺少提问的机会，所以就更不会有人特意学习如何提问了。因此，中国人缺少在提问方面的专项、有针对性的训练。

当人们遇到困难和挑战的时候，很自然就会去寻求答案和解决方案。然而，这样做的结果，往往是人们又不自觉地制造出更多的障碍，而非出路。要解决问题，首先要改变提问，否则人们很可能会一次又一次地得出同样的答案，周而复始。新的提问能够完全转换人们的视角，给人们提供新鲜的方式来看待那些问题。事实上，人们正是通过高质量的提问来创造高质量的人生的。成功的人通过提出较好的问题来得到较好的答案。好的问题会带来信息，伟大的问题会带来改变。提问甚至曾经改变了历史的进程，问题甚至可以定义一个时代。

好的问题可以改变历史，甚至定义时代

德国哲学家卡尔·雅斯贝尔斯在其1949年的著作《历史的起源与目标》中，首次提出了轴心时代理论。轴心时代理论把公元前800年到前200年这段历史上出现在北纬25°～35°的中国、欧洲和印度等地区的人类文明精神上的重大突破现象称为轴心时代。在轴心时代，人类的各个文明都发生了"终极关怀的觉醒"，都出现了伟大的精神导师。在这个时代，西方、中东、印度、中国等地都出现了一批先贤，如苏格拉底，以色列先知、释迦牟尼、孔子等，他们创立了各自的思想体系。以色列的一神教及希腊哲学、印度的印度教和佛教、中国的儒教和道教都开始发展，这些思想搭建了人类精神思想的根基。

轴心时代之所以成为一个辉煌而灿烂的时代，一个很重要的原因是它提出了直到现在人们仍然在不断探求和追寻的终极问题：人的生存问题，如情感、价值、目标、自由、人生的意义和终极归宿等。

可见，这些伟大而具备持久价值的问题成了轴心时代的重要象征。

"现代管理学之父"彼得·德鲁克在1954年出版了《管理的实践》一书。

在这本被认为是世界上第一本真正的管理学著作中，德鲁克提出了著名的经典三问。他认为，每家企业最高管理层的首要职责，就是回答以下3个问题：我们的事业是什么？我们的事业将是什么？我们的事业应该是什么？并且要确保企业通过严谨的研究找到正确答案。

"我们的事业是什么"，是叩问企业事业的本质是什么，让企业家从哲学家的高度回到原点进行思考。这个问题提醒人们：无论发展什么事业，都要首先把事业发展的底层逻辑想清楚，同时要准确界定事业是什么，不能从企业内部（如企业的名称、章程或条例）寻找答案，而要从外部、市场与顾客身上寻找答案。因此，要弄清楚"我们的事业是什么"，必须先弄清楚谁是顾客。

"我们的事业将是什么"，德鲁克认为，对公司宗旨、使命的界定都是阶段性的，维持10年是常态，很难维持30年，更遑论50年。外部市场、未来潜力、发展趋势、人口结构及人口动态都是不断变化的，企业的管理者必须高度关注这种变化对企业业务产生的影响。企业在宗旨、使命层次上必须与时俱进，不断地思考"我们的事业将是什么"。要想很好地回答这个问题，德鲁克认为还是要从顾客那里寻找答案。管理者要挖掘：在顾客的各种需求中，有哪些需求还没有被目前所提供的产品与服务充分满足。

"我们的事业应该是什么"是德鲁克三连问的第三问，也是企业实现由现在到未来业务转变的关键思考。除了纯粹外部市场的变化，竞争对手的变化也是企业思考"我们的业务应该是什么"的重要因素。

好的问题并不会因为时代的变迁而过时。相反，好的问题历久弥新，越是在"乱花渐欲迷人眼"的时代，这些直击本质的问题越能提醒人们清晰地思考和深刻地洞察。

如果说彼得·德鲁克是20世纪最伟大的管理思想家，杰克·韦尔奇就是20世纪最伟大的管理实践者。杰克·韦尔奇在1981年上任通用电气CEO的时候曾经去拜访德鲁克，德鲁克担任过前几任通用电气CEO的顾问。

当时韦尔奇想在海外扩张业务。据他本人描述，在跟德鲁克交流的时候，德鲁克提了几个非常朴素但又特别难回答的问题，其中一个问题对他触动特别大，启发他提出了"数一数二"的战略——如果一项业务通用电气做不到数一数二，就把这个业务关掉或卖掉，把资源腾出来投入那些更有价值的业务上。

德鲁克问了他什么问题呢？

德鲁克说："韦尔奇先生，现在通用电气有那么多项业务，你觉得如果这些业务不是因为过去存在而很自然地延续到现在，包括延伸到未来，那么其中哪些业务是你今天绝对不会投入资源去做的？"

这个问题给了韦尔奇非常大的触动。而后经过深入的思考，韦尔奇为通用电气的每个业务单元制定了必须在行业内处于数一数二的位置的战略目标，不然这个业务单元就会被卖掉或关掉。

德鲁克又问韦尔奇："如果你的客厅闲着，你能不能把它借给别人用一用呢？"这是一个精彩的隐喻式提问。这个问题帮助韦尔奇认识到通用电气与其他组织合作的潜力，由此开始了"无边界管理"的实践。

德鲁克先生的提问价值几何？当时的韦尔奇为德鲁克先生开出了200万美元的支票。由此可以看出，作为管理者，善于提出好问题是释放组织效能和领导力的好方法。

乔布斯在1983年招揽当时的百事可乐总裁约翰·斯卡利的话，极具诱惑力，至今仍被人津津乐道。

这句话的英文原文是：

Do you want to sell sugar water for the rest of your life, or do you want to come with me and change the world?

翻译过来其实就是：你想就这样卖一辈子糖水，还是想跟我一起改变世界？

乔布斯的这句话，触动了斯卡利，他瞬间被乔布斯这句话打动，离开了百事可乐，成了苹果公司的首席执行官。他和乔布斯一起创造了最棒的产品（第一部 Mac）和最棒的广告（《1984》）。

我们都知道，乔布斯是一个天才。而他的天赋之一，就是非常擅长找到他认为顶尖聪明的人，并用最准确、最能引起对方共鸣的话，打动并成功招揽对方，与自己共事。

这个经典的问题也将永久载入史册。

1985年，此前一直把自己定位为存储器生产公司的英特尔在与日本厂商激烈的价格竞争中，连续6个季度出现亏损。当时产业界都怀疑英特尔是否能生存下去。英特尔管理层也围绕是否放弃存储器业务展开了激烈的争论。而争论持续的时间越长，英特尔的经济损失就越大。

这一天，英特尔总裁格罗夫在办公室里意气消沉地与董事长兼首席执行官摩尔谈论公司面临的困境，那时英特尔已经在漫无目的的徘徊中度过了一年。格罗夫突发奇想，问了摩尔一个极其重要且经典的问题，就是这个问题随后彻底改变了英特尔的命运，也改变了格罗夫的命运。这个问题是：如果我们下了台，另选一名新总裁，你认为他会采取什么行动？摩尔犹豫了一下，然后答道："他会放弃存储器业务。"格罗夫于是目不转睛地望着摩尔，过了一会儿，他严肃且坚定地对摩尔说："你我为什么不走出这扇门，然后自己动手呢？"

连续两个石破天惊的问题就此打开了英特尔新的辉煌的大门。

虽然在当时，这个决心很难下，因为在所有人的心目中，英特尔就等于存储器。怎么可以放弃自己的身份？如果没有了存储器业务，英特尔还称得上一家公司吗？但格罗夫说做就做，他力排众议，顶住层层压力，坚决砍掉了存储器业务，而把微处理器作为新的生产重点。

英特尔从此不再是半导体存储器公司。在探求公司的新身份时，英特尔意识到微处理器是其一切劳动的核心所在，于是自称为"微型计算机公司"。到了1992年，微处理器的巨大成功使英特尔成为世界上最大的半导体企业，甚至超过了当年曾在存储器业务上打败自己的日本公司。

这是一次对英特尔具有重大意义的转变，这样的转变被格罗夫称为"战略转折点"，这样的"战略转折点"的缘起就是格罗夫提出的那两个石破天惊、直指人心的好问题。

微软 CEO 萨提亚·纳德拉自 2014 年上任以来，带领微软积极转型，3 年内使微软市值翻番，增加了 3 000 亿美元，达到 2017 年以来的高点。为了刷新微软，重塑微软的文化，纳德拉刚上任就向员工提出了 3 个问题：

（1）我如何利用公司已有成果来提升个人或团队的工作效率？

（2）我自己做了什么？创造了什么价值？

（3）我帮助别人或团队做了什么？

当时，纳德拉清晰且深刻地意识到企业官僚主义、部门墙等问题影响了企业创新、团队协作、经验分享。所以，他下决心要重塑企业文化，刷新微软，并且不遗余力地清除创新、协作、分享方面的障碍。经过几年的大力调整，他终于让微软重归正轨，再现雄风。可见，提问也是纳德拉推动工作的重要方式。

你可以感受到：最具创造力、最成功的商业领袖都是专家级的问题提出者。

问题就是智力的"发动机"，它可以将好奇心转变成可控的探寻。

问题就像一个"手电筒"，它可以照亮你前行的道路。

历史的车轮滚滚向前，人类早已进入了 21 世纪。如果将"问题"和"答案"看作市场上的股票，那么在当前的形势下，"问题"正在逐渐升值，而"答案"正在贬值。现在，知识是一种商品，答案随处可见，也轻松易得。尽管人们积累了越来越多的知识，对世界的了解也越来越深，但个人了解的知识总量仍然远远小于知识自身增加的数量。"知识让我们更加无知"，知识反而使人们陷入了知识的诅咒。要想打破知识的诅咒，就要更好地学会换位思考，同时积极寻找更加有效的沟通方法。毫无疑问，提问是打破知识的诅咒的最佳路径。在私董会上，通过层层提问，每个人都能够从他人的角度来看问题，站在学习者的角度来构思沟通的方法，让人们从知识的无穷叠加中跳脱出来，寻求思维通道的深度和对知识、信息的有效整合。

麻省理工学院领导力中心执行主任哈尔·格雷格森提出了"领导者困境"这个概念，其定义是：在组织中，一个人的职位越高，越难发现未知的未知，也就是不知道自己不知道的事。因为大家对系统有着天然的不信任，管理层和非管理层之间有一层隔膜，周围人会改变对待领导者的态度。大家会选择告诉领导者他们认为领导者想听的话，保留他们觉得领导者不想听的话。领导者的等级越高，越难创造出安全且充满信任的环境，越难得到真实全面的反馈。越是高层领导者，越会面临"领导者困境"。

那么，怎么走出领导者困境呢？哈尔·格雷格森的解决方案是：要主动创造条件，让问题不期而至，要积极走出舒适圈，主动提问。唯有这样，创新才有可能发生。在未来，最重要的领导力技巧就是提问。只有提出正确的问题，企业才能另辟蹊径，找到创新的解决之道。

格雷格森因为在这一领域的洞见，被授予2017年"思想家50人"（Thinkers 50）领导力奖。

格雷格森曾和杰夫·戴尔、克莱顿·克里斯坦森等人合著了《创新者的基因》一书，其中提到了创新者具备的5种特质：联系、发问、观察、交际和实验。

格雷格森认为，领导者不能靠冥思苦想来领导企业，而要走出去，和不同的人交流，并持续下去，最终问出最根本的问题。如果领导者不断地让自己身处不同的环境，和不同的人讨论，很可能会发现自己弄错了一些事情，会感到不舒服。但此时领导者如果保持安静，不急于插话和反驳，静下来思考一下，新问题就会浮现。

为此，他提出了"催化提问法"，又称"井喷式提问"。如果遇到某个解决不了的难题，可以几个人一起坐下来，不断提出相关问题。不要去想为什么问，也不要去想答案，更不要解释，只要尽可能提出更多问题。对答案和提问的合理性不做解释，要示意其他人你有兴趣寻找解决问题的新途径。然后在这些问题当中，找出三四个回答后能颠覆现状的问题，这样的问题就是催化式问题。通过这种练习，在80%的情况下，大家会重塑问题，并至少产生一种尝试解决的方式。

哈尔·格雷格森提出的通过大量的提问来解决领导者困境的方式与私董会

的问题处理流程很相似。

互联网上著名的预言家、《连线》杂志创始主编、有"硅谷精神之父"之称的凯文·凯利在他的著作《必然》中专门用一章来阐述"提问"。在这一章中，他指出："答案将变得廉价，而问题会变得更有价值。"巴勃罗·毕加索在 1964 年就聪明地预测了这个结果，他说："计算机是无用的，它们只能给你答案。"

为什么人们总是试图避免提出一些基础性问题？其中存在众多原因，不过有 4 个原因是比较重要的。

- 人们认为，在达到预期目标的过程中，提问会起反作用。大多数人会将精力集中在发现答案上，因为答案被认为可以为解决问题、推动事情发展、改善生活提供方法。
- 人们似乎很少在恰当的时间提出基础性问题，要么过早，要么过晚。
- 人们很难知道自己提出的问题是否正确，所以最好的方法就是拒绝提问。
- 如果发现不能很好地回答自己提出的重要问题，那该怎么办？由于有这样的担心，所以人们认为最好不要让生活中有诸多不确定和质疑存在。

然而，问题就如同黑暗里闪烁的明灯。一个好问题能够开发出一片新天地。当你向一个人提出一个有分量的问题时，你就给他提供了一个从另外的角度来审视他的经验和资源的机会，并能让他发现自己没有认识到实际拥有的答案。

大多数学校教导人们：要注重答案而不是问题，大多数问题都只有一个正确答案。人们也由此习惯性地认为，答案已经存在，只是等着被发现、被偶然遇到、被查询、被搜索、被购买，或者直接呈送到人们面前。

事实可能恰恰相反。人们通常会在熟悉的领域寻找答案，但答案不会自己躺在那里，不然早就被发现了。

现在已经到了需要经常转变的时代。在这样的时代，人们要不断接纳新事物，而具有提出好的、有意义的、强有力的问题的能力可能是摆脱旧习惯和旧的行为方式的第一步。

除非去提问，否则你学不到任何东西。

现代的工作场所和现代社会要求人们富有成效地做事且稳步成长，新的世界要求人们能自学，富有创造力，拥有丰富的资源，并且能调整自身不断去适应变化。提问的能力在某种程度上列在"新的工作场所需要的关键生存技能列表"的首位。

好的问题可以穿越千年

陈胜是秦朝末年反秦义军的首领之一,与吴广一同在大泽乡率众起兵,成为反秦义军的先驱。不久后,他在陈郡称王,建立了张楚政权。大泽乡起义是中国历史上一次大规模的农民起义。

为了号召人民起义来反抗秦朝的暴政,陈胜提出了一个穿越千年的好问题:"王侯将相,宁有种乎?"这句话的意思是:"那些称王侯拜将相的人,难道就比我们高贵吗?"这是一句非常具有反抗精神的话。它喊出了几千年来百姓心中的真实愿望,对人性的开放和追求自由起了一定的作用,值得肯定。人人平等,不分高低贵贱。这句话也是中华民族中那些民族脊梁的呐喊,千百年来,朝代的更替、国家的兴衰都证明了这句话已然牢牢刻在中国人乃至全球华人的骨子里。一个人的成绩是做出来的,不是天生的。命运掌握在自己的手中,只有靠自己的努力才能改变不平等的命运。

作为四书五经之一的儒家经典《论语》,其内容博大精深,包罗万象,自古就有"半部论语治天下"的说法,是儒家思想的代表性著作。在《论语》中,"问-答"场景占了主流。大多数情况下都是弟子提问,孔子回答。正是一个个的问题,引出了孔子的回答,把孔子的思想全方位地展示给世人。《论语》开篇就是三个问题:"子曰:'学而时习之,不亦说乎?有朋自远方来,不亦乐乎?人不知而不愠,不亦君子乎?'"朱熹对此篇评价极高,说它是"入道之门,积德之基"。因为这平实的几句话,所承载的正是中国人几千年来所追求的真正修养。人的自我超越与世间修行,都要以此为基本。

"学而时习之,不亦说乎?"这说的是学习之道——经常温习、反复琢磨、嚼烂吃透,是学有所得、将知识内化于心的不二法门。延伸到做人则是说,经常自省和反思是不可或缺的修养之法,是慎独的基本功夫。

"有朋自远方来,不亦乐乎?"这说的是君子之交。只有以心相交而不是以利相交,友谊才能长存心中,不常想起,却从不忘记,在岁月的长河中缓缓流淌而成久远。这更是一种与人为善的态度,对人与人之间和谐的追求——四海之内皆兄弟,不论相隔多远、关系亲疏,只要见了、来了,都是好友亲朋。

"人不知而不愠,不亦君子乎?"这句话的关键在"不知"二字上。可以将其理解为"无心"——如果对方的冒犯和伤害是无心的,便不必生气,这是宽容;也可以将其理解为"无知"——世间种种人的不堪,说到底都是因为不明大道,智慧和境界不够,自己也深受其苦,其实大家都是可怜人,若生气只能说明自己处于这样的层次,真正的君子只会心怀悲悯,这是慈悲。

儒家的另一部经典《孟子》开篇也是由问题而起："王何必曰利？亦有仁义而已矣。"

孟子见梁惠王，梁惠王开口就问：你奔波千里而来，能给我的国家带来什么利处？孟子则开口就回答了这一句。简单的一个问题，引出的却是儒家的重大命题，乃至中国文化几千年来的重大命题——要仁义，还是要利益？

这是一道难度极大的选择题，以至于几千年来，没有几个人能真正选好，所以"眼见他起高楼，眼见他楼塌了"的轮回才不断上演。天下熙熙，皆为利来；天下攘攘，皆为利往。走得太远，以至于忘记了自己为什么而出发。人在局中迷得太久，陷得太深，也终究会遭遇"价值"两个字的逼问。这个简单的问题提醒人们：这个时候，只能回到源头去寻找答案，注定要回到先贤所立的起点，重新抉择。

很多领域的研究都是由问题开始的，虽然这些问题并不一定有标准答案，但是可以穿越时代周期，引起强烈的共鸣和讨论，如"李约瑟之问""韦伯之问""钱学森之问"……

"李约瑟之问"由英国学者李约瑟提出，他在其编著的 15 卷《中国科学技术史》中正式提出此问题，其主题是："尽管中国古代对人类科技发展做出了很多重要贡献，但为什么科学和工业革命没有在近代的中国发生？"1976 年，美国经济学家肯尼思·博尔丁把这个问题称为"李约瑟难题"。

马克斯·韦伯是德国社会学家、历史学家、政治学家、经济学家、哲学家，是现代西方一位极具影响力的思想家，与卡尔·马克思和埃米尔·杜尔凯姆并称为"社会学的三大奠基人"。韦伯在《中国的宗教：儒教与道教》等著作中反复提出一个问题，也就是著名的"韦伯之问"："为何中国、印度这样的东方社会，没能在政治、经济、科学乃至艺术领域走上独立于西方之外的理性化道路？""韦伯之问"是"中国学"的核心课题之一。

2005 年，钱学森曾感慨地说："这么多年培养的学生，还没有哪一个的学术成就，能够跟民国时期培养的大师相比。"钱学森又发问："为什么我们的学校总是培养不出杰出的人才？"这就是著名的"钱学森之问"。"钱学森之问"与"李约瑟之问"一脉相承，它们都是对中国科学的关怀。"钱学森之问"是关于中国教育事业发展的一个艰深的命题，需要整个教育界乃至社会各界共同破解。

好的问题历经长时间的磨炼，仍值得人们反复回味，并需要人们共同去探究答案。

凯文·凯利在《必然》一书中列举了好问题的若干个重要特征。

- 一个好问题值得拥有 100 万种好答案。
- 一个好问题就像爱因斯坦小时候问自己的："如果和光线一起旅行,你会看到什么?"这个问题开启了相对论、质能方程 $E = MC^2$ 及原子时代。
- 一个好问题不能被立即回答。
- 一个好问题挑战现存的答案。
- 一个好问题与能否得到正确答案无关。
- 一个好问题出现时,你一听见就特别想回答,但在问题提出之前,你不知道自己对此很关心。
- 一个好问题创造新的思维领域。
- 一个好问题重新构造答案。
- 一个好问题是科学、技术、艺术、政治、商业领域创新的种子。
- 一个好问题是探索、设想、猜测,是能带来差异的分歧。
- 一个好问题处于已知和未知的边缘,既不愚蠢也不显而易见。
- 一个好问题不能被预测。
- 一个好问题是机器将学会的最后一样东西。
- 一个好问题代表受教育的头脑。
- 一个好问题能生成许多其他好问题。

最后,凯文·凯利得出结论:"提问比回答更有力量。"

远离答案,活在问题之中

在某种意义上,人们都是"创客",或者至少能很好地用这种视角来审视自己。无论是否曾经在学校学习提问技能,人们现在都能凭借自己的能力在自己的空间提高提问的能力。而获得提问能力的一种方式就是观察,观察其他经验丰富的提问者是如何提问的,尤其要注意观察他们如何利用基本的"为什么""如果""怎样"等问题来解决难题,以及如何利用这些问题来创造改变。

提出"为什么""如果""怎样"这类开放式问题对于解决问题非常有帮助,也有助于让人们产生新创意。"为什么"类问题与洞察力和理解力有关,"如果"类问题与想象力有关,"怎样"类问题与执行力有关。

要想提出好的、强有力的问题,需要在一个平面下调整不同的视角,这很重要,但远远不够。有时候需要人们从现有的问题中退一步,能够注意到其他人错过了什么,然后挑战现有问题背后隐含的假设,再通过情景分析,深入理解现有的解决方案或面临的问题,从而质疑当前提出的问题,再重新深入探究一个具体问题。你可以把后退一步想象成打开照相机镜头,不要给眼前的人拍快照,而是打开镜头,将更多的背景收入画面。例如,不要只问关于领导者本身的问题,而要将他的团队、家庭、组织或行业囊括其中,将更多的景色纳入你的视野范围,扩大问题的覆盖面,这也有助于领导者拓展思维。

再如,你经历过的和你知道的任何事都会影响你的决策,同样也会影响你提出的问题。在这种情况下,退一步问"为什么我会提出这个问题"是非常有意义的。每当你提出一个问题时都应该去想:"这个问题的基本假设是什么?我还应该提出其他问题吗?"随着人们的日常生活变得越来越拥挤不堪,充满了各种任务、活动、娱乐和干扰,"退一步质疑"很少在人们的日程表中获得一席之地。这就意味着:一些最重要的基本问题可能从未被人提出过。

另外,无论是在生活中还是在工作中,当人们成为某个领域的专家后,他们一般会对自己了解的事情非常自信,因为他们已经知道自己擅长哪些事情了。这样的自我认知会让他们的好奇心变得更不强烈,接纳新思想和新的可能性的机会也更少。在专家的精神世界,可能性正在减少,而这一点未必能够被他们感知。尤其糟糕的是,很多专家对那些自认为擅长的事情可能并没有想象中的那么了解。因此,退一步反而更容易帮助人们前进。这就是为什么有时候非专家或门外汉通常比专家更善于提问。没有人会认为专家的知识不够丰富,但一旦碰到需要质疑的情况,知识反而成了"拦路虎",会阻碍人们提出真正有价值的问题。

2007年秋季,乔·格比亚和布莱恩·切斯基面临的一个主要问题是:两人没有工作,也没什么钱。但他们在旧金山有一套体面的公寓,有一个地方能够睡觉,为他们遮风挡雨。每年都会有很多人来到旧金山参加商业会议。一到这个时候,旧金山所有的旅馆一般早都被预订完了,而此时来参会的人极度渴望能有个地方歇脚。

格比亚和切斯基也曾经面临这种情况,他们认为这种情况是不应该出现的。"我们为什么不能为这些人找到一个地方让他们睡一晚?"最终他们提出了一个新的问题:他们为什么不能在我们的家里睡觉?

格比亚和切斯基有3个充气床垫,在会议期间,他们可以做一个简单且便宜的广告,把充气床垫以适当的价格租出去。格比亚和切斯基把3个充气床垫分别租给3个互不相识的人,而这3个人都很享受这种体验。在这个基础上,格比亚和切斯基开始想另一个问题:"为什么不把这件事商业化?如果我们能在美国的主要城市创造同样的体验,那会怎么样?"后来这两位梦想家不顾一切把脑海中闪现的念头按照传统的方式实现了。最终，格比亚和切斯基的想法发展成为爱彼迎（Airbnb）公司。目前，它的社区平台每天为全球旅行者们提供数以百万计的独特入住选择。可以说，爱彼迎公司重塑了酒店行业，你可以从个人的手中租住一间房，而不是从一家酒店租住。格比亚和切斯基之所以能够取得成功，是因为他们渴望挑战"假设"类问题，并坚信每个事物都注定会发生变化，而且他们不在乎持有传统观念的人会怎样看待他们的行为。

"为什么"会有一种穿透力，能让提问的人通过设想出的问题顺利挖掘到难题的本质。"如果"也有一种强大的力量，因为它允许人们不受任何限制或约束地思考，激励人们充分发挥想象力。

"如果只用圆点和破折号就能将这个世界分类，那会怎么样？"

1948年，美国费城一家超市的总经理参观了德雷塞尔大学的校园，他想看看学生是否能开发出一种将产品数据以编码的方式来进行管理的有效方法。据《纽约时报》叙述，曾有两名毕业生尝试做这件事，但在一开始就陷入了困境。之后，其中一名毕业生叫约瑟夫·伍德兰，他整个冬天都在迈阿密海滩旁的祖父母家里思考怎样完成这个挑战。为了能让信息可视化，他意识到自己需要一个代码。曾是童子军的伍德兰想知道："如果将可以无限制地进行组合的摩尔斯电码改编成图表的形式，那会怎么样？"当伍德兰的手指掠过海滩时，他逐渐开始了一系列连续性的提问。随后，他想到：粗线和细线可以代替圆点和破折号。最终，伍德兰和他的同学实现了这个构想，并将其申请专利，条形码由此诞生。

在实际中，"如果"类问题有着广泛的应用空间，人们可以通过多种方式实行"假如""如果"类问题的切换，寻求各种解决问题的可能性。

按钮式提问

如果桌上有个按钮，按下之后，会生成新的点子，点子会是什么？
如果有本书，你想要的建议书里都有，这些建议会是什么？
假设高速公路旁的广告牌上面正好有你想要的点子，那会是什么？

时间转换

如果现在已经是6个月之后，这个问题已经不存在了，你再来看现在，你会再做什么？

观点转换

如果你认识这样的人，很擅长处理这种艰难的对话，他会如何处理这个问题？

如果你是乔布斯，你会怎么解决这个问题？

3个幻想问题：让回答者幻想不可能之事、资源和超级力量。

问题1：什么是今天不可能做到，但是如果能做到，将永久地改变问题本质的事情？

问题2：如果我有世界上解决这个问题的所有资源（金钱、人力、时间、设备等），我会怎么做？

问题3：如果我是一个有超自然力量的人，并且可以完成任何我想做的事，我会怎么处理这个问题？

总之，在"如果"类问题的提问过程中，可以通过时间的转换、空间的转换、系统的转换、个体的转换、奇迹按钮等方式，来提供各种思考的可能性。这些看似异想天开的想法，恰恰有时会打开人们封闭的思维，进入一个全新的时空。有时这些想法未必能解决问题，但有可能改变人们和问题之间的关系，从而绕过问题本身，取得意想不到的效果。

在完全开放的"如果"阶段，一个人往往会提出很多问题，探索多重可能性，产生切合实际或看似有些异想天开的众多想法。而"怎样"阶段就是一个漫长的、需要面临重重困难和无数次失败的阶段。

"怎样才能让行李箱滚动起来，而无须费劲地拖着它？"

如果给它装上轮子，那会怎么样？这个问题是无数次智能重组的基础。伯纳德·萨杜是一家箱包公司的主管。1970年，当他拖着两个沉重的行李箱穿过机场时，他注意到机场工作人员很轻松地将一个大机器运到一个带轮子的滑轨上。于是，萨杜想知道："如果给行李箱装上轮子，那会怎么样？"正是这个问题促使他一步步进入提问的"怎样"阶段。一开始，萨杜把一个行李箱平放在地上，给它装了4个轮子，用这种方式拖拽行李箱。随后，飞行员罗伯特·普拉斯改进了萨杜的发明。普拉斯想出给行李箱装上一个长长的手柄，这样人们就能拉着由两个轮子支撑的行李箱了。萨杜和普拉斯提出的所有问题产生了最后的答案——现在已经非常普遍的拉杆式行李箱。

尽管今天的市场情况已经变得更加复杂，充满不确定性，而且各个行业正面临彻底的变革，但是在很大程度上，商业领袖仍没有提出大量问题，更缺乏正确的问题。

许多企业的领导者正逐渐意识到，如果他们仅提出一些不重要的问题，就无法推进他们的日常工作，无法提高他们所处的地位，也无法提升企业的品牌竞争力。而如果要创新，他们就必须提出更多更有价值的问题。

我们应该让自己远离答案，活在问题之中。

好问题的特点

1. 给对方带来全新的思考

回想一下过去你被提问的经历，就不难发现一个现象：假如一个问题是你曾经想过或多次想过的，回答起来会很容易。于是提问和回答常常会像拳击赛一般一来一回、一问一答地快速切换，对方似乎根本不需要动脑。与此相反，对方从没思考过的问题往往是一个好问题。因为他需要花时间思考，所以语速会慢下来，会出现如"嗯……这个嘛……让我想一下……"这样的字眼，眼睛会开始向上转动，甚至会沉默一段时间后才开始回答。

如果我要出一本书，我的问题可能是："如何完成自己的第一本书？"如果有人提问一些我之前想过的问题，如："你想出什么书？这本书是关于什么的？这本书的受众是谁？"那么这些应该是很容易回答的问题。随着谈话的深入，提问开始更加深入，比如人们可能会问：

"写书这件事对你为什么那么重要？"

"你想通过写书达到怎样理想的结果？"

"如果你的书真的写成了，那时的你是什么样子的？"

"你那么忙，为什么一定要写书呢？它的重要度到底有几分？"

"你的书会给哪些人带来价值？"

"通过写书，你想成为一个怎样的人？"

"假如你的书非常受欢迎，读者会怎样评价这本书呢？"

这些问题会激发我陷入深深的思考，很多触及内心的答案开始逐渐浮现……

提出问题后，需要让回答者花一点时间整理思路，然后开始回答，因为这个问题可能是对方尚未思考过的问题，会为对方创造全新的觉察和发现。

2. 以成果导向

很多人会说："在平时的工作生活中，我很善于提问啊，只不过效果不好。"下面看个例子。

一家公司强调员工要节约用水用电，并且每天下班离开前需要确保所有电源处于关闭状态，这项工作由行政部来负责。一个周四的早晨，部门总监第一个到公司，她发现办公区的灯居然没有关。于是，在早晨的例会上，她开始了与部门员工的一番对话：

"昨天下班谁是最后一个走的？为什么灯没有关就离开了？我们作为节能的落实部门，居然发生这样的事，到底怎么回事……"

这样的对话你熟悉吗？看起来是在提问，不过效果如何呢？

部门的员工都低着头，没有人回答，而且大家的内心都充满了恐惧和抱怨，开始嘀咕政策不到位，宣传力度不到位，与自己无关……

为什么会出现这样的结果呢？

很明显，这位总监是在提问，但是所有的提问都是"问题"导向的，也就是基于过去已经发生的情况提问。这样的提问不仅无法给人们带来觉察和思考，无法带来改变，反而会让人们归咎于外部、抱怨、不满，或者心生抵触、闭口不谈。

假如转换一种方式，提问是面向未来的，是为了得到解决方案，是成果导向的，也就是"问题已经发生了，总监想要的结果是强化大家的节约意识，将来不再发生这样的事情"，效果会非常不同。

"各位同事，事情已经过去了，大家一起想想未来我们到底该如何避免这样的事情再次发生？如何提高大家的节约意识？我们还需要做些什么？哪里需要强化……"

对比一下，你在现场听到这样的提问是什么感觉？是不是会放下担心，开始思考解决方案了？

3. 高开放度及多种可能性

什么叫开放度呢？就是答案有很多的可能性，充满未知。

例如，你问一个人"你可以做的一件事是什么"与"你可以做哪些事"，这两种表达方式会让人们思考的角度变得完全不同。人们在听到提问时，会给出直觉式的反应，你怎么问，人们就怎么回答。听到"哪些"，人们就会自动想至少3个答案出来。

所以高开放度的提问，会带来人们多重视角、不同维度的思考，而不是让人们的思维受到限制。

假如一个人对自己的观点非常在意，很容易评判他人观点的好坏，那他就很难提出高开放度的问题。他提出的问题听起来是一个"问句"，但其实隐藏着自己的主意和想法。例如，他可能会这样提问："你有没有想过做……？""你是不是应该从老板的角度想一下？"所有类似的问句，牢牢地限制了对方的思路，对方只能顺着提问者已经给出的"线索"，在一条固定的、狭窄的小路上行走。问题完全没有起到"启发、打开、唤醒、探索"的作用，只是在形式上用问号"？"结尾罢了。因此，提问者要保持对未知的好奇心，而非对回答者的质问和指责，也需要放下自我的执念，并给予对方充分的信任和尊重。

4．在更高的思维层次运作，从内在驱动他人

可以对众多提问做一个泛化的区分，其中一类提问基于"做事"，如"你会怎么做""你有多少时间做这件事""你现在有哪些资源""你需要提升哪些能力"。

这类提问是大多数企业人士非常熟悉和惯用的，人们也比较适应和习惯这类提问。只是人们对这类提问太过熟悉，几乎每天都在思考，往往并不能给人们带来更深层的价值。企业管理者当前面临的一个很大的挑战就是，员工、团队行动缺乏承诺度，做事意愿度低，想法缺乏创意。

另一类提问则基于"为人"，也就是作为能够思考的人类，我们与众不同的核心所在。这类提问有"我们独特的价值是什么""我们为什么存在""我们为什么需要面临挑战""什么对我们是重要的""我们看重什么""我们想要创造什么成果""我们如何为他人做贡献"等。所有这些提问都是面向未来的，都在从更深的内在驱动人们思考，让人们有机会从内在寻找动力，而不是一味地向外寻找和抓取动力。当人们意识到并说出事情给自己带来的价值，并且准确地描述了事情的目标，有了令自己怦然心动的愿景，那么接下来如何做、做什么都只是技术性问题。正所谓"路虽远，行则将至；事虽难，做则必成"。

创造性思维提问法

1．五项选择法

很多人在解决问题时，往往只想出两三个方案就再也没有思路了。而如果想出的这几个方案都不太合适，他们就会陷入思考的困境。五项选择法可以很好地帮助人们解决这一问题，让大家跳出眼前的思路，重新激发创造性，想出更多的点子。如何操作呢？很简单，你只要不断地启发对方，要求对方想出至少5个方案即可。请看下面的例子。

"针对这一问题，请给我5个解决方案。"

"再想想其他的方法，你还可以怎么做？"

"如果你与众不同，会做哪些尝试？"

"现在我们已经一一列出了你想到的解决方案，其中哪些你认为可行性较大？"

在这个过程中一定要记住，是案主自己而不是提问者思考解决方案。提问者要做的只是不断推进案主的思考过程，使其在原有的基础上能有更深入的进展。倘若案主实在想不出新点子，提问者可以根据前面的了解，问对方一些具体的问题来帮助其回顾和反思。例如：

"当遇到这种情况的时候，你是怎么做的？"

"你刚才想到的那些方案都是只凭借自己单方面的努力来解决问题，如果我们跳出这个思路，你是不是还有其他的选择？"

非凡的创造者首先会有大量的创意和思考，寻找尽可能多的可能性，再从中选择，所以大量极致的方案选择是创新行动的基础。

因此，认为那些非凡的创造性天才贡献的只是几部可供选择的名著是很荒谬的，大量的创作和思考都是最终产生非凡作品的前提。

巴赫，每周写一部康塔塔，即使在他生病和极度疲惫时都未间断。

莫扎特创造了600多首音乐作品。

爱因斯坦以他的相对论闻名于世，但他还发表了其他248篇论文。

达尔文因进化论而闻名，但他还发表了其他119篇论文。

伦勃朗创作了大约650幅油画和2 000幅素描。

毕加索创作了20 000多件作品。

莎士比亚写了154篇十四行诗，有些是杰作，但有些还不如同时代的其他人写得好。

爱迪生发明的白炽灯和留声机广为人知，但实际上他一共拥有1 093项专利。

……

所以，即使是那些所谓的天才，也是从大批量的创作中阶段性地产生高质量作品的，想法的"大量"很重要。即使最初的想法比最后的想法差一些也没有关系，因为思想在变得有创造力之前必须是流动的，就像水要在水龙头打开一会儿之后才能变得清亮、凉爽，没有杂质。

2．突破障碍法

有时候人们会被无形的障碍困住，难以跳出固有思维，想出新的办法。当你发现这种情况时，要利用各种方法跨越障碍，以更加开阔的思维来看待问题。具体来说，障碍可分为以下几种情况。

障碍 1：依赖他人，改变现状

"假设你自己才是决策者，你的言行会改变现状，你相信自己是强大的，对事态的发展起着举足轻重的作用。那么你会怎么做？"

"假设其他人也无能为力，那么你就眼睁睁地看着事态这么发展下去吗？你会如何以自己的方式来努力解决问题？"

障碍 2：依赖有限的资源

"仔细想想，你还能利用哪些资源和优势？"

"到目前为止，你想到的办法都是基于现有的资源，能不能拓展资源来源呢？"

障碍 3：无法改变客观环境

"我注意到你之前想到的方案都是建立在现有的工作/家庭/日程安排之上的，让我们大胆设想一下，能不能考虑换个环境，做一个大点的改变呢？"

"如果日程安排和预算不这么紧张，如果你有充裕的时间和资金，你会选择怎么做？"

障碍 4：难以改变自己的缺点

"如果你相信自己一定能够做到，那会怎么样？"

"你似乎认为这个缺点是无法改变的，事实真的如此吗？"

障碍 5：原则和信仰不能改变

"你的原则和信仰是什么？能指导你更好地解决生活中的问题吗？"

"这些原则似乎限制了你的思路，你是不是应该重新审视一下，做些适当的调整和改变呢？"

所谓隐含假设，就是在你思考问题时，由于思维惯性或过去的经历、习惯，你会下意识地采取之前看待事物的方式，结果就是掉入了思维陷阱，而看不到更多的可能性。打破这些隐含假设就是创造性思维的开始。

3. 憧憬法

先让案主憧憬一下理想愿景，将最好的结果清晰化、概念化，然后反观当前的状态。这么做的原因在于人们往往会被眼前的现实问题困扰，跳不出常规的思路，局限于时间、金钱这样的实际问题上。而如果能从现实中停下来，先憧憬美好的愿景，往往会让人们重新获得勇气和力量。这个时候，那些当时认为不可逾越的障碍可能就不再是问题了。

步骤 1：确立目标和理想

"你想在 3~6 个月内在这一问题上达到什么样的进展？"

"你能想到的最好的结果是什么？"

步骤 2：假想实现目标

"假设我们穿越到 3 个月后，你已经实现了愿望，给我讲讲那时候的情况吧。"

"假设你已经实现了愿望，告诉我那个时候生活是什么样子的。"

步骤 3：将理想可视化，而且一定要注意展现出细节

"想象你已经实现的理想。向我描绘一下细节，你看到了什么？感受到了什么？"

"你身处什么样的场景？坐在哪儿？遇见了谁？你们谈话的内容是什么？"

步骤 4：对比前后感想，找出方案

"你追求这一目标的动机，现在和半小时前相比有没有什么变化？"

"你现在考虑一下现实中的障碍，看法和之前相比有没有什么不同？"

4．转变法

有时候，解决问题的最佳方式是转变自己，包括自己的处事态度、目标、预期和回应方式等。相比改变外在环境，这可能更简易有效。下面这些问题就是用来启发对方通过转变自己来达到适应外界环境的目的的。

"你如何通过改变自己来改变现状？"

"阻碍你前进的是害怕、犹疑还是其他心事？如果这些负面情绪都被一扫而光，你会怎么做？"

"如果这不是偶发事件，而是命运特意安排来磨炼你的，你会怎么做？"

也可以通过一些视角的切换来感知不同的位置，包括他人的视角、"我们"的视角和上帝视角，以启发对方进行深度思考，如"如果你是……会……""如果你是他，那么……"等。也可以引入一些不同的角色来进行思考，如"愿景梦想家""规划家""智慧批评家"3 个角色，其中，"梦想家"主要用于发散自己的思考方式，谈梦想，谈愿景；"规划家"主要用于谈执行、谈计划；"批评家"侧重从另外的角度进行批判式思考。通过几种不同的角色安排，让提问者

和当事人能够进入不同的情境，实现思维转换。"我们"的视角是引入系统性思维，把整个系统纳入一个整体来进行思考。上帝视角是将自己抽离，居高临下地看待目前的问题、处境和解决办法。

5. 度量式提问法

如果让你对自己最近一段时间的内在幸福指数打分，1分为最低分，10分为最高分，那你为自己打几分呢？如果你打算让自己的幸福指数提高2分，那你准备在生活中做出哪些改变？这就是一个度量式提问的例子。

如果你是公司老板，询问下属最近工作表现怎么样。对方一般都会说"还好"，或者"就那样"。这种提问无法启发对方，也无法为谈话指明更好的方向，有时候回答者都不知道提问者的关注点在哪里。如果采用度量式提问法，对方就可以用数字来衡量自己的答案，根据自己的表现打分。在得到对方的反馈后，提问者还可以根据回答的内容继续提问。这种方式可以启发回答者回答问题的正确方向，还可以帮助提问者提出下一个合适的问题。

在私董会上，我们通过让每个人给自己的工作、生活和家庭状况打分，可以快速了解现场成员的基本情况。每个单项满分都是10分，小组成员如果给自己的事业打了高分，给自己的家庭打了低分，表明我们可能需要给予他更多的关注。在一个相互信任的氛围里，这样的关怀对每位成员都是非常重要的。

通过使用目的性极强的度量式提问法，可以让现场所有人对于目前所处的阶段和回答者对现状的评估有清晰的感知。

"目前，在×××技能的掌握上你给自己打几分？你希望到这月底你能提高到几分？"

"对于你和×××的关系，你会打几分？你希望能提高到几分？你会怎么做？"

"你采取行动的承诺度有几分？"

"你对团队的表现打几分？"

……

6. 5个"为什么"法

5个"为什么"法起源于日本丰田自动织机制作所，由公司创始人丰田佐吉提出。几十年来，丰田汽车公司把连续提问5个"为什么"当成一种查找制造过程中存在的根本性问题的测试工具。例如，当一个有瑕疵的汽车零部件出厂后，丰田汽车公司会问第一个"为什么"。这时会产生最明显的答案，如装配线上的员工犯错。之后通过问为什么他会犯错，根本性的原因可能就会慢慢浮出水面，如员工培训不足。继续问为什么，丰田汽车公司可能会发现培训资金不足。接着问为什么资金不足，问题也就转移到公司资金运用的优先权上，如钱应该被花在什么地方？公司需要解决的最重要的问题是什么？

5个"为什么"，这种方法虽然很简单，但有时非常有效。人们往往会为了解答一个难题而去寻找最简单的、最显而易见的解释。在这个基础上，人们会倾向于把非常系统化的事情个性化。责备装配线上的员工很容易，但对解决问题没有任何用。只有考虑所有复杂的、相互影响的因素，才能对解决问题有帮助。

以下列举了一些强有力的问题，我将它们分成了A、B两组，大家可以在具体实践过程中根据实际情况反复练习、不断迭代。

A组

- 你想要什么？这是发现目标的基本问题。
- 你拥有的其他选择是什么？这个问题假设人们拥有选择。
- 这个目标能为你带来什么？这个问题探索目标背后的价值观。
- 这件事对你来说重要的是什么？这个问题揭示价值观。
- 为了实现这些，你愿意放弃什么？这个问题假定对方愿意和能够放弃一些东西。这个问题和"为了实现这个，你会丢掉什么"这句话的意思相差很大。"丢掉"和"放弃"是不同的。丢东西时会受到伤害，放弃是自我主动做出的取舍。
- 你不愿意改变的是什么？这是一个更有挑战性的问题，它假设变化是可能的，并且是可以控制的。
- 当你这样做时，你试图获得什么？如果一个人做了事却没有得到其所期待的结果，这就是一个很好的问题。这个问题关注目标并且询问客户的意愿。虽然结果很糟糕，但意愿是好的。
- 你从中能学到什么？当对方犯错误时，这个问题很好。换句话说，对方的意愿和行为不匹配，或者说他的努力失败了。这个问题会让对方觉得与其分析错误，不如冷静下来，从中学点什么。
- 下次你会做些什么改变？这是上一个问题的后续问题。
- 对于现状，有利的是什么？这是一个关于和谐的好问题。这里假设了在客户的现实生活中仍有值得保持的良好因素。每种情况都有好的一面。

- 你能做些什么以有所改变？这里假设通过行动，人们能够做到有所不同。
- 什么能阻止你采取行动？这个问题关注未来的行动。

B组
- 如果这家公司从来没有存在过，那会怎么样？这个问题有助于回答者思考行业和自己在其中的位置。
- 谁会想念我们？公司最重要的客户是谁？你真正的目标是什么？
- 如果我们能够成就一项事业而不仅是经营一家公司，那会怎么样？
- 回顾你的职业生涯，想想过去20年或30年，你都完成了什么事情。如果一位领导者有着清晰而强烈的目标意识，就可以用一句话总结他的一生，如亚伯拉罕·林肯一生的目标可以总结为"保卫美国，解放奴隶"。
- 每天结束时简单地问自己：我对什么事情心存感激？
- 如果知道自己不能失败，那你会试着做什么？
- 我怎样才能一直保持灵感？
- 如果我们培养无知而不是害怕无知，那会怎么样？
- 为了让世界变得更美好，今年你最想做什么？
- 人们为什么愿意被你领导？
- 你和谁进行过重要的谈话？
- 在你的工作关系中，你遇到的最难处理的关系是什么？

提问的误区

1. 提出过多无价值的封闭式问题

封闭式问题往往可以用"是"或"否"来回答，与之相对应的开放式问题具有以下几个特点。首先，开放式问题的答案并不是唯一的，所以回答的内容不尽相同，让提问者有更多发挥的空间。其次，开放式问题的答案往往并非三言两语就能够概括的，这就要求回答问题的人要认真思考，给出具体的想法和思路。因此，在连续的问题轰炸中，如果有一两个封闭式问题，还勉强可以接受，倘若一连串的问题都是封闭式的，那就很难问出足够的信息量，也很难有很高的质量。

在这种情况下，需要将更多的封闭式问题改为开放式问题。举例如下。

封闭式问题："有没有办法能在做这件事的同时，不影响晚上陪家人呢？"

"有其他处理方法吗？"

改为开放式问题："你如何才能在做这件事的同时，不影响晚上陪家人呢？"

"你如何用其他方法来处理这件事呢？"

将封闭式问题改为开放式问题的方法很简单，就是用"是什么"或"如何"来开头。

2. 提出诱导性提问或建议性提问

诱导性提问是把期望的回答放进问题之中，有时候，提问者自己可能也没有意识到这一点。例如："如何形容那种感觉呢，是灰心丧气吗？"

建议性提问是在提问的同时给出解决问题的建议。例如："你不能在采取行动之前先征求下属的意见吗？""你不觉得和对方确认一下，效果会更好吗？"

改造诱导性提问有两个办法，一个是提供多项选择，另一个是提出相反的可能性。

例如，"说说感受吧，是失望吗？"此时可以在后面多加几个选择，如"是失望、激动、心烦意乱，还是别的什么"，这样一来，回答者就有了选择的余地，而不再只是不假思索地采纳提问者之前的提示。

再如，"如果你创业了，是不是就会相应地减少与家人相处的时间了？"这时可以补充相反的情况："或者，这样一来，你是不是就会更加珍惜家庭时光了？"

要想避免出现建议性问题，关键是要回到好奇心的点上，启发对方思考，而不是让回答者局限于提问者给出的答案。

例如，针对刚才的例子，"你不能在采取行动之前先征求下属的意见吗？"提问者也许在猜测这家公司的沟通渠道，那么可以自然地问，"在你采取行动之前，需要听取哪些人的意见呢？"这样的提问方式就会产生多种答案，而不是局限于提问者提出来的一种答案了。

3. 追求标准答案

私董会上讨论的问题都是案主正在面临和解决的重大问题，可能是没有标准答案的。在很多情况下，不存在一个所谓的最佳解决方案能够让案主醍醐灌顶、大彻大悟。同样，在私董会上的提问也不能追求标准答案，提问者应该重视启发过程，能够在提问之前自己先思考，提出的问题也能够引发对方深入地思考。在这个过程中，可以引导提问者多问几个"然后呢""后来怎样了呢"，这样既能获得更多信息，又能把重点放在回答者身上。

要做到不追求标准答案，提问者首先不要以自己所谓的标准答案先入为主，陷入自以为是的怪圈。其次要能够设身处地站在案主的角度，围绕可能解决问题的方向进行反复追问和探寻，先放下答案本身，也不要过度专注在问题这一个点上，而是保持空杯心态，虚心求教。最后结合个人的经历和心得给出相关的决策建议，供案主决策参考。

4．过度阐释性发问

提问时不能根据对方的某句话就进行主观臆断，对其想法做出过度阐释。例如，有人说："我发现最近周一早上起床特别困难，手头的项目让我压力山大，也没得到相关的帮助，现在我每天都不由自主地盯着墙上的时钟。"如果此时有人这样问："你是从什么时候开始讨厌手头工作的呢？"很可能对方会反驳："什么？我从来没说过我讨厌手头的工作呀！"为什么会有这样的误解呢？原因就在于提问者在尚未了解对方是喜欢还是讨厌的情况下，就根据对方的话加入了自己的理解和阐释，这样很容易使提问者丧失别人的信任，也让气氛变得尴尬。

要解决这个问题，需要提问者在提问时能够尽量引用对方的原话来表述问题。例如："你感觉手头的项目压力很大有多久了？""你想得到的相关帮助指的是什么？"这样就可以避免造成误解，也能保证谈话顺利进行。

在实际提问过程中，你会发现有的成员在提问的过程中生怕别人听不懂他的问题，因此会反复阐述问题的背景，最后把问题提出来，而他阐述背景的过程往往要花很多的时间。在这种情况下，作为教练，我一般会毫不客气地打断他的阐述，直接问他："你的问题是什么？直接提问就可以了。不要担心案主听不懂问题，他听不懂你可以再问，但不必先预设对方听不懂，这样也有利于形成问答的回合感，也是保持会议节奏的一种方式。"

5．未能及时打断对方谈话或频繁打断对方谈话

有些人的回答言简意赅、切中要害；有些人就比较健谈，他们可能会对每个问题都能滔滔不绝地说上几分钟，在这种情况下，积极打断对方，将话题引入正题是十分必要的，过度分散的谈论无益于问题的深入，同时会干扰大家的注意力。

频繁打断谈话也是不礼貌、不能认真进行谈话的表现，对方没有讲完就打断对方，或者两个人同时说话，没有让对方先讲，或者替对方说出想法，都是没有准确掌握提问与回答过程中的适度原则的表现。

私董会主持技巧

要开好一场会议，需要大家共同遵守以下基本规则：平等、投入、高效、安全。

每个人都是平等的，尊重每个人发言的权利，在私董会上没有专家，即使有，他跟大家的权利也是相等的，不能享受额外的权益；一个有良好组织的会议要求大家的投入，如果一会儿有人接个电话，一会儿有人拿起手机刷微信，那么这个会议的投入程度与产出效果可想而知。因此，私董会要求大家把手机关闭或静音后上交，安排专人保管。私董会发言限时，在日常的企业或组织的会议中，人们经常会听到领导的大段发言，但私董会的主持人（教练）会在事前规定所有人的发言时间，如1分钟或2分钟。一般来讲，在提问阶段，每人单次发言不超过2分钟；在总结阶段，每人单次总结时间不超过5分钟，否则会显得会议节奏拖沓。私董会要求大家以最高的标准对会议内容保密，且一旦离开会议室，就不得谈论会议相关内容。

基于以上规则和对会议效果负责的态度，下面对会议主持技巧做进一步的拓展和阐述。

如何做好分工

高效的会议要求人们遵守规则，同时每个人也要扮演好各自的角色。

在这个过程中，其实除了教练，其他成员未必一定只能扮演一个角色。因此，可以在基本角色之外，增加其他角色，同时安排其他成员承担相应的责任。

在日常的私董会圆桌会议上，我们一般会从参与的成员中自发地选择以下几个角色来配合教练完成本次会议流程。

（1）组长。组长是会议的"民间领袖"，是一些自发规则的组织者和裁决者。例如，在会议一开始选出组长，由组长带领大家讨论一下"如果在会议进行过程中，有人手机铃声响了怎么处罚"这个问题，把现场规则的裁量权和处罚权交给组长，这比由教练亲自执行好得多。

（2）计时员。提问环节、讨论环节和休息环节都需要控制时间，可以指定现场专人负责计时，有时也可以由教练兼任。

（3）金句记录者。我们把私董会现场大家说出来的那些令人印象深刻的句子叫作金句。金句不一定跟讨论的话题有关，很多金句都是现场即兴的结果。

一个好的金句记录者会敏锐地捕捉现场成员说的话，同时以非常恰当和简洁的方式在会议结束之前与现场的成员一起重温。

（4）提神醒脑者。也可以称该角色为"现场能量官"。私董会是比较烧脑的，在讨论进入深水期、大家屡屡显出疲态之时，能量官的上场是很有必要的。能量官由现场成员自荐或推荐产生，他可以带领大家做做运动，或者组织大家互相按摩等。教练可以选择在合适的时机安排能量官上场，一次以 3～5 分钟为宜，以此来保持现场的活力。记得在一次私董会上，大家集体选举了一位"90 后"美女企业家作为现场的能量官，而这位美女企业家又是一位健身爱好者，所以在短短几分钟的能量时刻，活动量竟然大到现场的"60 后""70 后"扶着座椅大口喘气的程度，自然也给会议增加了笑料，起到了很好的效果。

（5）停车场管理员。这个角色的任务是把那些需要在其他时间讨论的话题放在"停车场"，保证会议不偏离讨论主题。设置停车场管理员这个角色有时会发挥意想不到的作用，因为教练在主持会议的时候，需要兼顾内容和流程，有时可能无法及时判断一个新的话题该如何处理，而停车场管理员这个角色能够有效弥补这一不足，起到对主持人的提醒和建议作用。

这个角色有两个主要功能：发现会议讨论主题偏题，敏锐地指出这个问题，使现场回归到初始话题上来；在会议中发现其他有讨论价值的问题，留待本次会议结束后讨论或再找时间讨论。

如何做好热场

1. 从介绍开始

在一场会议中，如果在大家都还相互陌生的情况下就直接进入话题的讨论，那么话题是完全无法深入的。没有相互的信任和基本的了解作为基础，在私董会上就无法相对深入地讨论问题。没有人能够在面对一群陌生人的时候完全敞开心扉，这是人性使然。人们在交往初期，一般都会保持必要的矜持和距离，在彼此并不熟悉的情况下，这也是保护自身的需要。因此，在正式讨论话题之前，自我介绍或相互介绍是非常必要的。可以让大家说说自己的名字、出生地、工作内容、家庭状况……

在这个基础上，可以事先加入一些规定的元素，让大家按照规定的内容进行介绍。很快，大家就会从中找到很多连接点，这些连接点会让大家增强亲近感，同时为讨论铺垫很好的基础，这些规定的内容可以是：

你小时候最喜欢的玩具是什么？

你最喜欢的一首歌是什么？
你最喜欢吃的食物是什么？
你最喜欢的颜色是什么？
你最崇拜的英雄是谁？
你最喜欢的度假胜地在哪里？
你上学时最喜欢的学科是什么？
你最喜欢的书是什么？
你最喜欢的电影明星是谁？
……

由教练来规定介绍的内容是一种方式，也可以选择在一开始先让大家贡献介绍的内容。例如，教练可以在大家互相介绍之前问大家一个问题："如果想让我们相互之间更加了解的话，你希望大家介绍什么内容呢？"

有人可能会说："让每个人说说自己的星座吧。"

有人可能会说："让每个人说说自己喜爱的一项运动吧。"

重点不在于大家相互介绍什么，而在于现场正在按照大家提出的内容向前推进。然后教练要求大家按照新的内容依次介绍自己，可以将规定的介绍内容更改为：

你的星座及血型是什么？
你最喜爱的一项运动是什么？
你毕业于哪个院校？
你的专业是什么？

如果是每个人都进行自我介绍的话，通常每个人的介绍时间在 1 分钟左右，不要超过 2 分钟。

如果是大家相互介绍的话，可以把现场的成员两两结对，分成若干小组。然后先给每个小组 3～5 分钟的时间相互熟悉，再给每个小组 1～2 分钟的时间在集体面前介绍自己。

除此之外，还可以在介绍方式上加入一些特定的要求。举例如下。

- 从"这个××，是世界上最××的人"开始。这个内容要求每个人在介绍伙伴时先用几个关键词描述对方的特质，并用比较夸张的方式表达出来，这样一方面会让大家感到很舒服，另一方面会给大家留下一个相对比较深刻的印象，便于快速打开彼此，有利于接下来讨论的深入。
- 要求极力夸赞对方。

- 说出对方的一个小秘密。能够彼此分享秘密是一个团队相互信任的象征。通过要求大家分享一个小秘密，硬性要求提升彼此的信任度。当然，在第一次见面的小组讨论中，大家分享的秘密未必是真正值得保密的内容，但实际上通过这种方式可以提醒会议成员，大家在这个会议上是可以彼此分享秘密的，从而有利于接下来的讨论和分享。

帕特里克·兰西奥尼是美国圆桌咨询公司（The Table Group）的创始人兼总裁，主要作品有《团队发展的五大障碍》《CEO 的五大诱惑》《示人以真》等，他开发了克服团队协作障碍方面的培训课程。课程中介绍了帮助大家更快地融入到一起的方法，这些方法主要是关于每个人的个人经历的，相关问题如下所示。

个人经历练习（回答以下关于你自己的问题）：

（1）你在哪里长大？

（2）你有几个兄弟姐妹？你在家中排行第几？

（3）童年你曾经历的最困难、最重要或最特别的挑战是什么？

其他练习：

（1）描述一下你感觉最害怕的时候。

（2）你的第一份工作是什么？你最糟糕的工作经历是什么？

（3）除了你的父母，谁给你的正面影响最大？这个人做了什么？你对此有什么感受？

（4）你对你自己或你的专业技能最引以为豪的是什么？

（5）如果可以重新来过，你最想避免的在职业生涯或生活方面犯过的一个错误是什么？

（6）描述一个你犯过的错误，你是如何应对和补救的？

在实际应用过程中，大家可以围成一个圆圈，中间不设置任何障碍物，讲述彼此的故事；也可以选择 1~2 个问题作为正式讨论之前的问题，在大家讲述的故事中了解彼此，增强大家相互之间的信任感。

总之，对一位教练来讲，如何营造一个让人信任的氛围是非常重要的。这既需要教练本人做到真诚、坦率地沟通，也需要教练在实际会议中熟练运用各种技巧和方式，快速打开每位成员的内心，提升彼此之间的熟悉度，建立一个相对信任和轻松的场域，从而为深入讨论和迎接挑战做好准备。

2. 头脑风暴

当人数较多时，可把大家分为多个小组，每组找一个负责记录的人，记录下小组成员的回答。

可以试着多提出一些有意思的问题，如超速的理由、迟到的理由、在外喝酒的借口、圆的东西、红色的东西等。另外，以小组为单位，看哪组回答的数量更多，可以让气氛更活跃。

实际上，这也是一系列开放式思维的训练。通过这样的训练，大家的头脑会活跃起来。会议一旦具备了竞争和比赛的氛围，激发了大家的好胜心，就会产生各种千奇百怪的答案，这些答案又会活跃现场的氛围，营造信任的场域。

3. 汉字测试

准备一些有意思的汉字测试，可以举办个人赛和团体赛。个人赛和团体赛各两分钟。在团体赛开始之前，留出一段作战时间（1分钟），让各组思考如何配合才能写出更多汉字，这样还能同时开展团队建设工作，一举两得。

测试例子如下。

- 写出含有"心"的汉字。
- 写出"口"字加两笔的汉字。
- 写出拼音是"he"的汉字。
- 给大家提供以下这幅图，和同伴讨论，如图4-9所示的这幅图里面隐藏了多少个汉字？限时3分钟，找出最多汉字者获胜。

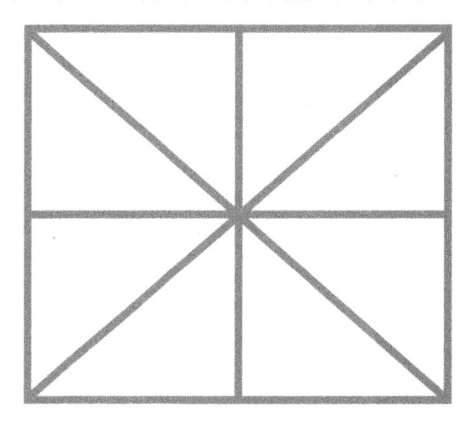

图4-9 这幅图里隐藏了多少汉字

完成测试之后，一定可以提高大家的注意力，同时也能锻炼一下大家的大脑。

寻找有趣的事。

（1）一个人先提出话题："今天（最近）发生了一件很有趣的事……"然后

点下一个人。

（2）下一个人继续说："今天（最近）发生了一件很有趣的事……"然后点下一个人。

（3）如果有人想不到有趣的事，就要用心讲一些积极的事，如"××很不错……"。

（4）如果人数少，可以每个人都讲一遍；如果人数比较多，可以举手发言或点名发言，每人发言时间 30 秒。

参与者互相交流最近发生的好事、快乐的事、感动的事，如此一来会议气氛就会发生变化，同时帮助大家积极思考，乐观面对问题。

4．传球发言

当讨论中发言较少或有人独占发言权时，一个简单的传球游戏就能让讨论活跃起来。规则很简单，只有拿着球的人才能发表意见，其他人只能静心倾听。

可以使用弹性橡胶丝球。具体流程如下。

（1）参与者围在一起，每个人都要坐在所有人都能看到的地方。

（2）从拿着球的人开始说话。

（3）参与者要看着拿球的人，集中精神听他讲话。

（4）拿球的人发言结束后，把球交给下一个人。

（5）拿到球的人必须说些什么。

使用示例如下。

- 在大家彼此都是初次见面的学习会开始时，主持人（教练）把球交给一名参与者，然后说明球的使用方法，大家开始互相扔球传递，会议便在亲切友好的氛围下开始了。
- 在发言情况不均衡的会议上，为了让所有参与者都发表自己的意见，可以加入传球发言。通过参与者互相扔球传递，会议变成了一个所有人都参与其中、充满欢声笑语的会议。

使用小窍门如下。

- 讨论不活跃时，球就会闲置，这时，主持人就要指出："球停下来了。"
- 扔球时不妨带着对对方的情绪（怒气、赞同）扔，这样肯定会让会议充满笑声。
- 如果手边没有球，可以用饮料瓶代替。

在进行小组会议时，要想在项目活动中提升团队的集体感，可以利用需要活动身体的破冰游戏，不仅会议开始时可以玩，在会议陷入僵局时也可以玩，非常有效。排队游戏就是一个容易操作的团队建设小游戏。

这个游戏适用于人数相对多一些的会议，把参与者分成几组，让他们按照主持人规定的规则排队，比哪组排得最快。

（1）所有人站起来，按组排成一列。

（2）主持人给出指示，让参与者排队，例如：

- 按名字的首字母顺序排队。
- 按出生年月日排队。
- 按当天早上起床的时间顺序排队。
- 按手掌长度顺序排队。
- 按手机号码的顺序排队。

（3）如果给这个活动加一些难度的话，可以要求大家不能用语言交流，只能通过比画、写字等方式沟通。

（4）在回顾胜利或失败的主要原因时，要让他们亲身体会到大家积极合作的重要性，以及每个成员的职责。

可想而知，当主持人下达口令时，所有的队伍一定都忙于各自的组织排队活动了。

5. 搭纸塔

（1）几个人分为一组，每组给若干张A4纸，10张、20张均可。

（2）不许使用任何工具，只用手中的A4纸搭纸塔，看哪组搭得最高。

（3）搭完纸塔之后，大家一起比较成果。在比较过程中如果有纸塔倒塌了，气氛会更活跃。

（4）游戏结束后，让大家回顾作战时间的用法、小组讨论的方式等内容，这是这个游戏的关键所在。

6. 两人一组的指路游戏

（1）两人分为一组。

（2）其中一人蒙上眼睛，另一人用声音指路，也可以禁止发出声音，两人手拉手，用手上的动作提醒对方行动（在室内进行时，需要避开椅子或桌子等障碍物）。

（3）游戏结束后，在回顾时提出问题："你觉得交流如何？""你觉得对方值得信赖吗？"

7. "猜猜他是谁"游戏

这个游戏能够充分说明好问题会让答案最终呈现。这个游戏可以按照以下步骤进行。

（1）教练让在场的每个人拿一张便笺，在上面写一个人的名字，这个人应该被现场的人所熟知，至少大家听说过这个人，如"曹操""马云""马斯克"等。

（2）教练要求每个人写的名字都不可以给别人看，但是教练可以看。

（3）教练选择一个人，让他带着便笺到前面来，面对所有成员。

（4）教练要求现场每个人向便笺拥有者提一个问题，但是便笺拥有者只能回答3个答案："是""不是""不知道"，因此每个人问问题之前要想清楚自己要问什么，怎么问。

（5）游戏的要求是：现场所有提问的小伙伴依次提问后，最后一个人能够说出便笺上的那个名字。

（6）大家开始依次提问。

（7）最后一个人成功地说出便笺上的名字。

关键：这个游戏的关键在于每个人通过提问的方式把最终答案筛选出来，每个精准的问题都会淘汰一半的候选答案，如"是男的吗""是中国的吗""是活着的吗"……

一般而言，如果现场有十几人提问，那么一旦大家熟练掌握了提问的技巧，通常就能猜出答案。

如果第一轮游戏大家没有猜出来最终的答案，可以重新选择一个便笺拥有者，开始第二轮游戏，直到经过团队的努力找到正确的答案。可以想象，那一刻就是气氛最热烈的时候。

这个小游戏也是我经常用来活跃现场氛围的方法，几乎屡试不爽。

8. 互换问题

这个小工具可以在人多的时候尝试，现场气氛会很热烈。

（1）让每个人准备两张纸条或便笺，每张纸上写下一个他认为能够引发别人思考的好问题。

（2）请大家站起来集合到某个活动区域，可以是会场中的一块空地，或者是台上的大片空间，中间不要有任何障碍物。

（3）请大家互换纸条。让大家走动起来，让纸条在大家之间充分交换，但是每个人手中始终有两张纸条。

（4）每次教练喊"停"之后，每个人立即找到另一个人，两两一组，然后把自己手中纸条上写的问题读给对方，对方回答；然后对方把他手中的纸条读给己方，己方回答。

（5）等这一轮交流得差不多了，教练可以继续要求大家互换纸条，然后开始新一轮提问，寻找新的伙伴，互相提问。

（6）如此互相提问2～3轮之后，教练请大家回到座位，问问大家刚才的感受，有没有谁的问题或谁的回答让人印象深刻。

关键：在正式开始这个游戏之前，教练要提醒大家在纸条上写下真正的好问题，而不是一个没有力度的问题；在互相提问的阶段，要留出足够的时间用于交流，可以设想每个人问对方两个问题再加上回答的时间。教练可以密切观察场上大家交流的情况，一旦大部分小组结束了提问和回答，就可以进行下一轮的纸条交换了。一般而言，为每轮交流留出3分钟时间是足够的。

9. 建立紧密关系："我是"诗

写一首诗歌——《我是……》，你会开始意识到，生活中的人、场景和事情是如何影响你的。诗中可能包含的元素有很多，如图4-10所示。

朗诵诗歌是一项表达透明和真实的练习。

每个人以"我是……"或"我来自……"开头写一首诗歌，相信大家会有不同的收获。

什么影响了你的信仰——你如何度过你的一生		
● 出生地	● 语言和词汇	● 娱乐
● 家庭	● 迷信和恐惧	● 政治
● 父母	● 宗教信仰	● 文学
● 领导	● 家庭价值观	● 职业
● 学校	● 教养	● 音乐
● 交通工具	● 文化	● 舞蹈
● 运动	● 重大事项	● 宠物
● 食物	● 教育	● 贫困/财富
● 兴趣爱好	● 旅行	

图4-10 诗歌中可能包含的元素

可以要求每个人写15～20句话，然后在集体面前朗诵出来。

10．平衡轮

平衡轮是将一个圆平均分成若干等份（一般分成 8 等份），然后根据内容按满意度进行打分，帮助自己清晰现状，觉察到平时忽略的部分，找出希望有所改变的内容，然后制订计划，采取行动，如图 4-11 所示。

平衡轮包含以下 3 个方面的含义。

（1）一个目标的实现需要相关方面的支持，就像一个轮子要想转动，需要辐条的支撑一样。

（2）平衡轮就像一部照相机，可以拍摄当下这个时刻关于目标的真实情况。

（3）让目标的实现者清晰地了解：要想让轮子转动，这些辐条要长短一致，强度一致；同样的道理，要想实现目标，需要每个方面均衡发展。

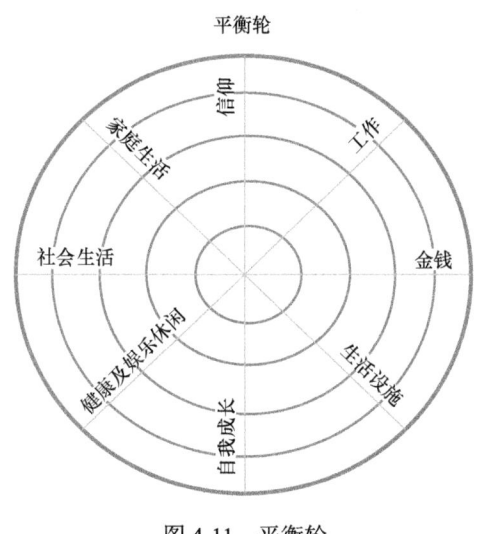

图 4-11　平衡轮

这 8 等份分别如下。
- 工作——职业生涯。
- 金钱——包括收入、投资及退休后的财务状况。
- 生活设施——物质方面的生活条件，如住房状况、办公环境及是否有私家车等。
- 自我成长——自我学习或提升的情况。
- 健康及娱乐休闲——照顾自己的情况。

- 社会生活——包括朋友关系、社区活动及社交生活。
- 家庭生活——婚姻生活或单身生活、孩子的状况。
- 信仰——侧重精神世界。

请根据自己对这几个方面的满意度按照10分制进行打分，圆心为1分，圆周为10分，然后连线。

请分别谈谈得分最高的两项和得分最低的两项，你打分的依据是什么？

这几项中，你最想改进的是哪个方面？

这几项中，哪一项只需花很小的力气就能获得大的进展？

要把该项的满意度由6分提升到8分，需要做哪些工作？如果要提升到10分呢？

根据大家的分数及最后的图形，可以通过下面的问题来进一步了解详细情况，帮助成员制订解决方案。

工作

- 具体来说，你对工作满意/不满意的原因是什么？
- 现实中的工作内容和你预想的有什么差别？
- 你需要改进的方面有哪些？

金钱

- 为什么在"金钱"这方面打这个分数？
- 你的金钱观是怎样的？
- 你希望这一年在财务状况上达到什么样的水平？

生活设施

- 你现在拥有的这些东西是如何提高你的生活品质的？负面影响是什么？
- 说一些你想买的，觉得能给自己带来满足感的东西，其中有哪些是真正值得花钱购买的？
- 如果改变现在的生活环境，你会改变什么？

自我成长

- 目前你在这方面的优势有哪些？
- 要实现你的理想，还需掌握哪些技能？
- 今年你想在哪项技能、品质和专业领域有所发展和提升？

健康及娱乐休闲

- 你的健康状况有被什么问题长期困扰吗？
- 你对自己的娱乐频率和休闲方式满意吗？
- 你需要更重视精神、情绪或身体方面的哪些问题？

社会生活

- 你最想从朋友那里获得什么？这样的朋友在你的生活中扮演怎样的角色？
- 你希望在社交生活中扮演怎样的角色？你的贡献是什么？
- 除了施舍，你会在什么情境下无偿奉献？

家庭生活

- 你最喜欢家庭生活/婚姻生活中的哪一点？最希望看到什么改变？
- 成功的家庭生活/婚姻生活是什么样子的？你能画出来吗？
- 在家庭生活/婚姻生活中，你在哪方面是全心全意投入的？

信仰

- 你希望通过信仰解决人生中的什么问题？你理想中的一个有信仰的人应该是什么样子的？
- 在信仰这方面，你的现实表现与理想有什么差距？是什么原因造成了这种差距？

在一个相对信任的环境中，如果每个人都能够画出自己的平衡轮，并且围绕个人的平衡轮展开讨论，接受他人的反馈，那么他一定会从不断的讨论和反馈中更全面地认清自己所处的状况，从而进行更深入的思考。

11. 双轮矩阵

双轮矩阵为何而生

在这个物欲横飞的社会，人们总是因各种人、事、物而被消耗了诸多时间和精力。人们生活在这个丰富多彩、快速变化的世界，很快就会陷入快速旋转的生活潮流之中，艰难地维持家庭、孩子、父母、工作、朋友等社交关系。在这样一个无序的世界，人们最渴求的就是能保持一种平衡状态，然而平衡并不是一种可以完全达到或实现的状态，因为它总是处于不断变化之中。平衡是动态的，它只存在于动态之中。其实，平衡是一种可以掌握的技能，就如同溜冰、滑雪、骑单车等，都需要掌握平衡的技能。生活也是如此，只要掌握了生活平衡技能，那么你在这个无序的世界至少会过得更加轻松。双轮矩阵就是一个非常好的平衡工具，如图4-12所示。

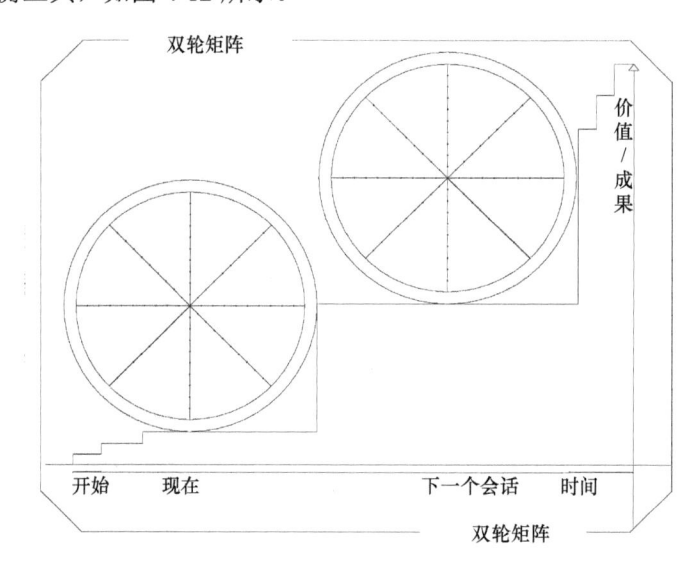

图4-12　双轮矩阵

双轮矩阵的优势

双轮矩阵之所以这么好用，是因为它解决了人们左脑和右脑如何结合使用的问题。有时候人们不知道对方是习惯用左脑思考还是习惯用右脑思考，而双轮矩阵能够让人们的左、右脑都用起来。

左脑：擅长理性分析、觉察、文字、逻辑数字和意识。

右脑：偏向感性，如礼物、图案、颜色、想象、听到的音乐、创造力、潜意识中感受到的东西。

双轮矩阵可以帮助人们盘点当前的状况，更细致地了解方案和未来行动计划产生的原因，明确未来想做哪些改善，以及这些改善落实到时间轴的哪个部分，精确到一连串的改进方案。

双轮矩阵的流程

（1）先问被教练者：你目前最想实现的目标是什么？最想达成的成果是什么？它为什么对你这么重要？

这个问题可以帮助被教练者厘清真正的目标。如果当前的目标不是真正的目标，就让他重新选一个目标，或者让他再说清楚一点。

用大号字把目标写在白纸上，如"做一个人见人爱的讲师"。

（2）画第一个轮子，如回顾春节后到现在，你的精力、时间都花在哪些事情上，列出其中 8 件事。

如果想出来的事情不到 8 件的话，要问：还有呢？你觉得这些就够了吗？要鼓励对方，给对方留白，不轻易帮他分析，而是让他对这些事情做确认。写满 8 件事就进入下个阶段。

（3）如果要实现这个目标，用质量/效果维度对这 8 件事进行满意度打分（0～10 分），分别是多少分？如果 10 分是你心目中的目标值，那么现在的情况你打几分？

（4）用彩笔在轮子上打分。问对方：你有什么觉察或发现？教练要多问：还有呢？是吗？你觉得怎么样？还有什么可以做的？这样可以帮助对方在这个轮子上深度挖掘背后的动机和正向的意图。例如："你找到了目标和现状的差距，你觉得要付出什么样的努力才能缩短或消除这个差距呢？"对方可能打分太低，这个时候要给他赋能，激发他，让他有信心，让他抒发情绪，还要让他学会区分，他看到很多事情只是一种感受，而不是事实。

（5）画第二个轮子：落实到行动计划中。在接下来的两个月，为了实现你的目标成果，你想聚焦在哪 8 个行动上？让对方写下 8 个行动方案。记住要问："还有呢？"想办法把一些"漏网之鱼"挖掘出来。

（6）问：针对每个行动方案，你期望达到的满意度是多少分？对于某个行动方案，你要达到多少分才会满意？

（7）用彩笔在轮子上打分。问对方：接下来你要聚焦哪 3 个方面？引导对方看到差距，如果差距很大的话，要给他赋能，让差距变小，从而使其更有能力实现目标。

（8）对话结束后问：这次对话对你来说有什么感受？你从交谈中学到了什么？最大的感触是什么？（好的和不好的各说 3 个。）

总结

（1）确认目标。要进行两次确认，说出对方目前最想要的价值和目标。

（2）做第一个轮子的现况评估时，需要注意的是，要针对事情进行评估，用"还有呢"一个一个地问出来，用不同颜色的笔标出来。刺激对方右脑的视觉，使其更有整体思维。

（3）带着第一轮的觉察，再去规划第二轮，聚焦行动计划，用颜色激发对方的行动计划。

（4）要是第二轮想不出行动计划的话，再回来找第一轮中有价值的事件加以提炼，回顾有没有"落网之鱼"。

（5）让对方对比一下第二轮与第一轮的期待和差距，看看两个轮子中有没有"漏网之鱼"。整体看两个轮子，看看有没有要补充的。多问"还有呢"。

（6）多鼓励、赋能对方。

在使用双轮矩阵的过程中可以参考以下几个问题。

- 在双轮矩阵练习中，你觉察到了什么？
- 你对生活有多满意？
- 你要改变什么？
- 它们的优先顺序是怎样的？
- 有哪些部分是需要立即关注的？
- 采取什么行动会改变这些部分？
- 如果你改变了，你的生活会有什么不同？
- 哪些部分太少？改变这些部分会如何改变你的工作？
- 在几个你不太满意的部分中，哪个可以用作杠杆，让你付出很少的努力就可能会有很大的不同？
- 可以实施哪些行动？

12. 世界咖啡

世界咖啡是一种集体交流的方式，营造一个轻松、开放的环境，让参与者针对特定的问题展开对话。

世界咖啡是学习型组织最重要的交流工具之一，这样一种有效的集体对话方式已被应用于全世界的各种文化、各种场合，它将人们在一种真诚互利和共同学习的精神下齐聚一堂，通过营造好友聚在一起喝咖啡聊天的情境和氛围，背景各异、观念不一，甚至素不相识的人能够围坐在一起，心无挂碍地轻松交流和畅谈，让深藏的思想碰撞出火花，形成集体的智慧。

当数十人乃至数百人聚集在一起就某一主题广泛交流意见，却不想仅停留在表面交流时，这个工具会非常有效。

当人数不到10个人时，也可以使用这个工具，帮助大家敞开心扉，深入探讨主题。

方法/步骤

（1）准备几张桌子，每张桌子能围坐4~5人，桌子上放几支彩色马克笔和

1～2张平铺的白纸。

（2）让所有参与者随便坐到一张桌子前。

（3）告知所有人需要在5～10分钟内结束讨论，然后宣布讨论的主题和关键问题，各桌同时开始对话。

（4）用彩色马克笔将对话中的关键内容写在平铺在各桌上的白纸上。

（5）本轮结束后，各桌选出一名主持人，主持人以外的人随便坐到自己喜欢的其他桌子旁。

（6）所有人就位后，由各桌的主持人用2～3分钟分享第一轮的讨论内容，然后开始第2轮讨论会。用5～10分钟的时间与新成员进行广泛和深入的交流。

（7）本轮结束后再选出一名新主持人，继续换桌。以此类推，重复上述步骤。

世界咖啡这种方式特别适合在参与人数比较多的场合使用。我有一次主持首都文化产业协会主办的高级研修班的讨论。在这次讨论过程中，我借鉴了一些世界咖啡的方式，并把它嫁接到私董会问题处理流程的讨论中。当时现场有80人左右，我按照5～6人一组的方式把现场分成了十几个小组。实际上，可以将每个小组看作小范围私董会上的每个"人"，每次小组的意见都在内部讨论后统一发声。在"分享建议"环节，我首先给每个小组10分钟时间讨论建议方案，同时要求大家把小组的意见写在一张白板纸上。接下来，每个小组留下一个组长，其他人都到另外的桌子旁，再给全体人员10分钟讨论时间，进行第二轮讨论。经过两轮热烈的讨论，最终由每个小组的组长陈述建议。这些都是一些有益的尝试，在当场也取得了很好的效果。

13．范畴重构分析法

在讨论过程中，总会有一些时刻让讨论难以深入，这时可以根据现场讨论的情况，使用范畴重构分析法来推进讨论的深入。

例如，如果案主的问题是如何扩大企业的市场销售规模，则可以按以下步骤进行讨论。

（1）选择要讨论的产品和服务。

（2）团队所有人在白板右侧一起写下案主公司做得相对较差的地方（15分钟）。

（3）在白板左侧写下案主公司的优点（15分钟）。

（4）针对如何才能将产品卖得更好进行头脑风暴。

优点缺点是一对范畴,同样,推动力和抵抗力也是一对范畴。

(1) 在白纸上写下一个巨大的"T"字,在"T"的左上角和右上角分别写上"推动力"与"抵抗力"。

(2) 针对这些"力"展开头脑风暴,实话实说。

(3) 为了更直观地理解力的大小,可以用箭头的大小来体现不同的力。

(4) 针对如何减小"抵抗力"进行头脑风暴。

(5) 针对如何提高"推动力"进行头脑风暴。

(6) 针对是否能增加新的"推动力"进行头脑风暴。

类似的其他成对的可供参考的讨论范畴如表 4-2 所示。人们平时很难意识到自己是以什么模式来看待事物的,而主持人要做的,就是让这些看不到的模式和范畴可视化,帮助大家进行思维重构。

表 4-2 可供参考的讨论范畴

可 控	不 可 控
要增加的	要减少的
现状	理想状态
希望	承诺
还未做到的事	已经做到的事
赞成	反对
……	……

其他会议小技巧

1. 案主背对成员

如果案主不希望回答所有问题,那么采用这个方法,让案主把椅子转过去,背向组员,更多地听其他组员的观点。

这个技巧一般用在提问环节的中间阶段,也就是说大家的提问已经进行了一段时间,提问和回答的信息已经相对比较丰富了。这个时候应用这个技巧,可以起到承上启下的作用。

这个小技巧的有趣之处在于,当案主转过身去的时候,现场的场域就发生变化了,因为大家发言的时候不会看到案主的眼睛。同时,原本是大家围绕案主提问的脑回路会因为案主的突然转向而失去目标。教练要及时引导此时变化的氛围,让大家重新凝神思考,把目前已经获得的信息进行一番综合整理,也可以问问大家观察到了什么，同时帮助案主更好地认清自己的状态，起到一个缓冲的作用，为下一阶段的提问及其他环节做好铺垫。

在应用这个技巧时，要求案主拿着纸和笔，在背对大家的时候做好记录。同时教练可以走到其他成员中间，让大家讨论时不必看着案主，而是看着自己或其他成员，这就是一个背靠背的讨论，往往会有一些真实、扎心的内容呈现出来，让背对着大家的案主感受到挑战。

2. 分成两组

这个技巧可以应用在提问环节，也可以应用在分享建议之前。把现场成员分为两个不同的小组，这样大家可以在讨论之后形成一些更加深入的意见。具体在执行中，可以让一个小组站在商业的视角，让另一个小组站在个人的视角；也可以根据现场的情况形成更多的小组分别讨论，确保在每个细分方向都能够继续深入，这样有利于避免千篇一律的观点和答案；还可以把小组成员分成不同的商业功能区，有的站在运营视角，有的站在财务视角，有的站在技术视角，有的站在战略视角等，不一而足。

3. 金鱼缸

金鱼缸作为一种透明的器皿，人们无论从哪个角度去看，都可以一目了然地观察到缸内金鱼的活动情况。在不同环节的适当阶段，选择2~3个人到台上发言而不是倾听，这样让成员从现场的气氛中稍微脱离出来，有助于会议的下一步推进。教练此时要尽可能确保"金鱼缸内的对话"有质量，且对问题进行直接反馈，可以在提问环节和会议进行过程中，随时对现场成员进行判断和分析，以便把认知水平较高的成员挑选出来，引领会议话题按照正确的方向前进。

4. 角色扮演

可以根据会议选择合适的角色进行现场演绎。角色由成员现场扮演，角色扮演的目的是让成员更直观地感受当事人的情境。角色扮演要"入戏"。

例如，在我主持的一次会议中，案主作为企业负责人，谈到了在检查工作中跟高管之间进行争论和批评引发后续矛盾的问题。于是我选择了两位成员扮演案主的高管，并且适当还原了现场的情境。由案主和现场挑选出来的两位"高管"角色演绎了一下当时的情况。在他们的对话中，我进一步发现了案主在工作中存在原则性不强、过于照顾高管的面子的情况。这样就有助于整个话题的深入推进，更有利于发现案主本身的问题，也更容易在最后给出有针对性的建议。

还有一次，我们讨论线下实体书店的经营问题，我让现场一位成员扮演书店市场拓展经理，让另一位成员扮演地产开发商，让两位就书店的合作开店问题展开讨论。扮演地产开发商的成员本身就是一位地产开发商，问题犀利直接。"市场拓展经理"也毫不示弱，两人针锋相对，精彩纷呈，给现场所有成员带来了一场相对很真实的商业谈判，让每个人都对案主面临的问题有了更加深入和直接的认识，也有利于下一步问题的深入讨论。

一对一谈话

在私董会小组的发展过程中，我们把教练对会员的单独辅导称为"一对一谈话"。

小组成员可能会把他们 80% 的时间用在会议上，教练则会把他 80% 的时间用在一对一谈话上。

对话是教练技术的核心

"一对一"的双向对话是教练的主要工作方式之一。作为小组成员的伙伴，教练通过提问、倾听、观察并激发成员，赋予其行为改变的意义与强烈的动机，支持其自主解决问题。教练是让人们自觉采取实际行动的辅助和责任系统。融洽的关系对于确保对话取得进展非常重要。双方之间的化学反应必须迅速，从而促进信任和信誉的建立。小组成员必须相信教练不是在浪费他的时间。教练良好的倾听技巧和表达真诚反馈的能力十分关键，可以让对话建立在真实的基础上。

事实上，教练的一对一谈话给了成员一个宝贵的机会回到过去并反思个人的发展问题。成员从珍贵的工作时间中专门分出时间来与教练约谈，可以短暂地延缓工作上的压力。教练要鼓励成员不只思考自己。从这个角度来说，教练的介入能够打破固有的简单逻辑，帮助成员冷静地、前瞻性地用更广阔的视野把注意力放在更抽象的问题上。工作在生活之中，工作是生活的一部分。为了在工作中学习和发展，企业家必须首先理解他们在自己职业生涯和生活中的位置。通常，这样的思考可能会鼓励一个人向一些新的目标前进或继续前进。这样的一对一谈话能让人们更敏感地反思，并以更有计划性的方式来采取行动。

如果按照时间段来给一对一谈话进行分类的话，大致可以分成以下两个不同的阶段。

- 初次正式约谈。这一般发生在双方正式确立服务之前，处于一个相互深入了解的阶段。在这个阶段，教练和成员双方之间需要进行深度了解，以确定双方是否可能保持长期合作关系。因此，在正式约谈的过程中，事前的准备及谈话过程中的专业性是非常重要的。同时，教练也可以主动打开话题，便于成员对教练有一个相对深入的了解。

  在初次正式约谈中，有一个特殊的情况是成员筛选面试。在这个环节，需要教练更多地展示专业能力，同时阐述清楚私董会带给成员的价值，从而更好地管理双方的预期。

- 每月一对一谈话。这发生在成员进入小组之后，为了更好地了解小组成员的企业真实情况，并在私下得到真实的反馈，教练通常定期跟小组成员进行一次一对一谈话。谈话可以通过线上或线下方式进行。每次的谈话时间可以根据谈话量提前筹划，半小时或1小时都可以。谈话的主要内容是随时关注小组成员真实的企业进展、需要做出的决策，以及听取成员对小组会议的一系列反馈。

初次正式约谈

合作过程开始于初次约谈。在这个过程中，双方要亲切和谐、互相信任地开始教练关系。

在初次约谈中，双方要设立愿景，处理教练如何工作的细节，发掘成员的现状，规划未来如何共同工作。

初次约谈包括以下9个步骤。

1. 建立亲和感和信任关系

亲和感是彼此尊重和影响的关系，来源于从对方角度了解对方的一份诚实的好奇心，从对方的角度观察这个世界，从对方的角度来倾听声音，从对方的感觉去想象鞋是否合脚。这是一种心态开放的意愿。

要尊重成员的信念和价值观，这并不是说你要赞同他们，但你必须愿意从他们的愿景中看待事情，带着好奇心进入教练关系；还要有一种完全改变以自己的方式看待事情的意愿。有时候，你可能不喜欢他们的所作所为，但你可以接受和尊重他们，给他们提供环境。

在初次约谈中，教练需要表现出以下几种基本素质。

- 倾听。不带任何判断。

- 真实。不要假装别人，或者试图感觉你并没有感觉的事情。你并不完美，你是人，跟其他每个人一样。
- 充满感情。设身处地地站在对方的角度开始谈话，试图理解对方的立场和角度。
- 诚恳。保持你的承诺，说到做到。如果没有兑现承诺，就应该给出一个充分的理由。
- 称职。有能力兑现你的承诺。
- 诚实。说出真相，不要浪费成员和你自己的时间。不过，要以尊重的方式告知对方真相。当你不明白或不知道答案时，请大方地承认。直面危机会让你更受信赖。
- 言行一致。当你言行一致时，就不会给对方提供混乱的信息。你自己越矛盾，就会越疏远他人。有时一些人的问题会让你不舒服，你需要告诉他们你不想谈论这些问题。
- 专注。身心要在当下，全神贯注于你的谈话对象。

2. 掌握成员的期望

一些成员希望深入挖掘他们的过去，另一些人希望有人告诉他们接下来该怎样行动。你可以解释你将尽力而为，和他们一起工作，一起学习成长，但是只有他们自己才拥有这个过程和结果。

你还应该告诉对方在谈话过程中你有可能随时打断他们，因为有时候谈话的内容并不符合他们的最大利益。如果这样冒犯了他们，就让他们提出来。

除非得到成员允许，告诉成员你不会和任何第三人谈论他讲述的内容。

3. 评估成员并收集信息

掌握基本的联系信息。在建立关系后的恰当时机，你可以探索以下这些问题。

事业

- 成员具体做什么工作？
- 你如何看待你的工作？
- 你在工作中追求什么利益？
- 为了保护你的事业，你做过什么？
- 为了发展你的事业，你正在做什么？
- 你觉得自己的事业停滞不前了吗？

- 你后悔吗？
- 你的事业给你提供了所需的收入吗？
- 你们公司从长期来讲面临的最大的机会是什么？
- 在你的公司中，哪些方面运转良好，让你感到满意？哪些方面让你不满意？
- 你即将做的最重要的决策是什么？什么因素影响了你采取行动？

关系

（人际关系的品质可以反映一个人生活的质量。）

- 成员拥有什么样的关系？
- 你有家庭吗？
- 你有很多好朋友吗？
- 你最亲近的人是谁？
- 这样的关系让你感到幸福吗？

健康和精力

（身体的状态和精力的总体水平是非常重要的。）

- 你的健康状况如何？
- 为了保持健康，你做了什么？
- 你为健康担忧吗？
- 你感觉良好吗？
- 你的精力如何？

财务状况

- 你怎样看待金钱？
- 你对挣到的金钱感到快乐吗？
- 你是否有足够的积蓄度过难以预想的危机？
- 你如何保证自己的财务安全？

目标和价值观

- 你在生活中想要什么？
- 对你重要的是什么？
- 为了实现目标，你做了什么？
- 你为什么做现在所做的事情？

对自我发展、生活平衡和精神发展的承诺

- 你有什么样的精神生活？
- 你在自我发展方面投入了什么？
- 你为更大范围内的社会贡献过什么？

休闲活动和兴趣

- 你有什么爱好？
- 你放松时做什么？
- 你阅读什么书？
- 你的爱好狭窄还是广泛？

即时关注

- 你为什么来寻求教练？
- 你希望从教练中得到什么？
- 你认为教练能给你带来什么？

4. 发现成员关心的事

成员关心的事情在双方会见之初就会显露出来。有些人感到他们没有取得能力之内的成就。他们希望更上一层楼，但是不知道怎么做。他们很希望借助私董会的"同道神力"达到这一目标。

有些人关心的是学习新的技能，拓宽视野，交到更多真正的朋友。教练可以辨明目标，发现成员背后的价值观，探索妨碍他们的任何信念，然后有针对性地设计行动计划以建立或提高他们的能力。

同时，教练还需要和成员探讨以下问题。

- 如何确认私董会过程取得了成效？如何确认私董会取得了成功？
- 成员需要做些什么？
- 成员需要停止做哪些事？他们的哪些习惯是障碍？现实生活中又有什么阻碍了他们？
- 成员应该更多地做些什么？
- 成员应该做些什么不同的事情？

5. 设计教练同盟

首次约谈时可以给成员一张纸，纸上有两句话。

当私董会做这些事情时，我认为工作有效。

当私董会做这些事情时，我认为工作无效。

让每个人对结果承担责任。他们拥有这个结果，应该为自己负责。假如你告诉成员该做些什么，他们就不会拥有自己的结果。但是这并不意味着教练不能给出建议，有时候教练通过提问、建议和分配任务，帮助成员拿到自己的结果。这一点非常重要，如果成员没有意识到他们拥有结果并且为过程承担责任，他们会期望私董会改变他们。假如他们进步缓慢，就会责备私董会的作用。事实上教练是一个同盟，私董会是一个同盟小组，而成员是真正的主角。这一点在体育教练中表现得特别明显：体育教练和运动员合作，但最终是运动员站在领奖台上，而不是教练，是运动员得到了荣誉和奖牌。

6. 处理实际的安排问题

讨论费用、时间和约见的时间表。

7. 承诺教练流程

为了做出和谐一致的承诺，你需要找出在这个过程中可能存在的障碍和阻力。当大家知道有什么会阻碍教练进程时，就可以更好地对此负责。回答以下问题。

- 对客户而言，什么会干扰私董会流程？
- 私董会的过程如何适应你已经做过的一切？
- 假如加入私董会时间过长，你感觉厌倦，你会怎样？

宣布你对教练过程的承诺。询问成员的承诺。

8. 对即时问题开始教练

向成员表示："现在你们做出了承诺，那么让我们期待小组会并约定下次见面的时间吧。"

9. 结束语

以下是一段可供参考的一对一结束语。

非常感谢你勇敢地面对你的事业和挑战，你做得很棒！

通过今天的谈话，你有什么收获吗？

在我们下次见面之前，我希望你能重点考虑以下3个问题。

- 为了推进事情的解决，你要做什么？
- 如果我们成功地战胜了挑战，情况可能是什么样的？

- 你想从小组那里获得什么帮助？大家怎样才能帮到你？

期待下次见面时，你能给我答案。

每月一对一谈话

作为教练，每个月或定期跟小组成员进行一对一谈话是非常必要的，尤其是在私董会小组的运行过程中。这其实是教练和小组成员的私人时间，也是双方成长的机会。因为有时候，小组成员不一定认为在公开场合讨论某些话题是合适的，可能没到时机，也有可能是出于保密的需要。这些话题可以通过私下的一对一谈话来打开信息盲区。

另外，教练通过对小组成员的单独辅导，可以了解他们的真实需求及他们对小组的真实反馈，这也是必要的。这样的私下一对一场合对教练双方之间的紧密沟通有很好的促进作用。

每次教练与小组成员进行一对一谈话，都可以通过这样的方式来实现几个主要目标：帮助小组成员确认和解决企业与个人的关键问题，为小组每次例会的议题准备好最重要的问题，监督小组成员执行个人行动计划，对小组成员关键问题的解决提供支持和辅导，以及成为一名值得信赖的教练，帮助小组成员提高效率以实现他们的目标。

一对一谈话可以用来挖掘潜在的话题，或者帮助小组成员重新考虑一些工作或计划行动过程。小组成员的态度或观点要么被加固，要么受到挑战。也就是说，他当前的道路要么被确认，要么被深度探查。这要求教练不能完全站在小组成员的立场去进行铺垫；相反，他要站在一位教练的立场，对小组成员的态度和观点进行适当的质疑和挑战，这些质疑和挑战恰恰是小组成员在自己的企业内部或其他场合难以接受的。退一步讲，即便对话只确认了小组成员当前行动计划的有效性，它也是有价值的——可以增加小组成员的信心，同时将商业风险保持在可控范围内。

一场教练式面谈的终点，一定包含小组成员计划尝试某种新的行为。最重要的是，只有当一种新的行为真正在现实世界中实施时，教练活动的完整价值才会显现出来。教练在面谈结束以后，要鼓励小组成员跟随并执行这个计划。因此，最好将教练技术看成一个持续的过程或一个持久的系统，而不只是一次面谈或一次会议流程本身。

从这个角度来讲，私董会也不应只被看成一次高效的问题处理流程，所谓的会议流程只是私董会整体价值的一部分，甚至一小部分。在能够发挥私董会最大价值的小组活动中，连续不断的定期会晤机制将帮助大量中小企业主重新定义企业的决策模式和决策方式，而这些新的决策模式和决策方式的价值并不一定在一开始就能够被大家认识到。

在加入私董会小组之前，企业领导者的决策模式是什么呢？他们大都遵循企业内部决策的流程，在企业内部的高管提出各自的意见之后，企业领导者根据自己的想法拍个板。甚至在很多企业，所谓的决策会议其实只是大家聚在一起，通过会议流程来证明企业领导者的想法是正确的。即使有些企业内部形成了一个很好的会议决策模式，也非常容易陷入内部视角，看不到外面的世界，只会按照自己习惯的方式和流程来看待目前面临的一个个新挑战。

当你加入了一个私董会小组，一切会慢慢变得不同。不管决定做什么，你都可以在正式决策之前，和一群跟你没有利益关系、来自不同行业、同样优秀的企业领导者在一起讨论。在一个科学而有效的机制下，这种讨论的效率大大提高了，决策的正确率也大大提高了。教练需要通过私董会圆桌会议、教练一对一和不断迭代反馈、监督执行的落地机制来帮助每位小组成员建立一套新的企业决策机制。

因此，对教练来说，与小组成员谈话面临的最大挑战就是弄清楚"地面实况"。

为了确保私董会的价值，通常情况下，教练可以创造一个特殊的环境来完成一对一谈话。

教练可以营造一个更好的充满信任、透明、开放、保密和倾听的氛围来保证双方的沟通质量。

这样谨慎的处理会让教练与小组成员之间的一对一谈话更加具有价值。

- 反省和成长的环境：一名具有关怀品德的教练，会提供一个安全可靠的地方让小组成员思考、反省和表达自己的意见与看法。
- 取得成果的动机：一名关怀的教练会负责让小组成员落实行动计划、日期并跟进。
- 为问题做好准备：教练引导小组成员明确真正的问题，并判断其希望从公正的、充满关怀的其他小组成员身上获得什么。

为了更好地引导每位小组成员养成思考的习惯，并为一对一谈话做好准备，教练在一对一谈话开始前需要做好充分准备，包括如何更好地丰富一对一谈话的价值，如何更好地明确对小组成员成长和发展更有意义的问题，如何更好地提升小组成员在执行过程中的效率，等等。总之，每次一对一谈话都要明确实际价值。

明确实际价值的前提是设定和明确讨论目标。

- 小组成员公司在新的一年战略目标是什么？
- 小组成员公司在过去一年取得的重要成就是什么？
- 为了通往卓越的道路，小组成员本人在新的一年学习目标是什么？
- 小组成员在新的一年个人目标都有哪些？如财务目标、健康目标等。
- 小组成员本人的人生目标是什么？引领小组成员继续努力前进的价值观都有哪些？

以上这些问题构成了一对一谈话的价值导向和核心关注点。

一对一问题参考范本（一）

第一步：确定问题/机遇

我们今天要讨论的最重要的问题是什么？

第二步：明确问题/机遇

进展如何？这种状态已经持续多久了？我理解得对吗？

问题/机遇是……

第三步：决策目前的影响

这个问题/机遇目前对你有什么影响？对其他人呢？对公司呢？

这个问题/机遇还产生了其他什么结果吗？（还有呢？）

当你想到这些结果时，你感觉如何？

第四步：决策未来的影响

如果什么都没有改变，可能会发生什么？如果什么都没有改变，对你、对他人、对公司有什么利害关系？（还有呢？还有呢？还有呢？）

当你考虑这些可能的结果时，你感觉如何？

第五步：检查小组成员对问题/机遇的个人贡献

你对这个问题/机遇有什么贡献？这个问题/机遇的哪些方面和你有关？

第六步：描述理想的结果

当这个问题解决（机遇被最大化）之后，会发生多大的不同？你会享有什么结果？其他人呢？公司呢？当你思考这些结果时，你的感受是什么？

最理想的结果是什么？这一问题得以解决之后，一切会有怎样的不同？

第七步：承诺行动，把问题带到小组中

你最可能采取什么步骤来达成结果？你什么时候会做？

什么在阻碍你？你会如何克服它？我何时可以跟进你？

为了促使问题得以解决，我能采取的最有力的措施是什么？

把问题带到小组中，让小组成员帮助你探寻解决方法也是很重要的，你准备好把这个问题带到我们下次的小组会上了吗？

<h2 style="text-align:center;">一对一问题参考范本（二）</h2>

背景问题

你是如何成为公司领导人的？你的所有权占比是多少？

与竞争对手相比，客户觉得你的公司独一无二的特点是什么？

你拥有多少员工？哪些职位直接向你报告？

公司的年收入和净利润情况如何？包括去年、今年、明年。

愿景和目标

公司未来3~5年的目标是什么？

个人未来3~5年的目标是什么？

假如公司的愿景已经实现，你也实现了财务自由，请描述一下你会做什么。是什么驱使你成功的？

痛点问题

过去的决策：最近做的哪个决策可能是一个比较好的决策？

重要的决策：在未来6~12个月内，你需要做的两个重要的决策是什么？

公司的弱点：你的公司存在哪两个弱点会阻止你获得更好的结果？

领导力技术：列举两个别人认为你有待提高的个人领导力领域或行为？

冲击&未来影响力

哪方面问题如果不解决好，会影响公司获取最大利润？

如果不处理这个问题，公司还会受到什么样的冲击（金钱、时间和个人成本等）？

如果做出了错误的决策，在未来1~2年中，这项决策会对你的公司造成什么影响？

如果不处理这个问题，公司会受到什么样的冲击？

如果你把这个问题告诉小组成员，根据他们多年的经验，你期望得到什么有价值的想法和反馈？

结尾

感谢今天的参与，互相了解是非常重要的。

如果可以的话，在接下来的小组会上，你希望哪个最重要的商业机会或问题需要我们最先讨论？

一对一谈话原则

在一对一谈话过程中，需要教练对小组成员及其所处的现实状况真诚地感到好奇，并且在谈话中站在对方的立场来理解他们对公司或人际关系的看法。在这个过程中，要让对方阐述事实，表达感受，并且最终形成明确的解决方案。在谈话过程中，大多数时间应该是对方在讲话，教练具备良好的倾听和反馈能力。每次谈话结束后，教练都要反思自己哪些方面可以做得更好。

1. 先把自己倒空

教练不是解决一切问题的专家。在一对一谈话中放下自己，教练要先把自己"倒空"。尽管这很难做到，但确实是必需的。如果教练在谈话中总是以一副专家的口吻目空一切、颐指气使，不用说，距组员离开的时间也不远了。和小组成员的谈话需要勇敢且富有冒险精神，这就需要教练在谈话中大胆展示最真实的自我，说出内心最想表达的想法，带着探寻的口吻平等地和小组成员探究问题。

所以，把那些"专家""搞定先生"等头衔统统抛诸脑后吧，以两手空空的姿态加入谈话中来，除了你自身，别无所需。

2. 真正地倾听

超越人与人之间的客套关系，最有效的方法其实就是真正地提问，真正地倾听，真正地与他人在一起，哪怕只有一会儿，也要做到专心致志。私董会小组成员来自不同的行业。可以说，教练不可能在所有这些行业都有充分的经验并能够快速指点迷津。但是，如果教练对小组成员保持一种强烈的感情，对所讨论的话题抱有真诚的好奇心，并且能够永不厌倦地学习，专心致志地对待每个人，就能获得大家的拥护和尊敬。

同时，在谈话中，如果其中一方能够真正地提出问题，真正地倾听，而不是用自己预设的日程不断地打断对方，不从负面的角度来解读对方的每句话，那么就可能会有奇迹发生，因为很少有人能够拒绝一颗真心。

3. 让每次谈话都有意义

小组成员都是忙人，忙人挤出时间来与教练谈话，教练不能等闲视之。小组成员既然花了时间与人沟通，就要产生相应的效果。因此，教练要让每次谈话都有意义。谈话本身就是一种关系，教练要通过一次次的谈话达到这个目的。

4. 只提出问题

很多人都急于向别人展示自己知道的东西，急于向同事、客户和家人展示自己的价值。一听到别人说"我的问题是……"，他们就迫不及待地提出自己的建议，和别人分享他们亲身体验的故事，把最新看到的、听到的分享给别人，却丝毫没有注意到对方那呆滞的眼神。教练要能够控制自己表达的欲望，把话题的"探照灯"更多地打到对方身上，更多地提出有价值的问题，而不是更多地展示和宣扬自己的观点。

5. 小心翼翼的谈话是失败的谈话

一次小心翼翼的谈话就是一次失败的谈话。如果在谈话之前，教练给自己设定的目标是保持从容、聪明、智慧和无所不知，那么教练和小组成员都会受到压制，所有亲密的对话也就不会发生了。

一对一谈话中常犯的错误

- 大部分时间都是教练在说话。不要这样做。避免这种情况的方法非常简单，就是真正地提问，真正地倾听。如果冷场怎么办？深呼吸，然后等待。
- 不问感受。在谈话过程中一定要问问他人的感受，如果你不主动了解他人的感受，你就会发现，这场谈话并不会带来多少改变。
- 给出模糊的信息和指令。简明扼要地表达你的要求，确保对方听到并理解。不要让对方自行解读。
- 取消会面。不要这样做。每次会面都非常重要，你的行为会说明一切。
- 允许干扰。关掉手机或让手机静音，如果你总是被手机铃声打扰，就无法做到专心致志。如果你是在电话中与对方交谈的，不要让对方等待，然后去接另一通电话，这样做是对对方的不尊重。
- 时间不够用。每次谈话结束时，都要明确下一步所要采取的最重要的行动是什么。如果下次行动是另一次谈话，那就定好时间。
- 想当然地认为一对一谈话很有成效。你可以在每次与成员交谈之前递给他一张表格，然后问："当你看到今天的日程安排中包括与我进行谈话这一项时，你的第一反应是什么？请选择一项。"表格上可以写以下 7 个选项。

（1）还好，没什么大不了的。

（2）啊，不是吧？又要浪费两小时。

（3）我要不要取消这次会面，改日再谈呢？

（4）或许今天可以少用一点时间。

（5）太棒了！我需要谈谈。

（6）太好了，这个时段可以让我清醒一下。

（7）期待擦出新的火花！

你会得到什么反馈呢？这取决于你过去处理这些反馈的方式。

引入外部专家

外部专家或者说专家演讲人是创造成员价值的重要因素。作为私董会的教练，为你的新团队在每次小组会上选择合适的演讲主题，这会极大地影响成员体验。

一般来讲，在每次为期两天的会议中，至少要留出半天的时间专门邀请一位外部专家来到小组，或者授课，或者主持一次主题工作坊。外部元素的引入对小组成员的成长至关重要。

对一个新的私董会小组来说，第一年的主题通常可以包括领导力评估、企业文化、领导力/CEO 角色、战略规划和愿景。当然，第一年也可以考虑其他主题，包括营销与销售、团队建设、冲突解决、招聘与留用、健康与福利、成长管理、生活规划与个人成长、技术战略与管理及问题解决/决策等。作为教练，当你了解你所在小组的需求时，就能确定并选择最适合小组的主题和演讲者。

事实上，不同规模、不同行业的企业都存在寻找外部专家资源的需求。外部专家为私董会小组企业服务的场景和形式也是多种多样的，具体的服务内容包括专题培训、资源对接、项目咨询等。

合理借助外部专家资源可以与小组成员产生良性互动，拓宽视野，引发思考，打开新的互补协作场景。这些外部专家的价值具体体现在以下 3 点。

（1）专业能力精深。这些外部专家大多是在某一专业领域深耕多年的行家里手，都积累了深厚的实践经验，他们的指导或经验分享可以帮助企业快速解决遇到的问题。

（2）短期项目，小组引进工作坊的方式性价比更高。外部专家的工作坊通常可以安排 1 天或半天时间。如果每个小组成员企业独立引进工作坊，会耗费时间和金钱，但是如果在小组会上统一引进，那就大大降低了企业的时间和金钱成本。如果这些工作坊允许高管参加，那么可以请小组成员邀请他们的核心团队一起来参加。

（3）提供新的视角。外部专家解决问题的方式方法、参考意见都有助于企业家打破思维定式，拓宽他们的眼界，进而针对自己企业的运营发展情况进行创新。

私董会小组寻求外部专家的协助，不外乎希望借助他们的专业知识，解决企业遇到的各种疑难杂症，小至一个人的领导能力或多数人的技能问题，大至建立管理制度流程、应对走向国际化等挑战。外部专家的优点是，他们有专业和超然的立场，没有包袱。

此外，不同的专家所能提供的帮助也不太一样。

4 种不同类型的专家

原则上，按照私董会小组面临的问题的复杂度，以及外部专家的实战经验或看事情的宏观视野，可以将专家分为 4 种，即咨询顾问、主题专家或学者、其他领域的教练及优秀的企业家，他们各自扮演不同的角色。前两种主要解决"事"的问题，后两种则主要解决"人"的问题。

1. 咨询顾问

例如，来自 IBM、麦肯锡、埃森哲等著名国内外顾问咨询公司的专家。他们的主要专长是有很强的方法论，可以协助私董会小组成员聚焦，找到问题的症结，并为私董会小组成员企业提供相应的解决方案。通常他们会把重点放在企业的制度、流程和组织上。

2. 主题专家或学者

这类专家是指集中在某职能或某领域的主题专家或学者，他们通常是某一领域的专家，可能擅长人资、财务、宏观经济等主题。这类专家的优点是有很丰富的实战经验，可以分享全球最佳实践经验给公司参考，以及提供建议的解决方案。有时候，人们邀请的专家未必集中在企业经营管理领域。例如，我们有一次在兰州开小组会，当时特意邀请了兰州当地一位知名学者来给我们做左宗棠主题的演讲和授课。为什么在兰州开会要选择左宗棠主题呢？因为 1867 年，左宗棠受命于危难之时，以钦差大臣的身份兼任陕甘总督，督办西北军务。左宗棠统领西北军政要务前后 10 余年，兰州成了左宗棠运筹帷幄的枢要之地，也是他在西北工作期间驻节时间最长的地方。虽然那次演讲的主题并不是跟企业管理密切相关的话题，但是小组成员都表示收获很大。我们在会议期间，利用中午的空隙特意到左宗棠在兰州设立的贡院遗迹至公堂参观，一起感受这位晚清中兴名臣的光辉事迹，备受触动。

3. 其他领域的教练

这类教练并不一定完全专注在私董会教练这个领域，他们可能属于开导型顾问专家，专门解决"人"的问题，而且是个人问题。我曾经在自己的小组中引入了一位使命专家，她专门花了一天的时间给小组成员做了一次使命工作坊，帮助每位成员找到自己人生的使命，取得了很好的效果。

4. 优秀的企业家

这些优秀的企业家来自实战，对企业运营管理颇有心得，大家的思维碰撞会产生更多的共鸣。前不久，我带领我的山东企业家小组到科创板上市公司——青岛高测科技股份有限公司参访，与该公司的董事长张顼座谈了两小时多，大家都表示收获很大。其中张顼的一句"做老大，无非就是活多干点，钱少拿点"，更是让大家倍感钦佩。

在不同阶段，借力合适的专家

通常从公司发现问题到找出解决方案再到解决问题，会经过 4 个阶段。

第一个阶段是发现及厘清问题，就是公司要先找出问题的根本原因。

第二个阶段是设计，就是设计一些解决方案，以解决这些问题。

第三个阶段是交付，就是产出这个解决方案的整体配套措施。

第四个阶段是落实，就是在公司内推动配套措施，以达到固化目标、形成习惯的目的。

建议私董会小组依据成员企业不同阶段的需要，寻找合适的专家。如果私董会小组已经很清楚要解决的问题是什么，可以直接找相关方面的专家来协助，也就是直接跳到第二个阶段——设计。如果公司不确定问题到底出在哪里，可经由私董会小组协助找出根因，因为私董会小组的强项就是发现问题、找出真问题。

然而，专家通常都是飞鸟型的人，是飞禽，看事情很高远，而在私董会小组内做事情的人就像走兽，是一步步走的。走兽在很多情况下可能会觉得飞禽不食人间烟火，飞禽有时又觉得走兽走得太慢。因此，私董会小组要设法在这两种观点之间搭起一块跳板，让大家感觉这件事是可以做成的。

例如，私董会小组在请专家介入来解决问题、提供解决方案时，一定要请其分享经验。问题拥有者不只想了解这件事应该怎么做，还必须了解，如果遇到门槛，又该如何突破，并提出意见和想法，以确认想出的方案是可以落实的。

让问题消失

通常一个好的专家或顾问，往往能提出令人眼前一亮的建议，或者至少让人们心中的问题一下子就消失好几个，这就是专家。假如你问了半天，专家不但无法切入重点，还让你的问题变多，他就不是对的人选。

私董会小组在借力专家时，除了要厘清问题的根因和类型，并挑选合适的专家，更最重要的一点在于小组成员的坚持和承诺。针对演讲人提出的理念和方法，要监督其如何在本企业落地，是否能够帮助产生有针对性的解决方案，是否指定责任人负责落实，以及后续是否有相关管理机制。要确保大家持续监督，并固化成习惯。只有这样才能真正让解决方案在私董会小组成员的企业彻底落实。

私董会教练需注意的关键点

国际教练联合会网站是这样给"教练"下定义的。

一种旨在帮助个人和组织更快地发展并产生更满意的结果的交互式流程；增强他人在设定目标、采取行动、做决策和充分发挥个人优势等方面的能力。

关于教练的重要性和价值，通用电气前 CEO 杰克·韦尔奇的一句话最为形象："我只想做一名企业教练。我想提醒你们我观念中的领导艺术是什么，它只跟人有关。没有最好的运动员，你就不会有最好的球队，企业队伍也是如此，最好的领导人实际上是教练！"

作为一名教练，就像一位卓越的领导者一样，首先应该考虑"我该怎样帮助这个人成为一个更有价值的个体，同时该如何使大家创造更大的价值"。

教练的风格各有千秋，有的外向，有的内向；有的是直觉型的，有的是数据导向型的；有的关注认知，有的关注感受；有的高瞻远瞩，有的追求细节，但是他们普遍具备以下特征。

- 关注未来，而不是过去。
- 建立信任关系，让成员知道你关注的是他这个人。
- 认可、发掘并依赖成员的激情、意义和愿望。

- 理解性倾听。
- 针对浮出水面的深层次问题，提出探索性问题。
- 尊重和依赖成员的优势，但也敢于指出和面对其缺点。
- 公正但不严厉。
- 找到合适的教练环境。
- 明智地使用时间。
- 通过持续跟进和问责，确保教练约定的执行。
- 对成员的独特特征保持敏感，并对谈论这个敏感问题保持开放。

私董会教练的角色

私董会教练有教练的共性，也有相对独特之处。在整个私董会小组建立过程中，教练需要发挥召集、协调、组织、沟通的作用；在主持圆桌会议时，教练需要发挥引导、促动、赞赏、激发和提升的作用；在会后和私下一对一的沟通中，教练需要发挥提问、倾听、监督、帮助的作用。

总体来说，在私董会的系统空间，在不同的阶段，教练发挥的作用是不一样的。教练作为一个统称，并不能清晰地揭示在不同的阶段究竟应该怎样发挥不同的作用。因此，在有些组织机构中，私董会小组干脆以"主席"（Chair）代替"教练"（Coach）的称呼。

至少从角色范围上讲，除了圆桌会议中的角色，私董会教练还应该具有以下这些角色和功能。

1. 私董会教练首先是一个提问者

教练的目标是实现客户的行为改变，教练工作的重点是培养客户的觉察力、责任感和自信心。做到这一点的最好方法就是对客户"提出有效的问题"，促进客户深度思考并发现人生的目的和意义。

"真相隐藏在深井的底部。"作为一名教练，如果要帮助私董会成员发现藏在他们心中的真理，提升他们的思想和行为，那么提问就是一个非常重要的工具。通过有效的提问，他们一步步发现事实背后的真相。一颗诚实、渴望求索的心，如果遇到有效的提问，往往能激发新的觉察、新的思路、新的行为，甚至能改变人的一生。

在现实社会的学习方式中，单向的知识流动对成员影响甚微，甚至大家学习的热情都不高。当教练帮助他人面对自己的挑战、开始探索自己的时候，成员的热情就会被激发出来。

有效的提问改变了教练和成员的身份——教练由专家、顾问的身份，变成了陪伴成员自我探索的镜子、伙伴、啦啦队队长；成员则由答案的索取者变成了独立的探索者、责任承担者，最终成长为卓有成效的领导者。

在教练过程中，通过有效地提问、安静地倾听、准确地回放，教练无形中肯定了对方，尊重了对方，理解了对方，欣赏了对方。这个过程使成员对自己的思考和行动更有信心，从而得到更好的结果。因为人们不在乎你知道多少，人们在乎的是你有多在乎他们。

教练之所以首先是一个提问者，而不是一个建议提供者，原因有以下几个。

没有人比成员本人更了解自己

世界上没有人比当事人更了解自己，当事人自己的成长经历成就了现在的他，任何人都是自己现在的专家。举例来说，如果一个成员的企业打算转型升级，那么他就要回忆自身团队的成长经历，以及自身企业的成长基因，在过去做过哪些尝试，哪些是有效的，哪些是失败的。所有的转型升级都不能脱离团队和企业基因而独立存在。关于这些，成员自己是最清楚的。

提问的方式有利于成员接受

要让成员行动起来，关键不在于让他明白怎样做是对的，而是激发他的热情和动力去行动。研究和实践表明：人们对于自己做出的决策往往有很强的执行力。这就意味着，即使成员自己得出的结论和方案不如别人给出的，也往往能达到更好的效果。因此，采用提问的方式挖掘成员的意见，能够产生更积极的效果。

提问能增强成员的自信心

成员在求助教练帮助自己做出一些重大决策之前，他们的内心十有八九都有了明确的答案，只是缺乏足够的信心迈出第一步，将想法付诸实践。当教练看重成员的想法和建议时，不知不觉就会向成员传达这样的信息："你的想法太好了，我完全相信你能做到。这么做一定行。"通过这样的方式，教练就增强了成员的自信心，使其勇敢地实现自己的梦想。

提问能提高成员的领导力

以身作则、承担责任是领导力的重要表现。作为一名领导者，当他发现问题时，就会想：得有人出面解决这个问题，而我就是解决这个问题的人。因此，通过对话，帮助成员由被动接受转换为主导事态发展，其实就是在增强成员解决问题的领导力，以及在学习和成长过程中决策的能力。

提问能增强彼此的信任感

人们都希望被他人理解，受他人欢迎。没有比让人了解并肯定真实的自我更令人愉悦的了。而提问其实就是在帮助教练和成员建立这种关系，教练通过提问，尊重并肯定成员。教练要多花些时间来研究问题，同时注意倾听回答，让成员认识到自己是真切地想了解他内心的想法。没有什么比这种方式能更快地赢得信任了。

小贴士：教练提问 12 个常用句型

你今天想谈什么？
还应该讨论哪些问题？
这件事给你带来了什么感受？
这件事还牵涉哪些人？是怎样一种情况？
你想获得什么？想达到什么样的目标？
你能从中获得什么？需要付出什么？
请给我举一个具体的例子。
你刚才讲到……具体指什么？
对你来说，这件事的重要性体现在哪儿？
给我讲讲背景，是什么原因造成了这种情况？
让你感到兴奋和困难的原因分别是什么？
你内心的真实感受是什么？

2. 私董会教练是一个倾听者

对任何角色而言，倾听都是一项关键技能。倾听也是最重要的教练技能之一。

首先，你要听的不仅是词语，作为一名教练，你既要听内容，也要听意图。你要听的是信息。成员使用了什么词语？他想告诉你什么？他说的这句话是什么意思？更重要的是听成员所说的话背后的意图，听信息的真正含义，听懂成员的言外之意。教练不仅要有选择地听，更要有意识地听。有意识地听是不带判断地、深层次地听。这时，倾听者会把自己抽离出来，将自我内心的对话降到最少，把自己的直觉发挥到最佳水平。

良好的倾听有助于教练强化、激发、探索、深入挖掘、支持和总结领导者当前的需求。

在一些情境中，单向倾听是合适的倾听方式。单向倾听，也称为消极倾听，指的是倾听者努力理解说话者的评论，却不积极做出言语反应。倾听者可能有意无意地通过眼神接触、手势、微笑和点头传达非言语反馈。不过倾听者不会用言语反馈自己对信息的理解。如果成员想"发牢骚"，发泄失望情绪或表达意见，却不期望或不需要倾听者做出言语反馈时，单向倾听是合适的。对方可能想让你扮演"共鸣板"的角色。

在双向倾听中，对方想让你给予一定的反馈。反馈有很多种方式，有些需要表达你的感受，有些需要你提供更多的信息以促进话题的深入，有些需要你反映对方的感受，有些需要你先说积极的方面，再表达担忧。总之，双向倾听要有助于倾听者产生情感共鸣、打破障碍，建立信任并开诚布公地进行讨论。

3. 私董会教练是一个反馈者

教练工作的一个重要方面是为客户提供真诚的反馈。实际上，这是帮助领导者成长和学习的最佳工具之一。

反馈有两种。

（1）积极的反馈用于强化正确的行为。

（2）建设性的反馈用于改变需要完善的行为。

当成员主动寻求反馈时，反馈效果是最好的。在反馈过程中，你要检查一下领导者是否理解了你的意思。同时你要跟踪检查行动，确保领导者知道如何利用这些反馈。当提供反馈时，要专注于你希望领导者做得更多、做得更少或继续发扬的行为。有时，分享你过去的经历和见解，在适当的时候讲述你的学习经历、奇闻逸事和经验教训，有助于强化你和领导者之间的关系。

小贴士：有效反馈的 10 个特征

（1）是对方想要的。

（2）简洁和直接。

（3）具体直观。

（4）真诚。

（5）是可实现和可操作的。

（6）及时。

（7）伴以支持。

（8）说明影响和后果。

（9）表述为陈述句。

（10）不夸大、不加标签、不评价。

4. 私董会教练是一个挑战者

教练需要激发领导者竭尽全力、充分利用教练过程并充分发挥自身的潜能。挑战是在合适的时机以正确的方式提出合适问题的技能。

教练的挑战角色应该关注以下话题。

领导者设定的目标是否充分挑战了自我？

领导者是否把注意力放在了学习上？是否把学到的知识内化并用于实践？

领导者是否利用一切机会，把制定的战略用到了日常工作中？

领导者是否在尝试新行为，并客观地评估结果？

领导者能否保持积极的态度？

教练也提供相反的意见。教练的角色不仅是同意或肯定领导者的认识或计划，还要激发领导者从另一个角度想问题，从而考虑到各个方面。在这种讨论中，教练要保持自信、肯定而友好的语气。

挑战是对领导者进行温柔的鞭策，促使他们进步的一种艺术。你可以挑战领导者面临的问题、妨碍进步的重复行为、根本信仰、内心斗争、抵触情绪和道德决策等。无论挑战什么，作为教练，你在挑战时都必须尊重对方并抱有同理心，而且要认识到你挑战的是领导者必须解决的关键问题。

最好让领导者自己寻找解决方案。当你这样做时，领导者的问题解决能力将得到提高。许多时候你需要向领导者提建议，当你这样做时，要强调这些建议源于你自己的视角或经验。你可以这样开头："如果我遇到这样的情况，我会考虑……""根据我的体会……"这样的话能够让领导者意识到建议是从你的角度提出的，是否采纳它还得由领导者决策。领导者需要在行动之前做出选择。作为教练，你的职责是鼓励领导者寻找解决方案，解决问题，做出决策并采取行动。

5. 私董会教练是一个帮助者

在帮助者角色中，教练必须确保帮助的及时性，同时还要确保时机成熟。好的帮助者只有在得到所有必要的信息之后才会做出反应，过早介入可能会切断来自领导者的数据。这不但会妨碍教练听取重要信息，而且可能会妨碍领导者深入挖掘自己内心深处的想法和感受。

教练需要提供能够将领导者与人和经历联系起来的信息，从而实现预订目标。教练发起讨论，并为领导者提供必要的支持，同时面对并管理停滞不前的现状。领导者在工作或生活中可能会面临问题和担忧。在这些时候，领导者重视他们与教练之间建立信任,能够在一个私密的环境中轻松自在地分享他们的担忧。耐心倾听、有同情心的教练不但会得到领导者的欣赏和感激,而且会成为领导者的榜样。此外,永远不要泄露领导者与你分享的个人信息——永远。

鼓舞领导者的斗志也是必要的沟通技能。在帮助者角色中,这可能表现为不同的形式,如激励、分享、强化、认可或劝说技能。

6. 私董会教练是一个监督者

发挥监督作用并让领导者对结果负责是教练面临的一大问题。教练要考虑以下4件事:领导者的日程安排、使用行动计划、将行动分解成小步骤,以及如何将学习融入领导者的日常生活中。

私董会为小组成员提供了成长和学习新技能的机会。要把日程融入领导者的日程安排中,从而让这些机会被充分利用,一种方式是提前预订时间。同时,每次小组会后都会针对案主形成具体的行动计划。行动计划应该是领导者的计划,而不是教练的计划,在行动计划中标出具体步骤的截止日期,这样就有了一张路线图,确保事情在正确的轨道上运行。如果有必要的话,可以将一些步骤分解成更小的、可实现的行动。例如,找出负责流程改进工作的人;与相关部门的管理者约好会面时间,等等。最后,确定如何将学习融入领导者的日常工作中。每个人都很忙,所以在本来就紧张的日程中添加新任务是一件难事。为了寻找机会,教练必须仔细倾听,帮助领导者发现这些机会。这些建议都不是让领导者对结果负责的最终答案,不过它们是有帮助的。

教练的陷阱

1. "在每次私董会过程中,我都必须使成员有所不同"

教练不必这样想。这种想法会让你对你的良好表现产生压力,这种压力会贯穿整个教练过程。你将在每次私董会过程中使小组成员有所不同,你也能够在每次私董会过程中使小组成员有所不同。但是你不要强迫自己这样做。你无法控制使成员有所不同的程度,因为只有他们自己才能测量。

2. "小组成员必须喜欢我"

他们不必。很多成员会喜欢你,或者至少在加入小组时对你感到不厌烦,但他们不必非要喜欢你,更不必一直如此。教练和小组成员之间的关系是建立在亲切和信任基础上的专业关系。小组成员可能会因为教练而加入小组,但是最终他们会因为组员而留下，而并非因为教练而留下。

3．"某种程度上，我对组员负有全部责任"

你不是组员的父母，他们也不必照顾你，你不是他们的孩子，反之亦然。小组成员要对他们自己的生活负责。

4．"我必须对小组成员的生意有所了解才能做私董会教练"

不必如此。小组成员知道他们自己的生意。你需要知道的是他们对自己生意的看法和经验。对教练来说，有时通过浏览成员公司的网页、宣传彩页等来做前期调查是必要的。但在没有预设答案的状态下，可以问一些简单的问题，这些问题往往可能是最好的问题——那些探索他们正在做的事情及做事动机的问题。在某些特定情境下，教练了解有关成员生意方面的知识越多，反而越可能被蒙蔽而不是开拓思路。

5．"我不能让成员去面对他不想面对的事"

如果成员逃避一个主题，你可以设法让他们面对这一主题。有时候在小组会议上或一对一谈话时，你不得不打断大家的谈话："对不起，我想还有一个重要的问题没有被揭示出来。我可不可以把我看到的你所不想面对的背后的关键问题说出来？"如果你这样做，小组成员会同意的。

6．"我必须保持对整个过程的控制"

在整个过程中，大家共同在信任的基础上怀着良好的意愿尝试去理解对方，站在对方的角度去思考并真诚地给出建议。如果有控制，也是大家在共同控制，而并非教练在控制。有些情况下，当局面失去控制的时候，反而是集体学习和进步的良机。当有意外发生时，往往是吸引大家注意力和集中考验的时候。在这种时候，适当地把控制权交给大家，就是最好的办法。因此，当讨论开始变得混乱、失去控制、有人遇到困扰时，不要有丝毫畏惧，这个时候你完全可以把实际情况告诉参与者，问问大家该如何是好，参与者中一定有人能帮到你。

7．"当小组成员寻求帮助时，我需要命令他们去做什么"

教练可以提建议，有时候是强烈建议，但不能告诉小组成员去做什么。教练把成员和他们的目标与价值连接在一起，让成员指引自己。

总之，一名好的教练不一定要成为某个领域或某个行业的专家。一名好的教练也未必掌握广泛的社会技能。带着对商业的合理欣赏和人际活力，一名好的教练可能只是一个能建立融洽关系的过程型的人。他了解企业家当下所处的环境；他在提供反馈时诚实而勇敢；他是一位好的倾听者；他会问好的问题；他既善于畅想，又善于分析；他是一位好的帮助者和监督者，会考虑接下来做什么，以及最终会怎样。

中国的教练行业还处于初级阶段，无论是优秀的教练、客户的认知，还是成功的教练案例，都还在不断丰富和发展，这需要艰苦的努力、高超的悟性、包容的团结和坚韧的耐心。同时，还需要考虑中国特色的文化环境、社会背景及中国企业的发展阶段等实际情况，也许我们需要对发端于西方的教练技术进行适当的本土化，开发一套适合中国国情的教练技术体系。路漫漫其修远兮，吾将上下而求索。

私董会教练的中国道路探索

关于私董会教练的培养和定位，中国的私董会运营机构也做了很多的尝试和探索。大体而言，私董会教练来自以下几个方面：企业创始人、外企高级职业经理人、人力资源专家、培训师及专家转型等。基于过去的不同经历和不同专业，不同类型的私董会教练各有特点，很难制定统一的标准。

国内某私董会运营机构负责人就曾经围绕这个话题做过相关论述，现将文章摘录如下。

私董主持人（教练）中国探路

在私董主持人的人选上，美国两大私董机构 Vistage 与 YPO 采取了截然不同的两条路线。

在美国，Vistage 喜欢选用退休的 CEO 来做主持人，美国实行了这么多年的市场经济公司制，目前已经积累了很多这样的人。它同时也选用一些做咨询顾问的合伙人。总之，主持人产生于小组外部，是专业主持人。但在中国，因为退休的 CEO 还远不像美国那么多，Vistage 一开始大多采用具有外企背景的高管做主持人，一方面是因为中国小组需要接纳跨国公司在中国的 Vistage 会员，另一方面是因为 Vistage 对中国企业缺乏了解。这样做有利有弊，利在于主持人显得"高大上"，很专业；弊在于成本高且不太接地气，导致在销售端不利。

YPO 是一个非营利的国际组织，它选用自己的会员来做主持人。之所以能这样做，与它的非营利性质相关，同时还与它多年形成的一套会议运作办法、会员主持人选拔和培养机制相关。这样做也有利有弊，利在于主持人很接地气，且几乎没有成本；弊在于大多数会员主持人都忙于自己的事务，花在主持这件事上的时间和功夫有限，较容易形式化，特别是在商业问题的讨论上，容易走浅。

国内主流私董机构对主持人的探索也明显分为两类。其本质区分在于对私董会的理解。私董会是平等感还是教授感？它是老板之间的相互学习，还是老板和专家的共同学习？前者，学习的对象是老板，主持人的作用主要是让老板之间的学习得到有效的引导和激发，因此主持人是私董会的辅助者和服务者；后者，学习的对象是专家，专家作为主持人主导和带动老板之间的学习与探讨，因此主持人的作用是主导者和灵魂。我们的解读是前者：向老板学做老板，也有人称作"老板的 P2P 学习"（Peer to Peer）。

基于这样的理解，在近 9 年的探索中，我们尝试过选用不同类型的人员做私董会主持人，如培训讲师、企业教练、咨询顾问、名企高管、EMBA 教授等。我们发现，不同的人因过往的职业角色不同，其思维和沟通特点也非常不同。

一些培训讲师表达能力强，表现欲也比较强，他们善于成为会议的焦点，但做潜移默化的、引导性的主持人很有挑战性，因为优秀的主持人更讲究倾听，而不是演讲；更讲究为群体穿针引线，而不是表达自己观点。

对企业教练而言，国内目前的教练水平参差不齐，差异较大。相对于企业运营，不少教练更偏重心灵成长，因此在企业经营管理问题上深入度不够。而只有真正有企业经营管理背景、有对老板群体做教练经验的人才能成为很好的私董会主持人。

咨询顾问一般有高管的实战经历，同时经历过顾问生涯的洗礼，一方面深入见识过不同的企业，另一方面有过与不同老板打交道的经验。一场私董会其实就像一场"迷你"咨询。它在解决问题的逻辑及需要的思考和工作上，与管理咨询是非常类似的。因此，咨询顾问有着做主持人的先天优势。但咨询顾问也有劣势。他们容易变成真的顾问，着急给出解决方案，丧失中立。但主持人的职责并不是主动给答案，而且咨询顾问给出的方案不一定就有效。他们还容易框架化，用标准化的方法论和模板去套企业的各种问题。只有那些能摆平心态、注意倾听，不抱着一己框架和视角不放，真正关心老板，愿意向老板、向实践学习的咨询顾问，才能真正做好主持人。

有的私董会选用名家做主持人，如著名企业高管、EMBA 教授等。选用名家做主持人的好处显而易见——有品牌效应和号召力，有自身的领导和管理经验，私董会成员能学到东西。但弊端也很明显，它本质上更像以名家为核心的小班培训和咨询。因为名家自身事务繁忙，参加私董会大多是出于个人兴趣，但能在其中投入的时间和精力非常有限，基本是会议当天来，会后走。原因有以下几个。其一，他们很难为一次私董会做精心的筹划和准备。其二，现场主持并非他们的强项，因为现场主持是用来激发企业家群体智慧的，但名家们由于个人的成功大多有强烈的经验性观点倾向，他们在私董会上很难保持中立。他们扮演的常常不是主持人的角色，而是顾问或导师的角色。其三，他们日常和每位成员的沟通很少，对成员的个人情况了解较少，影响谈论问题的针对性和深度。当然，聘请他们的成本也较高。

除了这些类型的人员，还有一些尚未成型的探索也在进行，如尝试以会员企业家做主持人。总之，相比美国私董会60多年的历史，国内私董会的探索才刚刚起步，在中国这个特定的商业环境和历史条件下，作为私董主持人的探索还将继续。

第 5 章

私董会教练的实战案例

出于保密原则，我需要把过于细节的内容和当事企业及负责人的名字隐去，请大家谅解。

但是从这次会议记录的基本情况来看，可以感受到这次会议给案主带来的警醒和冲击，这些是他在参加私董会之前没有预料到的。

管窥一豹，借着这个案例，希望大家能够对私董会的流程有更深的体会和了解。

一、时间：2020 年 7 月

二、地点：某会议室

三、教练：徐松涛（以下简称"徐"）

四、案主：P 先生

五、参会成员：共 10 人，以 A～H 代称他们。

六、案主问题：X 公司销售困境破局思考

七、案主公司概况

P 先生是 X 公司创始人，公司成立十几年，自研包含标签打印机产品在内的智能识别终端，服务于通信、电力、医疗等民生行业，业务范围广泛，产品用于给通信公司及电力公司的设备提供数字化标记服务，从而进行统一管理。同时，X 公司针对 C 端用户研发和生产用于个人及家庭的时尚类便签打印机，目前处于市场初期开发和拓展阶段。

八、会议流程及概要

1. 开场

徐：大家先互相熟悉一下，每人介绍一下自己的姓名、出生地、毕业学校、专业、行业、最擅长的3个方面，以及理想和爱好。

成员依次介绍自己，每人1分钟。

徐：接下来让我们选出组长、能量官及金句记录员。

推荐与自我推荐，选出相关人员。

2. 提出问题

案主P先生明确问题：我如何让企业重回增长？

遇到的问题：

（1）传统B端业务连续3年没有增长，2020年受新冠疫情影响，业务萎缩40%左右。

（2）C端新业务增长缓慢，还没有实现盈亏平衡。

（3）人效降低，利润率降低。

我们自己认为产生这些问题的原因：

（1）没有真正融入客户价值创造流程。

（2）没有做好事前市场洞察就盲目投入新的行业，分散精力，战略不聚焦。

（3）管理体系不健全。

到目前为止我们做出的努力：

（1）找咨询公司做组织诊断与重构，找行业专家做咨询。

（2）组织企业高管及员工学习。

（3）开拓新的行业。

（4）梳理内部价值创造流程，组织架构调整，人才盘点。

3. 集体提问探究（第一轮提问）

徐：近年来员工、利润梳理如下。

年　　份	2017年	2018年	2019年
员工人数（人）	200多	300多	400多
利润（元）	4 000万	2 800万	0

徐：为什么这个问题很重要？

答：业务不增长企业就会死，人才就会流失。

徐：现在为了重回增长，企业做了哪些努力？

答：开发 B 端新产品（医疗行业），开发 C 端产品，拓展新的市场；组织管理提升，为员工赋能；要进一步组织讨论，把战略的事情思考清楚；进一步进行人员整合，市场端 40%的销售人员要被裁掉。

A：进入新的领域，成立新事业部的依据是什么？

答：在 B 端，我们希望"做有钱人的生意"，把能力移植到别的行业，当然好产品不一定好卖；C 端的市场调研几乎没做，大家觉得很好就进入了。

B：针对 B 端客户，市场已经到天花板了吗？

答：其实还可以增长，该市场还没有被挖透，对客户没有深刻的理解，因为竞争对手的进入导致利润下降了。

C：你的公司是一家以客户为中心的公司吗？

答：不是，是一家以产品为中心的公司。

D：你的产品有没有核心的技术壁垒？

答：我们是高新技术企业，有技术壁垒，但不是特别高，想做得好不容易。我们不是技术擅长型，而是产品擅长型。

E：最让你睡不着觉的是增长的问题还是亏损的问题？

答：是增长的问题，不是亏损的问题。

F：目前做的最正确的一件事是什么？

答：构建这个产业，10 年前种的树种对了。

G：你如何描述 B 端和 C 端客户的需求？

答：C 端客户的特点是经济增长拉动购买；B 端客户的特征是需要我们对客户有深刻的理解，目前我们还没有将老客户挖掘透。

……

徐：经过一轮提问，大家看到了什么？

成员发言：

- 感觉到了危机，看到了危险，数据很吓人。
- 决策方式不科学，重复曾经做对了的事情，新业务线的开展流程依赖以前的经验。
- 将个人情怀凌驾于公司增长之上，第一反应是怎么活下去，而不是如何实现业务增长。
- 把偶然的红利视为必然的结果，目前红利已经消失，但创始人默认红利一直存在。

4．高管访谈

徐：P 先生暂时离开会场，两位公司副总进场回答问题。

（提问副总 1，该副总负责产品研发）

A：在研发时，是怎么决定进入赛道的？用户需求是怎么判断的？

答：根据市场需求进入赛道，研发得差不多了才进入市场。

B：见过多少客户？

答：没见过多少。

C：B 端和 C 端客户对产品的需求各是什么？

答：B 端客户的需求是简单好用；C 端客户的需求是漂亮、简单好用。

D：采购的客户决策对象是谁？

答：集中采购的客户决策对象是高层。

E：你觉得公司值得你待下去吗？

答：值得，但是公司高度集权。

……

（提问副总 2，该副总负责营销）

A：你觉得公司的主要问题是什么？

答：发展遇到了瓶颈，经过红利期，集中力量爆发后，大家的心态开始膨胀了，整个内部力量不在一处，不能力出一孔。

B：你对公司最大的贡献是什么？

答：打造了具有战斗力的营销团队。

C：在你的心中，公司是销售驱动型还是产品驱动型？

答：销售驱动型。

D：你能做的是什么？

答：我从去年 10 月提出离职，P 总说要守住，守到今年年底。

E：如果你是一把手，你会怎么做？

答：砍掉新增的事业部，精简后端、生产制造、研发部门。

……

5. 高管离开，案主回归（第二轮提问）

A：新冠疫情期间做了什么事？

答：对外关怀客户，定制礼品送给客户，捐赠相关产品；对内开启企业大学，培训学习。

B：为什么笃定组织能力提升了就能实现业绩增长？

答：老板首先要搞清楚企业是做什么的，让管理团队弄清楚源头。

C：降低成本、增加营收最快速的方法有哪些？

答：裁员、真正找到客户需要的东西。

D：哪个部门最了解客户？

答：营销部，但是我觉得他们没做到这一点。

E：你最近一次接触客户是什么时候？

答：很久没有接触了。

F：你最坏的打算是什么？

答：亏1 000万元。

F：亏了1 000万元后怎么办？

答：不知道。

G：在哪方面能让成本下降10%？

答：人员方面。

H：最能直接提升业绩和最能直接节约成本的方法是什么？

答：让多余的人离开。

……

6. 请大家站在案主的角度，用一句话重新定义案主P先生面临的真正问题

A：我如何活下去？

B：我如何与团队一起定义现在企业面临的真正问题？

C：我如何接受自己？

D：我如何在跌入绝望之谷之后重新爬上去？

E：我如何保住自己的皇冠？

7. 请案主P先生选择一个最符合他的想法的真正问题

P先生：我选择"我如何活下去"。

8. 成员分组讨论并分享建议

小组1：我们既为P先生感到骄傲，又为他担心。我们小组认为他组织了很多学习活动，但是目前有点偏离企业经营的根本。企业经营需要集体商量。我们小组最大的感悟是，战略就是取舍，要聚焦一点，实现突破。

关于X公司如何活下去的建议：

（1）保收入、降成本，一切与业务无关的事情都不做。

（2）优化组织结构，实行项目制，将C端和B端分开。

（3）绩效优化、赚钱的业务保留，加强核心团队的坦诚沟通，优化决策机制。

小组2：一个企业最大的成本是达成共识，对于你们是否真的达成了共识这一点，还需要深入思考和行动。你们到底处于一个什么样的行业？该行业的

本质是什么？企业在该行业拥有什么？所以我们还是要回到销售驱动的原点。

关于 X 公司如何活下去的建议：

（1）以客户为中心，和客户在一起。

（2）极致的降本增效。

（3）把 B 端和 C 端分开，建议 C 端独立核算、融资、发展。

（4）和核心人员达成共识，提升产品竞争力。

小组 3：

关于 X 公司如何活下去的建议：

（1）C 端自负盈亏。

（2）加强现有 B 端业务的挖掘力度。

（3）加强预结算管理。

（4）暂时放下皇冠，自我迭代，带头打仗。

9．案主反馈

P 先生反馈说自己之前没有意识到事情的严重性，私董会的模式很好，外部的视角很重要。

10．教练总结

（1）关键词梳理：降本、取舍、减法。

（2）要和客户在一起。

（3）有效的内部沟通，要打造一个更有战斗力的团队。

希望今天是一个转折点，我们愿意陪伴你，一起成长。

11．金句分享

（1）业务不增长，企业就死了。

（2）文明程度与经济发达程度相关。

（3）活下去是公司的第一要务。

（4）把偶然的红利视为必然的结果。

（5）学习要有个度。

（6）企业最大的成果是达成共识。

（7）战略要学会舍九取一。

（8）老板通常是最孤独的人。

……

12．成员的收获

做企业难，做企业家更难。

在这次会议中，把手机关机，全身心地投入和参与，有很大的收获。

很钦佩案主的坚持，同时也让我本人感同身受。

对自己公司的事情更有体会了，能通过今天的案例"照镜子"。

作为企业创始人，是坚持自我还是坚持真理，要有权衡。

小（创业）企业，不要指点江山，脱离客户。

企业应该在什么阶段做什么事，要实时发现自己。

知道了真正的私董会的流程是什么样子的。

成就一个企业的最大因素也可能是限制这个企业的因素。怀着敬畏之心，从多个视角进行自我认知。

13．案主的收获

从不同的角度思考问题、看问题，能把问题看得更深。

14．会议结束

第6章

尾声：私董会的未来

一次私董会后的夜晚，我同一个朋友顺路同行。在车上，朋友讲了一个故事。

1945年，黄炎培先生在延安向毛泽东同志提出了一个问题。黄炎培先生问毛泽东同志："中国共产党能不能跳出'其兴也勃焉，其亡也忽焉'的历史周期律？"毛泽东同志回答说："能，这就是民主。只有让人民来监督政府，政府才不敢松懈。只有人人起来负责，才不会人亡政息。"

讲完这个故事，朋友向我提出了一个问题："现在的私董会，是否'其兴也勃焉，其亡也忽焉'呢？"也就是说：现在看私董会的发展似乎蓬勃兴旺，恨不得满大街都是，有一天会不会就没有这样的热度了？

我的回答是："我不关心私董会是不是热点，我关心的是私董会是否能够给用户创造价值。而且我相信，只要它能够给CEO创造独特的价值，它就可能一直存在。"

那么，如何围绕用户创造更多的价值呢？这就见仁见智了，价值不应该只有一个定义，而应该有更加丰富的内涵。从这个意义来讲，我们可以对私董会的未来做一些大胆的猜测。

第一，未来的私董会将具备更加丰富的形式和内涵。

私董会万变不离其宗，手段千变万化。这个手段就是形式。未来将产生越来越多的"私董会+×××"的组织。私董会的组织方式、活动形式将越来越丰富多样,同时也会更多地与现有的活动方式及活动组织形式相结合,从而衍生出更多的新形式。如果这些新形式能够秉持初心,持续创造价值,那么私董会将越来越有新的生命力。换句话说,私董会未必是一个独立的存在,但是私董会中的方法论和好的经验、方法将越来越多地融入其他组织活动中,私董会这一舶来品在中国人的聪明才智下变得越来越接地气,越来越本地化,从而焕发别样的神采。

第二,未来的私董会将有更加准确和细分的定位。

企业的发展阶段不同,遇到的问题也不一样。在初创阶段,企业遇到的大多是"如何找到合伙人""如何更好地开拓市场"等类似的问题;在成长阶段,企业遇到的则更多的是"企业的战略定位""如何更好地把团队拧成一股绳"等类似的问题;在发展到更高阶段之后,企业则面临"如何开拓新市场""如何协调内部各部门的职能及转型升级"等类似的问题。由此可见,针对不同类别的企业主,私董会的关注点也会有所不同。在市场竞争的效应下,所有运营私董会的组织一定会趋向于更加准确的定位,会更加细化、精准。

第三,未来的私董会将以团队组合的方式来进行辅导。

目前很多私董会过于依赖教练个人的力量来进行辅导,这种方式可以说"成也萧何,败也萧何"。在"团队为王"的时代,指望任何一个教练"包打天下"都是不可能的。第一,任何人都会有自己的盲区;第二,任何教练都不能做到面面俱到,必须依赖团队协作。因此,未来的私董会教练会以团队组合的方式出现。在一个私董会教练团队中,需要有财务法律专家、组织发展变革专家、人力资源专家、战略专家,同样也需要有好的主持人、教练。这样一个组合将成为私董会的金牌组合。即使这个组合不是以集体形式出现的,它也一定会作为后台的一套支持系统发挥实际的指挥中枢作用。

第四,私董会越来越多地以"定制"的方式出现。

主要有两种组织方式。一种以私董会的运营机构为主体,由私董会指定教练,召集私董会成员,明确小组的定位、招募组员的标准,以及给组员带来的价值。另一种以需求用户为主,需求用户可能是某个协会、商会,也可能是某个由不同行业、不同企业 CEO 组成的组织,还可能就是一家企业。这些用户的会员或企业 CEO 有一起深度探讨从而解决问题的需求,这个时候,私董会就可以派上用场。在第二种组织方式下,私董会不一定会持续很长时间,甚至不一定每次都是同样的组员,但是如果能应用私董会的方法论,再加上教练和主持人的引导,就可以收到平时讨论无法获得的效果。这时的定制就显示了独特的价值。

最后，私董会在中国的发展应坚持"中学为体、西学为用"的原则。

作为一个舶来品，私董会的方法论在中国已经深入人心，未来需要将越来越多的掌握私董会方法论的教练和同伴加入深度交流、共同成长的行列。

在这个过程中，必然会生长出新的事物，也必然有人坚持原汁原味的西方道路。

在我看来，把西方这套成熟的方法论与中国的具体国情相结合，把私董会与中国众多的中小企业主、创业者的创业实践相结合，探索一条具有中国特色的私董会道路，未来具有广阔的天地。

初心不变，陪伴成长。

今天，中国逐渐走向世界舞台中央，今天的中国比历史上任何时期都更接近中华民族伟大复兴的目标，比历史上任何时期都更有信心、有能力实现这个目标。这既是历史演进的结果，更是时与势的体现。而企业家是一个国家和经济社会的宝贵资源。企业家精神是企业和企业文化的灵魂，是实现民族复兴的社会支柱和精神支撑。在这个伟大的过程中，企业家必将进一步激发和创造出巨大的力量，推动经济和社会的发展进步。在中华民族的伟大复兴进程中，离不开、也极需要积聚和挖掘新时代的中国企业家与创业者，以及能够长期支持、帮助和陪伴中国企业家与创业者的优秀代表。通过深度而紧密的连接，与他们一起成长，是我们共同生活在这个时代的幸运。

我希望，每位有志于从事私董会教练的朋友，都能够享受这一刻的状态，在陪伴企业家和创业者的过程中，把这件事情本身当作回报。这条路无须等待，没有一个标准时刻告诉你：你已经准备好了。没有十全十美的人，也没有全知全能的教练。如果你确认自己喜爱这份"手艺"，也愿意为此付出努力，那么请放弃"等待"这种思维状态，转而进入当下时刻，并从现在开始你的行动。

我相信，未来私董会在中国依旧有广阔的发展空间。探索一条有中国特色的私董会发展道路，长期陪伴和见证更多优秀企业家的成长，将是私董会教练必然实现的光荣使命。希望越来越多的同伴一起加入这个行列，为中华民族的伟大复兴贡献微薄而正确的力量。

附录 A

改变我所遇见的每个人的人生
——专访伟事达专家教练兰斯

有人叫他教练。

有人叫他大师。

有人说他是大师中的大师。

他是兰斯先生。

他是伟事达这个全球知名私董会机构的知名专家教练,在46个国家有超过30年的培训及顾问经验,目前在美国本土带领5个伟事达小组。

他很忙,以至于他来中国大陆的时间需要提前很久预订。

他很职业——热情洋溢、精力充沛、目光有神、穿着得体,幽默风趣。

他好像武侠小说中的武林高手——内功深厚的高手根本不需要使出绝招,如"排山倒海"。即便一套普普通通的拳法也能被他耍得虎虎生风,让其他高手近身不得。

他走的是"独孤求败"的路数。一开始他也用过玄铁重剑,一招一式力求直击要害。现在他已经完全能做到徒手出招,飞花摘叶皆高人一等,奇妙理于无形之中,托法度于热情之外。

经过5天的深入接触,我完全能够体会到这一点。

附录 A 改变我所遇见的每个人的人生——专访伟事达专家教练兰斯

他说：会员用头脑加入小组，用心留在小组。

他说：规则在没有被挑战之前不能成为规则。

他说：智慧已经在房间里。

他说：最好的事情是不可预测的（The best thing is unpredicted）。

他说：相信集体的智慧（We should trust the wisdom of the group）。

关于他在私董会教练培训上所表达的理念和技巧，我只能说：我不能同意更多。然而，这一切并非他刻意为之，一切都是顺其自然表露出来的，润物细无声，因此也更加真实。

所有这一切，都不是他教会你的，而是通过他的分享，你自己体会出来的。很明显，他需要的是伙伴，是对手，是挑战。越是这样，他越高兴，因为没有人比他更能深刻地体会——在私董会上，挑战才是真正的关怀。

于是，在一天的晚饭后，在兰斯的酒店房间里，我们有了一场对话。他在对话中说出了很多真知灼见，我整理了自认为的精华部分，分享如下。

我们伟事达的重点是怎样让每位 CEO 成为更好的人。

成为伟事达会员的最大价值之一就在于，伟事达不仅能让他们成为更优秀的公司领导者，还能从生活上帮助他们收获更佳的关系，成为更好的父母和配偶，这也能为公司员工带来更多的好处。

我的个人使命就是改变我这一生遇见的每个人的人生。教练是我这辈子从事的最好的职业，当我在努力帮助那些生命中遇见的人时，伟事达也在帮助我改变自己，让我成为一位更好的父亲、丈夫和领导者。

只有把时间用于服务他人，我才能感受到真正的快乐，这是我快乐的源泉。

我希望人们把我看作一个真正的关怀者——毕生都致力于让世界变得更加美好，专注于世界的可持续改变。我希望他们能记住这样的我。

最后，我不得不提到对话中兰斯先生的这句话："这次培训中我遇到的教练，他们的水准比以往任何一次都让我更加印象深刻，他们都是真正的教练，背景极强，同时还拥有一颗为领导力服务的心。"而我就在这批教练之中，我只能说：深感荣幸。

对话实录如下。

徐松涛：兰斯先生您好，请根据您所知道的情况，为我们介绍一下伟事达在全球的发展情况。

兰斯：伟事达在全球 16 个国家有超过 18 000 名会员（注：2022 年伟事达在全球 20 个国家拥有超过 24 000 名会员），伟事达的现行战略是继续保持公司在全球的持续增长势头。在全球所有的私人董事会机构中，伟事达发展历史最长，规模最大，拥有最专业的 CEO 教育体系，所以我认为伟事达的发展战略简单说来就是施行新措施，提升伟事达品牌的全球知名度，让伟事达的历史和价值与公司品牌知名度相契合。

徐松涛：伟事达能获得这些成绩的最重要原因是什么？

兰斯：伟事达成功的原因在于，伟事达为 CEO 提供私人董事会。很多 CEO 都感觉伟事达是他们的秘密基地。私人董事会的模式可以帮助 CEO 个人，他们不用再花大把时间去反复讨论一个问题。而其他组织都只关注扩展人脉，它们的重点是人际圈，而我们伟事达的重点是怎样让每位 CEO 成为更好的人。

伟事达与其他机构最根本的不同之处就是教练，这是不可复制的。有些人想复制我们的一些特别的方法，但是出于某些原因，他们从未真正成功过。很多机构都提供培训，但培训机会不多，深度也不够。我们的教练是唯一的，教练在伟事达的角色也是唯一的，没有任何地方可以复制。

徐松涛：用什么样的方式能让我们的企业家意识到伟事达为他们提供的价值？

兰斯：就我的经验来看，大多数加入伟事达的人自己原来就是公司领导者，他们希望自己能成为更好的领导者。而对他们当中的大部分人而言，要想成为更好的领导，需要先成为更好的决策者，能做出更快、更高效的决策。当你置身于同水平小组之中，你自然而然就能做出更好的决策，收获更多反馈，分享更多智慧。这种同水平小组氛围能创造更好的公司，它可以提高公司盈利，为股东提供更大的价值等。许多企业家都是在为自己的公司服务，而不是让公司来服务自己，这导致他们虽然有能力经营公司，却经营不好自己的家庭，他们没有更多的时间与自己的孩子待在一起，他们感到自己被工作压垮了。成为伟事达会员的最大价值之一就在于，伟事达不仅能让他们成为更优秀的公司领导者，还能从生活上帮助他们收获更佳的关系，成为更好的父母和配偶，这也能为公司员工带来更多的好处。

伟事达本身是一个会员组织，在加入伟事达小组之前，人们无法感受到伟事达能为他们提供的真正价值。因为不是每个人都会选择加入伟事达，不是每位领导都有着开放的思想，那些思想不够开放的人就无法成为我们的会员。如果伟事达意在简单地服务任何人，那么这些东西在网上就能免费下载，你甚至都不用成为伟事达会员，只需要把那些知识下载到电脑里，但这完全不是伟事达的价值所在。

徐松涛：您怎么评价伟事达中国的发展情况？这次您的中国之行看到了什么？又感受到了什么？

附录A 改变我所遇见的每个人的人生——专访伟事达专家教练兰斯

兰斯：这不是我第一次到中国来了，我对这次的中国之行的兴奋之情超过前两次的总和。我之所以如此兴奋，是因为这次我们教练的质量很好。我在这次培训中遇到的教练的水准比以往任何一次都让我更印象深刻。他们都是真正的教练，背景极强，同时还拥有一颗为领导力服务的心。现在的教练都在学习伟事达的核心价值。Morgan（注：当时的伟事达中国董事长徐向华）展现的是一种全新的公司管理层形象，他也和其他新会员一样在不断学习。这一点非常好，因为他心胸开阔，他希望基于伟事达60年的理念创造最好的伟事达中国。所以对我来说，这更原汁原味，更纯正，他吸引的也是有着同样视野的教练，他们对公司领导者有着强烈的责任心和奉献精神。这些公司领导者不仅能改变自己，也能改变世界，他们会成为人生赢家，意义非凡。

徐松涛：在您看来，做私董会教练和成为教练的教练有何区别？

兰斯：伟事达一直派我为7个不同国家提供教练培训。我从2005年开始就提供教练培训了，迄今已快10年了，其实原因很简单——当我为教练培训时，我会成为一个更好的私董会教练。我非常热爱我现在的工作。我发现要想做得更好，我就应该去教教别人，因为只有这样，我的教练技能才能不断提升与完善。有这样一句名言，我们最需要学习的知识能让我们成为最好的老师。

徐松涛：美国的教练培训与中国的教练培训有何不同？中美两国的教练有何不同？

兰斯：刚开始在美国之外的国家做教练培训时，我也认为会有很大的不同。但这些年下来，我发现其实并没有什么太大的不同。事实是，所有的教练都是人，在工作中都会面临关爱、挑战和提升等问题。一名好的教练不会只关注业务发展，同样也会关注人本身。全世界的生意其实都很相似，当然也会有微小的区别，如地区差异。但所有的生意都要盈利，所有的公司都要关心自己的员工，所有的经营都需要有自己的远景。我们分享这些东西，既是教练的本质所在，也是伟事达的本质所在，这个本质不会因为国家不同就发生变化。

徐松涛：中国的私董会教练有哪些可以提高的地方？

兰斯：如果你指的是中国教练还有什么地方有待提高的话，我的回答是没有。如果你指的是和我相比，伟俊（注：伟事达私董会教练张伟俊）或文芳（注：伟事达私董会教练陈文芳）作为一名中国教练有什么不足，我的答案绝对是——没有！作为教练，你必须有着真诚而深切的关爱之心。在美国，我们说"你要爱你的会员"，你必须相信他们一定能做得更好，你需要给他们反馈。可能这些反馈并不中听，很难说出口，但是忠言逆耳。如果你一定要问我看到了什么的话，我看到这个世界上最优秀的一些教练齐聚在中国。唯一的不足就是伟事达品牌的全球认知度不够，没能创造更好的机会告诉中国的企业家——我们已经有这样一批优秀的教练了。现在有些国家已经做得相当不错了，阿根廷就做得很棒，所以这个国家的公司业务增长比别的国家都快，英国公司现在的盈利已经翻倍了。还有一点，公司业务增长的快慢并不是与国家经济直接挂钩的。有些人认为只有国家宏观经济发展强劲，公司业务才能不断增长，并不是这样的。伟事达做的最有价值的事情就是，无论是在经济形势上升还是下滑时期，都能帮助企业家们找到维持和扩大公司经营的办法，所以公司业务并非一定会受到国家经济大势的影响。

徐松涛：能否分享您做教练16年来的经验？其间您经历过几个阶段？每个阶段的特点是什么？

兰斯：这是个好问题。当我开启教练职业生涯时，我很快就理解了教练究竟是在做些什么，我也非常喜欢教练所扮演的角色。我觉得教练是一个非常关键的角色，对我个人而言也很荣幸，因为教练的过程就是履行我人生使命的过程，我的个人使命就是改变一生中遇见的每个人的人生。教练是我这辈子从事的最好的职业。当我努力帮助那些我生命中遇见的人时，伟事达也在帮助我改变自己，让我成为一位更好的父亲、丈夫和领导者。我今天发现我能做16年教练的原因就在于每天我都更加享受我的工作，有时它带给我很多挑战，但这份工作让我觉得我的每一天都是鲜活的，我每天见到的都是最真实的事情。

我想分享一个故事。4周前，我照例要进行每月第一周周一的一对一谈话，每周一我有4次一对一谈话，对象都是我小组的资深会员。我像往常一样起床，做运动，喝一杯咖啡，然后开车去了第一位CEO会员的办公室，开始当天的第一次一对一谈话。第一位CEO告诉我他的公司刚获得一笔有史以来最大规模的投资，他的公司业务在一年内就会成倍增长。他非常兴奋，但是又担心自己能否在公司短期高速增长的状态下，仍然管理好公司。他既兴奋又害怕，所以我们在一对一谈话中聊了很多很多。按照时间安排，我和他工作了2小时。紧接着我开了半小时的车去第二位CEO会员的办公室。这位CEO说："兰斯，真高兴你今天能来，我刚得到医生通知，我患癌症了，可能我今后再也没办法做CEO了，因为健康问题，我得找一位继任者了。我没把这个消息告诉任何人，除了我的太太，我没告诉自己的孩子，也没告诉公司的员工。"然后这位CEO开始痛哭，我听他倾诉，一直鼓励他，然后我们开始讨论接下来的计划。结束这场一对一谈话后，我又花了半小时去下一个CEO会员的办公室。这位CEO对我说："可不可以让我公司的CFO（财务总监）也加入我们之间的谈话？因为我觉得有公司员工在贪污公司的资金，我必须制定一个战略，确认公司是否因为员工在挪用公款而陷入了危机。CFO 会重新梳理公司账目，我会和他讨论作为公司老板，我下一步要采取什么措施。兰斯，这是我有生以来第一次如此怀疑身边的人和事，我一直都很相信我的员工。我担心如果我不能信任员工，我就不能成为一名好的 CEO。你能不能帮我一起解决这个问题？最重要的是我不想失去员工与我之间的信任感。"在那天的最后一场一对一谈话中，这位 CEO 对我说："兰斯，很高兴你今天来，我们现在有机会卖掉公司了，我可以赚很多钱，这是我十年以来一直想做的事情。但如果用错了方法，我可能会失去一切。我需要确保抓住这次机会，我需要用最正确的团队做出最正确的决策。你能帮我确保我不会把这次机会搞砸吗？如果我花了 10 年的时间，最后却搞砸了一切，我会觉得非常糟糕。"那天所有的一对一谈话结束后，我感受到了公司的生与死，见识了公司买卖和腐败，我自己都觉得吃惊。我发现自己的工作居然如此重要。虽然这些事情也令我伤脑筋，但我意识到这就是我毕生的事业，因为它是如此与众不同。有时候我觉得自己从来没有做到最好，我需要学习更多的新知识，不断提升自己。同时我也感谢上帝，让我有幸走到这里。

徐松涛：在做伟事达私董会教练的这些年，您是否对自己的人生有了更深层次的思索？

兰斯：我只在乎如何去用我的时间，这才是我真正的财富。只有把时间用于服务他人，我才能感受到真正的快乐，这是我快乐的源泉。随着我把时间更多地用在那些真正服务他人的机会上，我的生活也越来越充实。这就是我对人生更深层次的感悟，也是我爱上这份工作的原因。这让我想起我们在生活中需要的 3 样东西：做自己觉得有意义的事情；找到我们爱的那个人；感受到自己的价值，感受到自己是被爱着的，是可爱的。

生命总有终点，所以我要过得与众不同。我希望影响世界，我希望自己对这个世界来说是重要的存在。我希望人们把我看作一个真正的关怀者——毕生都致力于让世界变得更加美好，专注于世界的可持续改变。我希望他们能记住这样的我。从根本上说，我希望能让别人记住 3 样东西——生命、求知与爱的财富。创造生命，终生求知，最重要的是对爱忠诚。

兰斯是 LCI Global 公司（一家跨文化培训和组织开发顾问公司）的创始人兼总裁，同时也是伟事达私董会的专家教练。

兰斯尤其擅长组织评估、团队建设、跨文化交流、国际领导力及冲突管理，并与多家公司都有广泛合作，包括超微半导体公司（AMD）、美国电话电报公司（AT&T）、雅芳（Avon）、杜邦（Dupont）、埃克森美孚公司（Exxon）、富士通（Fujitsu）、嘉露酒庄（Gallo Wine）、通用电气公司（GE）、通用汽车公司（GM）、惠普（Hewlett-Packard）、英特尔（Intel）、盖璞（The Gap）、李维斯（Levi Strauss & CO.）、联合碳化物公司（Mobil and Union Carbide）。

兰斯主要关注组织机构成长与转型。他的国际客户包括中国财政部政府高级会计师、印度杜邦化学工程师、马来西亚惠普设计工程师、中国台湾和韩国航空航天所航空工程师、科威特石油公司石油工程师等。

兰斯是美国华盛顿大学跨文化心理学文科硕士，同时也是美国华盛顿大学国家培训实验室组织开发学理科硕士。

附录 B

当你准备好了,能量就来了
——专访伟事达全球首位华人女性总裁教练陈文芳

魔鬼藏在细节里。其实,天使也是。

这是伟事达中国的新教练为期一周的培训会。十几个人围坐在办公桌前,接受伟事达全球专家教练兰斯先生的指导并共同分享,作为在场的唯一女性,陈文芳女士显得格外耀眼。

新教练中的大多数人都有长期的海外求学、工作或生活经历,所以英文沟通不是问题,但也的确有少数人英语不太流利——比如我,需要现场翻译才能更好地理解内容。文芳欣然接受了现场翻译的任务,并一连翻译了 5 天。

现场时而凝重,时而爆笑,掌声不断,新鲜迭出。兰斯的声调伴随着现场的气氛不断变化,自如而流畅地操控着现场的进程。文芳女士的翻译声伴随着兰斯的节奏时而欣喜高亢,时而平缓低沉,脸上的表情也丰富生动,为内容增色不少,似已达到"信、达、雅"的专业水平。

有时大家的发言中会中英文混杂,由于文芳过于专注,偶尔会把大家带出来的英文句子翻译成中文给兰斯听,然后大声地用英文对着我们说,直到说了几句之后才意识到不对，留下兰斯摊开双手的无奈和现场爆发出的会心的笑声。

我们能够感受到文芳女士做事情的投入与用心、奉献与分享、职业与专业，我相信这给现场所有人都留下了深刻的印象。

先让我们来看一下文芳女士的履历。

陈文芳，花旗集团管理咨询有限公司前董事长兼总经理，现今时代领导力发展机构创始人，伟事达全球首位华人女性总裁教练，受到广泛推崇的身心灵合一的领导力发展导师。

她曾经作为花旗集团管理咨询有限公司董事长兼总经理，领导花旗集团亚太地区在中国设立了花旗高级金融学院，特别是在 2008 年全球金融危机爆发后，重新打造了领导力发展体系，培训了大量花旗银行在亚太地区的高管。在此之前，她在世界银行集团国际金融公司担任中国项目开发中心的金融发展专家，领导执行了世界级水准项目，成功帮助 4 家金融机构引入国际战略投资伙伴，并获得世界银行集团的 2002 年度和 2003 年度杰出个人奖、2004 年度最佳团队奖。

如此看来，陈文芳女士的履历不可谓不辉煌，事业不可谓不成功。所以我很好奇，她为什么要离开花旗集团从事领导力培训并成为伟事达私董会教练呢？

她的回答是：这个社会不缺一个管理者，在我的职责范围内，我觉得自己的影响力很有限。那么如何通过自己的成长来支持别人的成长呢？这样的角色在我们这个社会非常稀缺。

同时，她明确地表达：我今后的职业生涯只会从事发展人的事情。

于是，她在决定离开花旗集团之后，遇上了伟事达。也可以说，伟事达遇上了陈文芳。于是，就有了伟事达全球首位华人女性总裁教练。

她说："当你横下心来的时候，对的职业会找到你。当我准备好了，能量就来了。"

我们看到并且感受到了文芳女士所说的这种状态。就在前不久的北京 APEC 期间，在中国最古老的司马台长城脚下，文芳女士带领的伟事达 008 小组成功举办了第十二次小组会，同时迎接了 4 位新会员。

这种状态也许是胜日寻芳泗水滨，最终发现万紫千红总是春。

这种状态也许是敌军围困万千重，我自岿然不动。

这种状态也许是千磨万击还坚劲，任尔东西南北风。

人生不就是这样一个修炼的过程吗？

清风徐来，她自盛开。

附录 B 当你准备好了,能量就来了——专访伟事达全球首位华人女性总裁教练陈文芳

对话实录如下(提问者徐松涛,回答者陈文芳)。

问:您挑选成员的标准是什么?

答:看他是不是关注人性。如果他逻辑性很强,以完成事为第一位,我们就不会考虑。如果他担任很多公共职务,不但自己企业做得好,还帮助别人一起做好,甚至帮助行业进步,或者愿意去承担这样的责任,就更符合我们挑选成员的标准。这是一方面。

另一方面就是看他是否开放,愿意尝试新的东西或愿意听取别人的意见,这一点很重要。如果这个人总以为自己是正确的,那可能这个阶段他是不合适的。

他们的关注点不是企业赚更多的钱,而是让自己做更多的事,起到更独特的作用,追求人的成长,这是共性的部分。

小组上必须有一种氛围,让大家在安全的环境中讲真话,在讲真话的过程中学到一些东西,这才是价值。谈什么不重要,让人感到放心、开放、安全的环境最重要。因此,在私董会上,大家谈论的话题范围非常广泛,可以谈论任何问题,不只涉及商业话题。

问:是否很多企业家都会迷茫?

答:很多人都会随大流。在如今的环境下,10个人中9个都在做投资。那么实业谁来干呢?市场上有很多诱惑,你能做到不受影响吗?很多人都会受到影响,会改变自己的初衷和初心。很多人会想,人家都会获得投资,为什么我不行呢?如果获得投资,我会做得更大。在这种浪潮中,就很容易出现盲从。还有,引入投资者后,投资者会干涉企业运营,可能要求改变运营模式,在大环境中产生一些无法控制的力量,这时候企业家就会迷失。

问:还会产生哪些迷失?

答:每个人都不同,但有一部分会有共性。例如,来自电商的冲击是一个浪潮,如果不改变,你的企业就会被淘汰。有时候你很难确定什么是你坚持的东西,有时候你会为了做而去做,这些都可能让企业家忘记初心。中国企业家经常会听到"英年早逝"这个词。根据清华大学的调查,中国企业家平均寿命与美国企业家相比,相差二十几个百分点,这是一个非常显著的差别。中国企业家富裕的时候,健康状况更差。这个是一个群体的指标。

问:私人董事会能帮助他们什么?

答:每次私董会都会讨论一个具体的议题,这个议题是让企业家睡不着觉的问题,有可能是他们梦想中的事情,那么我们就会帮助他们。在这个过程中,通过讨论问题,分析自己或别人的案例,让他们发现自己的初心——我真正需

要什么,我怎样通过做企业实现自己真正想要的东西。所以私董会与商学院最大的区别是,它不会教你什么商业知识,而是完全把你解剖开来,让你明白到底该怎么做,这辈子才不留遗憾。我听到太多对中国企业家的说法,如"40岁之前拿命换钱,40岁之后拿钱买命"。其实如果你看清楚的话,你可以不停地做,做自己喜欢的事情,做到八九十岁也会很健康。

问:这个价值只有私董会才能实现吗?

答:这是一个好问题。私董会的内涵是来自不同行业的人群策群力,互为私人董事,提供没有偏见的建议,让案主采取行动。外面很多私董会都没有这些内涵,这样的私董会是没办法帮到成员的,这里面的内涵非常重要。

咨询与私董会的差别在于,咨询团队是一个智囊团,汇集全球在某个方面做得好的东西,他们会提供建议。我因为工作的关系,看到过很多这样的咨询案例。很多民营企业家请知名咨询公司来,目的只是想把自己公司的名字和这些咨询公司联系在一起,他们觉得这是一种附加值。咨询公司会提供一些建议,这些建议可能在不同时期、不同国家是成功的,但在这个国家的这个市场不见得有价值。

伟事达四大支柱,是从点到面再到平台的体系,这个体系的特点是,它不一定给你灌输思想和理念,但在同伴讨论中,在智慧碰撞中,以人为镜。在这个前提下,你对想知道的任何议题有了洞察,了解了盲点,然后帮助他人在做事中实现蜕变。当然我也不认为私董会适用于任何企业家。

问:私董会到底适合哪些人?

答:私董会发源于美国,当企业发展到一定规模,不担心财务问题,而是关注人生问题的时候,可能是一个比较好的契机。对公司来说,发展阶段不一样,需求也不一样。回过头来看看私董会突然在中国火起来,跟中国的企业家集体走到这个阶段有关系,他们已经走过了创业期。他们有钱,但好像有钱也不能解决全部问题,这时候,他们会觉得私董会是有效的。

问:私董会教练是可以和成员一起成长的。您对此感觉强烈吗?

答:私董会教练更像一个连接点。因为要做私董会,你需要吸收不同的东西,这些东西通过你的经历、吸收和消化,在小组会中体现出来,所以这个是一个融会贯通的过程。你自己获得很大的成长,同时你也可以清晰地感受到一个人是怎么变化的。私董会是会员制,以年为期限,如果会员有兴趣,他可以在一年又一年里看到自己的变化。小组里每个人的变化都会影响其他人。他们回到公司后也会影响高管和员工。在私董会中因为某种思维碰撞而产生的洞见,通过实践而带来的蜕变、转化是非常强有力的,对个人有转化作用,私董会成员的周围有辐射作用。这些积极的东西会蔓延开来。

问：您感觉自己有什么变化？

答：在这个过程中，我越来越相信，对人的成长的信心是很重要的，就是说，人一定是可以发展的。

还有一点是关于判断的，我们要拿掉判断。其实人是很难免于判断的。在小组中，免于判断是指无差别地对待每个成员，每个人都有发展潜力。从这方面来说，不带判断的力量在我身上是越来越强的，我不会乱贴标签。

问：在从花旗集团管理咨询有限公司董事长兼总经理到私董会主席的转变背后，你的考量是什么？

答：这个社会不缺一个管理者，而可能需要一个促使别人蜕变转化的专业人员。因为我在花旗集团工作了20多年，那个职位对我来说已经是驾轻就熟了。在我的职责范围内，我觉得自己的影响力很有限，我觉得可以让自己有所发挥的地方不在花旗集团这里。那么，怎样通过自己的成长来支持别人的成长呢？这样的角色在我们这个社会非常稀缺。我从来没有感到遗憾过，我一直认为我的选择非常非常正确。

问：您会一直把私董会做下去吗？

答：会的。我在今后的职业生涯中只从事发展人的事情。当你横下心来的时候，对的职业会找到你，就像我会遇到伟事达。当我准备好了，能量就来了。

附录 C

我正在渐入佳境
——再访伟事达全球首位华人女性总裁教练陈文芳

2015年12月2日中午12点02分，伟事达教练陈文芳女士在"Vistage签约教练群"发了如下这条微信："跟大家伙儿报告：今年的小组会都完成了，受到008小组和018小组会员的一致好评！"自然地，群里接下来是教练们一致发出的祝贺及发自内心的真诚的赞美。

一切荣誉都实至名归。

作为花旗集团管理咨询有限公司前董事长兼总经理、现今时代领导力发展机构创始人的陈文芳女士，是伟事达全球首位华人女性总裁教练，伟事达中国董事会成员。2015年，在对她的介绍中，我们通常还要再加上一句话：伟事达第一位双组教练——008小组和018小组，而且018小组仅用两个月时间就完成了建组，是伟事达最快启航的私董会小组。

这让我想起了一年前我在上海参加的为期一周的培训会，这是伟事达全球大师级教练兰斯先生来到上海给伟事达中国教练进行的封闭式培训。在课程间隙，我对陈文芳女士做了一次访谈并最终整理成文，题目叫作"当你准备好了，

附录 C 我正在渐入佳境——再访伟事达全球首位华人女性总裁教练陈文芳

能量就来了"。在这篇文章里,我记录了当时培训会上的一个场景,我相信透过其中的细节,能够让我们更加直观地了解陈文芳女士。我不介意把这个场景重现一下。

这是伟事达中国的新教练为期一周的培训会。十几个人围坐在办公桌前,接受伟事达全球专家教练兰斯先生的指导并共同分享,作为在场的唯一女性,陈文芳女士显得格外耀眼。

新教练中的大多数人都有长期的海外求学、工作或生活经历,所以英文沟通不是问题,但也的确有少数人英语不太流利—比如我,需要现场翻译才能更好地理解内容。文芳欣然接受了现场翻译的任务,并一连翻译了5天。

现场时而凝重,时而爆笑,掌声不断,新鲜迭出。兰斯的声调伴随着现场的气氛不断变化,自如而流畅地操控着现场的进程。文芳女士的翻译声伴随着兰斯的节奏时而欣喜高亢,时而平缓低沉,脸上的表情也丰富生动,为内容增色不少,似已达到"信、达、雅"的专业水平。

有时大家的发言中会中英文混杂,由于文芳过于专注,偶尔会把大家带出来的英文句子翻译成中文给兰斯听,然后大声地用英文对着我们说,直到说了几句之后才意识到不对,留下兰斯摊开双手的无奈和现场爆发出的会心的笑声。

我们能够感受到文芳女士做事情的投入与用心、奉献与分享、职业与专业,我相信这给现场所有人都留下了深刻的印象。

时光如白驹过隙,当我们伸手想让时光在掌心多留一会儿的时候,时光就像我们握住的沙子,反而从我们的指缝中滑落得更快。

这一年对文芳来说,也许过得更快,因为充实和忙碌让她似乎忘记了时间的存在。

单数月一个小组,双数月另一个小组……

一个小组的忙碌已经让人觉得异常充实了,何况是两个!文芳用实践向我们证明:人的潜力是无限的,只要你充满激情地投入一件事情中去,你所爆发的能量和最终的结果完全有可能超出你的想象。

专注、坚持、全力以赴、义无反顾,这些就是文芳的特质,也是她身上明显的标签和烙印,令人肃然起敬。

就在这一年,文芳和她的小组成员抱团取暖,通过集体的智慧共同努力闯出了一条新路,进而支持了转型中的企业。

就在这一年,文芳和她的小组成员打开心扉,充分建立信任,长期支持企业家面对一个又一个挑战。

就在这一年,文芳和她的小组成员面对不确定性,不悲观,不做多余的担忧，在不确定中寻找、发现和创造了更多机会。

就在这一年，文芳和她的小组成员通过小组会议不断相互撞击思想，彼此放下执着，见证了组员职业生涯的快速提升，实实在在地感受到了他们真正的成长。

也是在这一年，文芳通过实践，越来越相信伟事达中国完全可以摸索出特别合适中国企业家的方式，并且渐入佳境。对中国企业家来说，私董会不仅是合适的，而且是非常需要的。

他们这一年到底谈论了哪些话题并不重要，重要的是文芳带领着她的组员通过彼此的激发和碰撞，帮助企业家发现自己，放下自己，打破自己，去实现个人的真正有价值的成长。正所谓"不破不立"，这正是伟事达 60 多年来快速发展的真正原因。

文芳遴选组员的标准如下。

是否关注人性，关注自己的长足发展和生命的丰盛。

是否开放，愿意尝试新的东西或愿意听取别人的意见。

是否创新，关注点不仅是企业赚更多的钱，更是追求人的成长和对社会的独特价值。

站在未来，现在也只是起点而已……

扬帆远航，需要大家众志成城，彼此信任。

走出沙漠，需要大家忍受寂寞，耐住煎熬。

小鸡脱壳，需要自己由内而外，不断磨砺。

文芳和她的组员们面对茫茫未来，正在共同探索如何走出心灵的沙漠，实现由内而外的重生，最终一起扬帆远航。祝福他们！

附录 D

私董会的救赎
——伟事达中国私董会 001 小组五周年回望

私董会的本质是一个相对固定的群体的自我救赎。

"救赎"的英文是 redemption，这个词有多重含义，有"赎回、买回"的含义，有"偿还、补偿"的含义，同时还有"（诺言、义务的）履行"及"挽救、赎救"的含义。在我看来，没有哪个词比"救赎"这个词能更好地表达私董会丰富的内涵及无法言说的功效了。

所谓私董会，就是私人董事会的简称，它为各行各业的企业家提供了一个相互切磋、智慧碰撞的平台。它将一些没有利害关系、竞争关系的企业总裁组合成相应的小组，并定期举办交流会议，通过现场提问、彼此互动答疑、交流经验的方式来及时发现问题，降低决策风险，从而让企业抓住发展机遇，少走弯路，发展得更加顺利。

1957 年，"私董会"在美国威斯康星州割草机公司总裁罗伯特·诺斯与他的几位好友 CEO 共同开展的定期圆桌讨论中诞生。随着人数的不断增加，他们为这种人脉圈内部的交流起名为 TEC（决策者委员会）。该公司于 20 世纪 90 年代被收购，更名为"伟事达"，开始商业化运作，进入快速发展阶段。

经过近 60 年的发展，伟事达私董会分支机构已遍布美洲、欧洲、亚洲的十几个国家，会员人数高达 2 万人。私董会这种形式已逐步发展成为一项成功的专业服务。即使在引进比较晚的中国，私董会也以其更快、更高的"中国速度"引起了人们的普遍关注。

2010 年，伟事达私董会正式进入中国。2015 年，伟事达 001 小组成立 5 周年，目前有 18 位会员，企业平均年销售额超过 10 亿元，均为区域和行业的龙头企业。001 小组教练是张伟俊，他被誉为"中国私董会教练第一人"。20 多年前，他将美国咨询心理学引入中国，成为中国心理咨询行业的"拓荒者"；9 年前，他成为国有系统内第一个拥有"百万年薪"的职业经理人；5 年前，他成为伟事达首位签约教练，成为中国以"总裁教练"为专职的第一人。

这 5 年，小组成员通过私董会到底收获了什么？企业内部到底发生了什么深刻的变化？私董会是否真的有效？是否经得起时间和历史的检验？剖析伟事达 001 小组的案例，也许能回答这些问题。

☆☆☆☆☆☆☆☆☆☆☆☆☆☆☆☆☆☆☆☆☆☆☆☆☆☆☆☆☆☆☆☆☆☆☆

飞机在首都机场的跑道上急速滑行，然后飞向天空……

这是 2015 年 6 月，我有幸被邀请前往上海，参加并观摩张伟俊的小组会，作为中国伟事达的一员，我对此行充满期待。

我参加过伟事达私董会主持人的培训，并且全程参加了 2014 年伟事达全球大师级教练兰斯来到上海给伟事达中国教练做的 5 天封闭式培训。虽然对私董会有一定的了解，但是我对于伟俊小组的私董会模式及运作情况还是充满了好奇。到底伟俊小组的私董会与我日常参加并主持的私董会有什么不同之处呢？作为在中国运行时间最长的私董会小组，伟俊是靠什么把大家聚拢在一起并且坚持到现在的呢？有什么秘诀？我希望此行能够找到答案。

2 小时后，飞机降落在上海，我赶到小组成员集结下榻的酒店，见到了伟俊熟悉的身影。他身材瘦削，两鬓斑白，戴着一副眼镜，镜片后面是一双锐利的眼睛。他善于挑战，言辞犀利，直指谈话要害。他经历丰富，话语不多，却常常能一语中的。他在发表的文章中，谈到了很多建立私董会小组之初所经受的白眼和不理解，以及他遭受这些待遇时内心的感受。但是，时过境迁，尽管现在的他仍然战战兢兢，时刻如履薄冰，但请相信，此时的"薄冰"已经远比 5 年前厚了许多，甚至现在的"薄冰"在别人眼里都可以承受手扶拖拉机了，但他自己仍然认为只是"薄冰"而已。

我拿到了 001 小组成员名单，这是一个可以称得上豪华的阵容，足见伟俊 5 年的功力，这个不到 20 个人的私董会小组中有：德邦物流股份有限公司董事长

附录 D　私董会的救赎——伟事达中国私董会 001 小组五周年回望

崔维星；中国境内第一家房地产服务上市公司世联行地产顾问股份有限公司董事长陈劲松；中国第一家在纳斯达克资本市场 IPO 的软件公司富基融通科技有限公司董事长颜艳春；知名文具品牌、产量亚洲第一的上海晨光文具股份有限公司总裁陈湖雄；中式快餐品牌真功夫餐饮管理有限公司董事长潘宇海；哎呀呀饰品连锁股份有限公司董事长叶国富……

除了这些企业大佬，复星瑞哲资产管理公司总经理王鹂兼具女性和职业经理人两个角色，而且 001 小组刚刚吸纳了国内最大的礼物电商北京礼物说科技有限公司的创始人温城辉，这个"90 后"企业家在一群年长者之中非常受欢迎，因为大家都觉得吸纳年轻力量对这个小组来说非常重要。

本次小组会的东道主是上海万耀企龙展览有限公司，这是一家创始于上海的展览和会议主办机构。两天的小组会行程统一由东道主安排，并且会在小组会上讨论东道主的议题。

整个小组会的安排是这样的：第一天大家报到，报到当天安排徒步行走健身活动，同时感受上海最具特色和风情的一条线路，历时大概 2 小时，然后是晚餐时间；接下来的两天时间，就是开小组会。

我也抓紧时间在这两天利用会议间隙和 001 小组的组员进行了直接沟通，力图获得第一手资料，让我能更直观地从内部感受到私董会的价值到底是什么。

我向每个人问了同样几个问题。

你为何参加私董会？

你觉得私董会给你带来了什么？你的收获是什么？

私董会带给你的体验同其他活动的体验有什么区别？能否被代替？

为了最大限度地展现真实，我把小组成员的谈话内容摘要完整地记录了下来，读者可自行感受。

陈劲松，世联行地产顾问股份有限公司董事长：

伟俊当时在上海人才当总经理的时候，给我们公司做人才测评模型。（我）就发现这个人不错。后来他说他想离开上海人才，想做企业家个人教练，我就跟他说别给别人做了，给我做就行了。伟俊这个人是个君子，说的东西虽然软绵绵的，但都是对的，可听可不听，不听他也无所谓，这就很好。就像有个人在旁边跟你说，你注意这个注意那个，注不注意你自己抓主意。所以说这点伟俊做得不错。我是中国第一个成员，伟俊说你得签合同，得交钱。那就交吧，就签合同呗。

其实中国企业家的各种圈子没啥太大的意思，都是找资源、谈合作。咱们这个圈子却比较干净，互相也不谈合作，互相借鉴思想，也没倡导这个（合作）的氛围，不是以这个为目的的。每次都请一个演讲的人，还挺牛的，这一点很重要，要是每次请的人不好，这个圈子就维持不下去了。

旁边有个人跟你絮叨着，这不也挺好嘛。还有谁能在旁边跟你说实话呢？你老婆都不行。我们这个（小组会）提意见是很尖锐的，这多好啊。私董会的意见绝对不能全听！大家从不同的角度看问题，这个氛围我特别喜欢。你说在单位有这样的氛围吗？没有！

陈湖雄，上海晨光文具股份有限公司总裁：

（关于个人的变化）首先是思维方式有很大的变化，会从一个新的角度来看待自己曾经做过的事情，对未来也会有一些更宽泛的想法，然后对自己的要求也会更高，会给自己定更高的目标。（对自我认识）现在我们可能会更多地自省啊、内观啊，就是向内观察的多，原来都是埋头干活，抬头看的少了一点。在这一块，参加私董会后，经历了同学之间的碰撞等，可能抬头看路的时候更多一点。所以在这一块，我觉得还是有蛮大的收获的。另外，在"我是谁"这个问题上，在管理上，如对中层、高管的管理，我对他们的理解更深入了。我们这里有一两个人也算职业经理人吧，这就给了我们一面镜子，我们原来以为我们很理解他们呢。在这一块，我觉得，参加私董会这3年多，算是有了比较大的收获吧。

潘宇海，真功夫餐饮管理有限公司董事长：

我来私董会是带着一个学习的心态过来的，想学习，想交朋友。我没有离开的一个最主要的原因就是我觉得这个平台还是很有价值的，在往后的日子里能够为我不断地充电。而且随着时间的推移，我与这帮朋友的感情也会越来越深，这也算一个很大的收获吧。

（关于私董会的价值）我觉得大家在分享的时候比较无私。大家都是不同行业的，会讲到更多更深层次的企业内部的问题、机密。在这样的交流过程中能够听到更多的干货，收获的价值是不一样的。

王鹏，复星瑞哲资产管理公司总经理：

其实刚开始几期我也有点摸不着头脑。因为第一，它没有什么系统化的知识给你，第二，企业家的起点、角度也不一样。所以有时候我会想：我到底收获了什么呢？其实很难一下子就脱胎换骨，如很确信地说从这个模块中学到了什么——没有那个感觉。但是大概在一年之后，我的感觉就好了，因为我感觉到了与这些同学的碰撞。对我个人来讲，我觉得这是一个比较难得的视角。

我离开××公司那件事，被大家当成一个主题拎出来讲，我当时很伤心，我觉得站在这里根本讲不下去。我在公司干了五年，我们老板说我是商鞅。然后小组成员中有一半人对我说：企业不是你的，谁让你那么拼命，就是你自找的，企业跟你没关系，合适就干，不合适就走人。另一些人对我说：我们支持你，你一定要坚持，一定会找到好的企业……在一小时里，大家给我的警醒超过我以往可能五年、十年得到的，因为没有人会这么对我说话，这是在任何别的课堂上都不太可能听到的。我觉得这是一个很大的收获。

牛文智，北京华杰百富投资有限公司董事长：

我们经常会擦出一些火花——钱就是一切还是不是一切？有的人认为，钱就是一切，别给我扯这个那个，有钱就是老大。有的人认为我们还是应该追求一些别的东西。我觉得这是一个哲学问题。当我们不断往前走的时候，就会思考这个问题，这个问题会引导大家未来怎么分配财富，怎么看团队。

很明显的一个趋势是越愿意听和问的人，他们的变化就越明显、越好。越愿意讲的人反而会觉得自己这些年好像白过了一样，甚至到最后会觉得自己是不是应该退出了。

温城辉，礼物说创始人，伟事达001小组成员，是小组中最年轻的成员，也是最年轻且融资最多的"90后"创业者。让我们听听他在2015年10月发表的一场演讲，感受一下伟事达这位"90后"成员的超级能量。

我们公司从2014年8月上线，在短短8个月的时间里，就先后完成了两轮融资，估值也突破了2亿美元，成为"90后"创业公司里融资最多的一家，不得不说这是个小奇迹。爸妈甚至怀疑我是不是进了传销公司，天底下怎么可能有这么好的事情发生？

"你们为什么愿意投资我？"当我问投资人时，他是这样回答我的："城辉，我们觉得你有可能成为'90后'的马云，我们愿意赌你，陪你一起走！"

……

居然有人说我有可能成为"90后"的马云！有那么一瞬间，这个"别人家的孩子"对我而言不再是个神话，而是一个我可以向他好好学习，甚至未来有一天可以和他比肩的前辈。这让我觉得，之前我所受的苦都太值得了。

创业是最好的生活方式，它意味着无限的可能。

感谢这个创业的时代，让年仅22岁的我有机会站在这么高的平台上，去创造更大的奇迹。今天，我们公司有2 000万名用户、3 000万美元的融资、5 000多万元的月销售额、2亿美元的估值。

希望在不久的将来，通过我们的努力，能在每个数字后面加上一个零。让这个世界看看，"90后"不是只会吹牛，他们还可以脚踏实地，一点一滴地打造一个真正的商业帝国!

温城辉告诉我,他之所以来001小组,主要的目的还是学习和成长,在私董会小组,通过每次的深入沟通,能够帮助他快速看到其他行业内部的发展情况,并且对管理有更深的体会和认识。在参加001小组会的过程中,我发现一个细节,就是其他所有年长的小组成员几乎在每个问题上都要听听温城辉的意见,也许年轻人的看法对他们来说特别重要吧。例如,当大家谈到员工流失问题时,温城辉抛出一个观点,他认为根据现在企业的发展速度和变化速度,一个员工在一家企业工作3个月,相当于过去在一家企业工作了一年。"三个月相当于一年"这个观点几乎得到了在座所有人的认同。

不管怎样,我相信这个交流和学习是双向的,年长的创业者和年轻的创业者在伟事达平台上能够实现如此平等的对话,并进行深入的沟通和相互请教,相信这个经历对所有人来说都是值得珍惜的。

☆☆☆☆☆☆☆☆☆☆☆☆☆☆☆☆☆☆☆☆☆☆☆☆☆☆☆☆☆☆☆☆

接下来让我们听听伟俊本人的真实想法。作为一个运行了5年私董会小组的人,他有没有压力?相比其他形式的交流和小组,他的独特性表现在哪里?

主要不是感觉有压力,而是感觉蛮有意思的,做这件事不会让我感觉压力重重。就是有一点,我在想审美疲劳问题,5年多了,需要不断想新招。但也不是一定要这样,只要他们都在不断地成长,不断地有新路数,就没有问题。要是他们都不成长,那就有问题了。

(关于独特性)你知道世界上有很多企业都认为自己很独特,但很多人调查之后觉得它们没什么独特的,只不过是把那些最基本的都做了,而且做得很好。例如,老板以身作则,在开会之前,老板会发一个议程,嘱咐大家开会的时候遵守纪律,开完会该落实的要落实。这是常识吧,但100家企业里有98家做不到。我去问王石万科有什么特点?王石说:"万科没什么特点,万科就是把外资企业或者说国外学的那些东西做得比较彻底。"

比如说,这个流程有什么特点?没什么特点,但是我对这个流程把握得可能比较好。再比如说现在提问,提问就提问,但有些人做着做着就做歪了。一开始我是在演示怎么提问,后来是一起提问,再后来就稍微引导一下。你可以提出一个问题,只要问对了人,你就问出了一个好问题,这样就把大家引导过去了。

我认同伟俊的说法,并且他的回答进一步加深了我对私董会小组的认识。两天下来,也许我们可以得到一些基本的结论,希望这些结论是正确的。

- 私董会运行的好坏在于细节，在于执行。一个运行良好的、持续时间长的、能够给组员带来更好体验的私董会小组不在于它的战略和战术有什么大的不同，而在于在基本的流程和规范下，教练能够对引导和主持的细节把握得更到位，更有效，更有质量。
- 私董会小组的吸引力在于多元化、不同的视角和挑战。在信任的基础上，大家彼此彻底放下面具，基于不同立场的争论和分享，逼迫彼此站在对方的角度，或者站在一个以前自己从未站过的角度去重新面对和思考问题，往往能够给大家带来意想不到的收获。
- 成长无形，有价值自然走得远。桃李无言，下自成蹊。留下，留在小组内就是最好的投票，其他无须证明。

☆☆☆☆☆☆☆☆☆☆☆☆☆☆☆☆☆☆☆☆☆☆☆☆☆☆☆☆☆☆☆☆☆

"选择就是放弃，自由就是枷锁。"

我套用了冯仑先生的这句话并且稍加改编。伟事达的会员选择了伟事达，就意味着他们要把时间奉献在更有质量的社交上，而不是简单的吃喝玩乐，或者纯粹的勾兑生意。从这个角度来说，选择伟事达就意味着放弃一部分泛泛的社交活动，因为伟事达小组会议的流程和规范，使得每位组员都被套上了一定的枷锁，也许不如在企业那样自由，至少自由被大大地限制了。而这样做的目的是提高大家整体的自由度，同时大家携手前行，从而在未来获得更大的自由，不管是身体上还是心灵上。

这让我想起了一部电影——《肖申克的救赎》。在这部电影中，主人公——小有成就的青年银行家安迪因涉嫌杀害妻子及她的情人而锒铛入狱。在这座名为肖申克的监狱内，希望似乎虚无缥缈，终身监禁的惩罚无疑注定了安迪接下来灰暗绝望的人生。表面看来，他已如其他人那样对监狱的那堵高墙从憎恨转变为处之泰然，但是对自由的渴望仍促使他朝着心中的希望和目标前进。相信自己，不放弃希望，不放弃努力，耐心地等待生命中属于自己的辉煌，这就是肖申克的救赎。

私董会的会员就像电影《肖申克的救赎》中的主人公安迪一样，力图完成一次自我救赎。教练就像监狱长，不断把握和推动救赎的过程，尽管有些救赎是在线下由会员自己悄悄完成的。

不同的是，电影中的监狱长从来没有期待安迪能够走出监狱，而私董会教练都在期待他的会员有一天像安迪那样，经过多年的修炼，最终穿过人生长长的下水道，获得真正的自由，即使在大雨滂沱、满身泥泞之中，仍然发自内心地仰天大笑。

让我们以影片中的一句台词作为本篇的结尾吧。

I guess it comes down to a simple choice:get busy living or get busy dying（生活可以归结为一种简单的选择：不是忙于真正的生活，就是一步步走向死亡。）

我相信，我们所有人都能在这样简单的选项中做出正确的选择，那就是——我们要真正的生活。

附录 E

做好企业家的向导，持续攀登领导力的高峰
——专访伟事达私董会资深教练、中国持牌人吴强

写在对话前面的话：

强哥就是吴强，原正和岛副总裁，伟事达私董会资深教练，现在的伟事达中国持牌人。

我跟强哥认识已经很多年。强哥话不多，初识他的人根据他的表情判断，可能会感觉他是一个非常冷峻的人，因为不说话的时候，他的表情似乎很严肃。但是真正相处下来你就会感受到，他是一个很典型的外冷内热的人。他说自己有点社交恐惧症，但是他的内心极为丰富、敏感，对事情、对人都有着极深的洞察力和判断力。他在待人接物的过程中，不管是尺度还是分寸，都掌握得恰到好处。

前不久，我邀请强哥跟我一起做一场线上直播，没想到他非常爽快地答应了。周一上午他来北京出差，忙完后邀请了身在北京的伟事达教练和预备教练们一起吃了一顿午饭。饭后他匆匆赶往机场回到上海，两天后的周三晚上，我们通过线上直播，在几百名线上朋友的围观下展开了一场对话，对话主要以我问他答的方式展开。

我在自己的朋友圈是这样宣传这次直播的。

一场关于私董会和领导力的尖峰对话；

一场对于智慧大脑的深入挖掘和启迪。

在这场对话中，我主要围绕以下3个方面的内容展开。

一是关于私董会，我主要问了他对私董会的理解、对私董会在中国的发展现状及未来等问题。

二是关于日本，因为他最近几年生活在日本，所以我请教了有关日本经济的话题，其实本来这个章节可以更加深入地展开的。

三是关于道德经与领导力，2021年6月，强哥新出版了《跟道德经学领导力》。这本书一出版，就长期位居京东和当当网经管类书籍销售排行榜的第一名，半年内连续3次加印，创造了一股销售热潮。这本书的内容角度独特、功底扎实，可以说是强哥的一部里程碑作品。

强哥现场大段解读了《道德经》的部分篇章，给现场的伙伴们留下了深刻的印象，以至于我这个从来没有带货经验的小白，甚至在直播间没怎么吆喝，观众就开始自发下单。可见，还是那句话：好的产品自己会说话。

下面是直播对话现场的文字整理，如果你细细品读其中的内容，也许你会有一些不一样的发现。问题未必见得精彩，但是回答总有神来之笔，极具见地。

我相信，不管你是企业家、创业者还是职场中人，抑或是教练，以下访谈内容都会给你带来一些启发，甚至让你对自己的人生有更加深入的思考。如果能做到这一点，那么这次谈话就没有浪费强哥和我的时间，我们又一起贡献了微薄的价值。

如是，则高兴且荣幸！

对话实录如下。

徐松涛：强哥你好，可否先简单介绍一下自己？

吴强：我是江西南昌人，祖籍北京。目前是上海老椅子公司的执行合伙人，同时定居在日本东京，担任美国伟事达私董会的教练，我在国内很多城市工作过，如深圳、北京、上海、杭州、武汉等，国内很多地方都去过。

徐松涛：你在不同的场合对自己的介绍也会有所不同吧？

吴强：我在日本介绍自己时有一个PPT版本，因为在日本经常会有一些商务活动，我准备了大概两页纸，第一页纸写的是我的履历，我会把我的简历展现出来给大家看；第二页纸写的是我的一些特长或跟特长有关的成果。但是在中国一般大家不这么干，因为会显得不太自然。

如果按照履历来介绍，我大概有三段经历。

20岁到30岁主要是学习，我在很多企业工作过，主要从事营销方面的工作，也做过咨询。

30岁以后主要是在创业，开过咨询公司，后来跟朋友一起创办了一份报纸，还参与了正和岛的创业。

40岁那年我想明白了一件事：可能这辈子接下来所有的时间只把一件事情干好才是我想要的，干一件自己最喜欢做的事情。

当时我接触到私董会，觉得私董会这个工作是自己比较喜欢也比较擅长，同时能养家糊口的事情，所以40岁的时候，我就成了一名私董会教练，到目前为止已经是第8年。今年还有一个新的变化，就是我成为伟事达中国持牌企业的负责人，也可以叫持牌人。我们在上海成立了上海老椅子管理咨询公司。

为什么叫老椅子呢？因为我们伟事达不把教练称为"Coach"，而称为"Chair"，这个单词也有"椅子"的意思。这家公司在今年过年期间跟伟事达签署了中国地区的特许持牌经营协议，负责运营伟事达在中国的业务。

徐松涛：您做私董会教练做了8年，能不能问一下到底私董会的什么地方最打动你？那个时间点到底是什么时候？打动你的到底是什么事情？

吴强：因为我原来在正和岛工作，大家知道正和岛是中国最大、最有影响力的企业家社交平台之一，所以在正和岛会接触很多企业家。但是我其实是不太喜欢社交的，我有一些社交恐惧症，所以当时我在正和岛就感觉自己很难开展工作。

但是正和岛不仅是一个社交平台，还是一个企业家学习平台，我当时负责正和岛商学院的工作。我就在想：企业家学习，除了传统的商学院模式，还有什么模式？我就去研究海外的模式，然后就发现了伟事达。通过尝试，我觉得伟事达的私董会方法论在中国的企业环境下特别适合，因为大家可以比较认真、深入、有效率地讨论一个问题，而不是那种纯社交。你可以加入一些社交化的因素，但是它让讨论问题的深入度、聚焦度及效率变得非常高，所以当时每场私董会都有收获：参加的人有收获，我也有收获，讨论谁的问题，谁收获就最大。我就觉得这件事情特别能够帮助人，特别能够感动人，这是一件不容易的事情。

我觉得成年人特别是企业家，都是很理性、很有江湖经验的人，在每次私董会过程中，内心那些柔软的部分总是容易被触碰到，我能够看到他们心里光辉的一面。同时在大家讨论的过程中，一些非常复杂的问题会给人一种豁然开朗的感觉。所以这件事情既能够疗愈人，又能够帮助人，这种感觉就特别好。

徐松涛：你能不能讲一两个例子，让我们能够比较直观地感受到私董会对人们的帮助？

吴强：首先企业家的信息我们都是保密的，会上真正的东西是不能在外面说的。

但今天下午我参加了一个私董会，是另一位教练主持的，我作为参与者在会上讨论了一个案例。案例是说 A 和 B 的关系非常紧张，A 总站在自己的角度去看 B，所以总觉得这是一个无解题。但是通过私董会的讨论，很多人会站在 B 的角度来看待 A 面临的问题，然后从 B 的角度给 A 很多反馈。最后 A 就觉得原来并不是 B 的问题，自己也有一些问题，所以在私董会过程中要看能不能达到某个利益的平衡点，最后把问题解决。

刚开始进入会场的时候，A 表现得很烦恼、很焦虑，但是开完了私董会之后，他就感觉不管困难有多大，至少自己心里比较安定了，对于接下来应该怎么做也很有信心。所以我觉得，这其实就是一种很有效的帮助，就这么开一场短暂的私董会，就可以起到这个效果。

我带私董会小组有 8 年了。在这 8 年中，有很多组员一直在小组里待着，没有离开过小组，甚至有些组员从来没有缺勤过。我有一位"神"组员，从来没缺席过。他还是某个地方的人大代表，但是每次在人民代表大会和小组会召开时间有冲突的时候，他都会跟我们小组的成员商量能不能一起把小组会的召开时间改一下，总之就是必须参加小组会。他在这 8 年中也经历了起起伏伏，穿越了很多周期，但是每当出现巨大挑战的时候，他总是把问题拿来跟我们小组成员毫无保留地分享，听取大家的意见和反馈，得到了很多真知灼见。

他的公司经营的是一项非常传统的业务，去年开始遭受互联网的冲击，压力非常大。但他的新业务尝试基本上已经跑出来了，模式跑通了，第二曲线的业务呈现出了比第一曲线快 10 倍的增长速度，当然并不见得这个增长速度完全是因为他听了小组的建议，但是我觉得在这个过程中一直有人陪伴他，有人给他反馈，遇到问题拿出来大家一起商量，渐渐地，就有一股力量帮助他战胜了困难，穿越了周期，找到了答案。这种帮助就是一种长期陪伴的、支持的、鼓励的，甚至是督促的砥砺前行。这种帮助的价值远远比你去参与一个问题处理流程要高得多。

所以我们在伟事达就说一点，你有一个私董会小组，你就有了一个自己的秘密基地。那里有一帮非常强的人，他们会随时无条件地向你提供支持和帮助，同时也会毫不留情地给予你反馈，甚至批评，所以在小组里，你听到的赞扬要远远少于批评。当然这种批评并不是辱骂你，而是诚恳地告诉你哪里还不行、哪里还没做好。

所以我们在小组会上并不会花很多时间说自己有多牛、哪里做得多好，而是花很多时间去讨论自己哪里做得还不行、哪些地方还有待提高。我们对失败的讨论要比对成功的讨论多很多。

徐松涛：做私董会教练的这个经历对你最大的帮助是什么？让你最感动的一个瞬间是什么？可以简单跟我们分享一下吗？

吴强：我最感动的瞬间其实很多。我的小组有十多位企业家，他们对我的信任，对我的包容和肯定，让我非常感动。

我们在第七年的时候，也就是去年，在杭州西湖边开小组会。我让大家回顾过去十年做对了什么事情。我问了大家很多问题，例如：十年前的你跟现在相比，有什么变化？如果让你重新回到十年前，你可能会做什么、不会做什么？下一个十年你觉得应该做的是什么？还有一个问题是：过去十年你认为对你影响最大的人是谁？

令我完全没想到的是，很多同学居然都说："对我影响最大的是吴强。"当时我很惭愧，我在想：我何德何能，能够成为大家过去十年中对他们影响最大的那个人？除了惭愧，我还非常自责，我感觉自己做得还很不够，很对不起大家对我的这个评价。当时那种被认可的感觉，让我记忆犹新。

徐松涛：你怎么看现在私董会在中国的现状？

吴强：关于目前私董会在中国的现状，首先挺好的一点就是，大家都知道私董会这个概念。现在做企业的人基本都听过"私董会"这个词，所以我觉得这是私董会在中国的成功。

但是，大家对私董会的理解有点不够全面。大家可能觉得，采用私董会的问题处理流程开了一次会，就叫私董会，但真正的私董会其实是一个长期陪伴的小组。企业家们聚在一起。我们有非常严肃的方法论和经历时间考验的价值观，而且这个方法论绝对不是走一遍问题处理流程。我们其实有一套帮助企业家不断发展领导力的方法论，而且每年全球都会有数千位教练把最新的实践知识不断贡献在这套方法论中。

所以私董会最重要的一点是：教练能不能持续成长。因为通过做私董会这么多年，我发现企业家的成长速度比教练快得多，所以教练必须有非常快的成长。只有这样，教练才能持续为企业家赋能，才能帮助企业家。德鲁克曾经说过一句话：企业成长面临的最大的问题就是从一个规模翻越到另一个规模。

有很多企业过不了1 000万元营业额的门槛；有很多企业过不了3 000万元营业额的门槛；又有很多企业过不了1亿元营业额的门槛……每个阶段看上去是销售额的增长，其实内在是从一个规模到另一个规模的增长。

这就像攀登高峰一样：你登上了丘陵，就要登泰山；你登上了泰山，就要去挑战登雪山；你攀登了四姑娘山，还有更高的喜马拉雅在那里等着你。私董会是什么呢？私董会其实就是由一个有经验的向导带着一群很努力的登山者去不断地攀越高峰。你首先要攀越的是自己的领导力高峰，当你登上了领导力高峰之后，你就有能力带着企业去攀登其他高峰。真正的私董会其实就是一个教练带着一个小组不断坚持的攀登之旅。

所以真正的私董会小组，是一个长期陪伴、长期成长的组织。

我们今年的会员数量比去年翻了一番，同时我们的教练团队人数也在增加，我们看到了中国市场非常可喜的变化。同时我们跟美国总部之间的沟通也变得越来越顺畅，有很多全球真正的智慧的精华也通过我们所建立的管道源源不断地流向中国市场。

我接盘伟事达在中国的业务时，我的小组给我开了一次私董会，我提出的问题就是：我如何做好伟事达在中国的业务？最后大家给我的建议是：你只要做原汁原味的伟事达就好了。现在，我们越来越多地希望这个私董会是原汁原味的，希望它越来越好，并不断地改善。每天、每月、每年，我们都希望看到进步，我们的确也在往这个方向努力。

徐松涛：你觉得私董会哪些能做？哪些不能做？能解决哪些问题？不能解决哪些问题？

吴强：私董会哪些不能做呢？首先在私董会里不能做生意，这种事情我们是非常不鼓励、不认可的，因为一个企业真正的成长不是获得更多外部的机会，而是领导者内在的成长。做生意的人经常说，机会稍纵即逝。但其实我想说一点，站在企业经营的角度，稍纵即逝的机会都不是机会。所以不要到私董会来寻找生意机会、投资机会。我觉得这样就完全错误地理解了私董会，这也绝对不是私董会应该做的事情。

所以如果有人请你加入私董会，说加入了私董会之后可以一起做生意，一起找商机，那这就是"挂羊头卖狗肉"，这就是打着私董会的旗号去做不是私董会的事儿。我们对这种事情是非常不认可的。这是私董会不能做的。

私董会能解决哪些问题？不能解决哪些问题呢？

附录E 做好企业家的向导，持续攀登领导力的高峰——专访伟事达私董会资深教练、中国持牌人吴强

私董会不能解决不在场的人的问题，不能解决太空泛的问题，不能解决假问题。

比如说，我在私董会中遇到过一个问题，一名成员问：我如何才能从幸福变得更幸福？这种问题就别问了，这解决不了，这是你自己的问题。还有的问题是"我如何厉害，我的合伙人应该如何听我指挥"之类的。对不起，私董会不能帮你解决如何让你的合伙人更加听你的话的问题。总之，所有可以在公开场合大谈特谈的问题，都不是私董会应该谈的问题。

私董会应该谈的问题，是你不想面对，甚至没有办法在公开场合谈的问题。所以我们非常注重保密性，也非常注重诚信。

徐松涛：不是每个人都能够成为私董会教练，也不是每个人都愿意成为私董会教练。那你觉得对大多数的职场中人或处在起步阶段的创业者来讲，私董会有可能跟他们产生什么样的交集呢？

吴强：私董会之所以是老板圈层的事，是因为私董会是有成本的，我们的私董会教练去开私董会，他们需要得到报酬，这种报酬其实是对他们劳动的尊重，所以一般人的支付能力是一个问题。这是第一点。

第二点，私董会是一群面临共同问题的企业家在一起，企业家跟企业家在一起能谈。你不是企业家，又硬往那个圈子去，大家谈的问题跟你没关系，你的问题跟大家关系也不大，你们就聊不到一起。

公益的私董会也挺好，有些人愿意参与这种活动，并且愿意在学习一些私董会的技能后为人们服务，在帮助别人的同时不断地提升自己的技能，我觉得这是挺好的一件事情。但是不要打着公益的目的而攒个局，把有钱人聚在一起去投资，这种事我认为就有点变味儿了。

徐松涛：关于私董会，我想再问最后一个问题，你怎么看私董会在中国的未来？

吴强：我相信我们未来肯定会越来越好。我们伟事达在全球有两万多名会员，总共服务过10万名企业家。我们在全球很多国家都有会员，如马来西亚有1 000多名会员，仅在美国佛罗里达州就有1 000名会员，所以中国未来参与私董会的企业家肯定越来越多，这是大趋势。但是关键还在于好教练，真正的好教练是可遇不可求的。所以我们老椅子公司有一个理念就是：好教练是我们的执念，我们不遗余力地发展好教练，为好教练提供各种培训，帮助好教练成为更好的教练。

前几天我们中国的教练在一起开会，有一名教练说："我已经做好了以后老得走不动了，坐轮椅当教练的准备。"所以我们伟事达教练是一个终身学习、终

身成长的模式。

徐松涛：今天现场的朋友来自各行各业，结合你这么多年作为企业家教练的经历，在目前的环境下，如果让你给大家一些建议的话，你会给大家什么样的建议？

吴强：第一条建议是，企业家不要成为企业的奴隶，也不要成为金钱的奴隶。我们创立企业的目的其实是让企业帮助我们去实现某种意义。但是在做的过程中，可能很多人都反过来了，最后变成了我们效力于企业，我们成了企业的奴隶，而不是让企业满足我们的梦想。我觉得这一点是需要大家警醒和思考的。你的梦想是什么？你的企业是在为你的梦想服务吗？还是你已经把梦想丢掉了，只是服务于你企业的利润？这是我想说的第一点。

第二点，老子在《道德经》中说："圣人为腹不为目。"大多数人都将这句话理解为：圣人只负责把老百姓的肚子填饱，这最重要，不要让他们去东看西看。其实老子的意思不是这样的。

我有一次在重庆参加一个美国戏剧老师的课程，悟到了一个道理：人生的目的不是你眼睛所看见的那些东西，而是你内在的东西，如你的灵魂是不是在你去世的时候比在你出生的时候更干净、更高尚、更喜悦、更有勇气，这就是你生而为人的一个非常重要的目的和使命，而不是你撒手人寰的时候留下了多少财富、多大的名誉，这些东西都是一场空。你真正能带走的是你的内在，是你的"腹"，是你肚子里的东西，是你心里的东西；而那些"目"，你眼睛看到的东西，最后都是一场空，什么都不是。这就是我想说的第二点。

第三点跟第二点有很大的关系，内在的东西最后是什么呢？最内在的东西，最后会以"德"的方式来呈现。所以真正的财富是你的德行。有些人德行极好，但是一贫如洗，这又有什么关系呢？我认为做一个一贫如洗但德行极好的人，要比那些拥有千万、亿万身家，但是德行堪忧的人要幸福得多、成功得多、完美得多。成功的定义在于你的德行，而不是你的外在财富。就算你拥有无数外在财富，但你缺德，那你就是一个穷光蛋，你的人生最后也会一无所获，两手空空，什么都抓不住，什么都带不走。所以这非常非常重要。你的人生在为什么服务？你的企业在为什么服务？这些问题如果搞不清楚的话，人生的这趟列车就开错了方向，这是最可惜的一件事情。

所以停下来，从你的烦恼里停下来，看一看你的人生列车方向对了没有。方向不对，你所有的努力最后都是白费。

徐松涛：非常感谢。

参 考 文 献

[1] 雷格·瑞文斯. 行动学习的本质[M]. 郝君帅，等译. 北京：机械工业出版社，2016.
[2] 盖瑞·查普曼，保罗·怀特. 赞赏的 5 种语言[M]. 延玮，译. 北京：中国商业出版社，2012.
[3] 梅若李·亚当斯. 改变提问，改变人生[M]. 秦瑛，译. 北京：机械工业出版社，2014.
[4] 沃伦·本尼斯. 成为领导者[M]. 徐中，等译. 杭州：浙江人民出版社，2016.
[5] 森时彦，引导工具箱研究会. 引导工具箱[M]. 朱彦泽，等译. 北京：电子工业出版社，2016.
[6] 唐纳德·高斯，杰拉尔德·温伯格. 你的灯亮着吗？[M]. 李心怡，译. 北京：人民邮电出版社，2014.
[7] 尼尔·布朗，斯图尔特·基利. 学会提问[M]. 许蔚翰，等译. 北京：机械工业出版社，2013.
[8] 詹姆斯·M. 库泽斯，巴里·Z. 波斯纳，伊莱恩·碧柯. 培养卓越领导者的教练指南[M]. 黄学焦，等译. 北京：电子工业出版社，2013.
[9] 吴霁虹. 未来地图[M]. 北京：中信出版社，2017.
[10] 丹尼斯·N. T. 珀金斯，玛格丽特·P. 霍尔特曼，吉利安·B. 墨菲. 危机环境下的领导力[M]. 冯云霞，等译. 北京：电子工业出版社，2016.
[11] 特雷恩·穆勒，马修·默多克. 世界 500 强如何高效开会[M]. 王正林，等译. 北京：中国青年出版社，2013.
[12] 专业会议管理协会. 会议圣经[M]. 北京：电子工业出版社，2016.
[13] 兰刚. 解码私董会[M]. 北京：机械工业出版社，2014.
[14] 拉姆·查兰，斯蒂芬·德罗特，詹姆斯·诺埃尔. 领导梯队[M]. 徐中，等译. 北京：机械工业出版社，2011.
[15] 约瑟夫·奥康纳，安德拉·拉格斯. NLP 教练[M]. 黄学焦，等译. 郑州：河南人民出版社，2009.
[16] 哈里森·斯诺. 团队建设游戏教练手册[M]. 陈飞星，译. 北京：企业管理出版社，2009.
[17] 马歇尔·戈德史密斯，劳伦斯·S. 莱昂斯，莎拉·麦克阿瑟. 领导力教练[M]. 徐中，等译. 北京：机械工业出版社，2013.
[18] 兰刚. 内部私董会[M]. 北京：机械工业出版社，2015.
[19] 兰刚. 总裁私董[M]. 北京：机械工业出版社，2016.
[20] 利昂·夏皮罗，利奥·伯特. 同道神力：美国老板 60 年长聚不散伟事达董事会的秘密[M]. 林菲，等译. 北京：电子工业出版社，2017.

跋：让每场私董会都成为一部经典电影

2018年的情人节，我敲下了以下文字的第一稿。

在写下这段文字之前，本书还有一部分内容没有完成，但是我觉得，应该先把这段话写下来，以免到后面忘记了。但是我没有想到，直到5年之后，我还在修订这段浅薄而无法达意的文字。

成书的过程是一个学习并精进的过程；

成书的过程是一个整理并消化的过程；

成书的过程是一个吸收和升华的过程。

这段经历对我来说非常难忘，沉下来静静地做一件自己喜欢的事，我偶尔也会感到很开心。

私董会的经历让我知道：每个人都是自己的教练。

杰克·韦尔奇说过：一流的CEO首先是一名教练，伟大的CEO是伟大的教练。

我的教练生涯与我的导演生涯密切相关，彼此相通。

私董会的每时每刻都像在阅读一篇经典文章，也像在观看一部经典的电影。

电影中的起承转合，往往看上去如此不经意，其实是导演和编剧在后台反复思量、最终选择的结果。

在那些经典的电影中，所有看似平淡的情节都是在反复铺陈。

每个开头、每个转折、每句台词其实都是反复推敲的结果，当然也偶有随手佳成。

每场私董会，从不经意的开头开始，中间的每个问题、每次梳理、每个金句，都能成就传奇的剧情，而且往往最好的情节都是在没有预期的情况下出现的。每场私董会都是一部持续几小时的电影大片，情节跌宕起伏，峰回路转，山重水复，柳暗花明。

让我们怀着一颗赤诚之心，做好那个操盘手。

坚信一点：教练唯一的价值就是帮助他人成长。我们的价值就是帮助他人实现价值。

在过去几年，我一直在探索、学习、成长、总结，并最终有了这样一个粗浅的体会和心得拿出来和大家一起分享。我很开心，同时也期待各位企业家朋友、同行和读者的批评与指正。

感谢我的父母，你们对我的一贯支持和关心是我最大的幸运。

感谢我的妻子和孩子们，是你们让我的生命如此丰富多彩，如此充实。

感谢我的兄弟和众多的朋友们，你们一直是我坚强的依靠。

感谢所有参加过我的私董会的成员们，是你们一次次给了我正面的鼓励，给了我勇气和信心。

感谢所有的案主，正是你们的无私和开放给我提供了一次次极佳的学习机会，让我成长。

感谢伟事达中国持牌人吴强教练，是你把我领进了这扇门，未来我还需要学习更多。

感谢伟事达中国的徐向华，是你对我的支持和鼓励让我得以一窥门径。

感谢 Lance、伟俊、文芳、文浩、戍乾、霖华、吴斌、刘露、王平生、王建国、王育琨、冷胜军老师，你们亦师亦友，对我都极为关心和支持。

感谢肖湘、阿音老师、王俊、摇光、朝霞、鹏越、谢飞、朵娅，人生难得有这么多志同道合的朋友，希望我们能一起走得更远。

感谢北京大学的王铁民老师、张闫龙老师、辛灵梅老师、曹雪琴老师，感谢中国人民大学的陈金炳老师、张志向老师、孙鹏超老师、张伟艳老师，感谢对外经济贸易大学的郭晓宇院长、王舒悦老师、赵小杰老师，感谢李伟。感谢中关村创客小镇的胡堃和王为，感谢南昌江右的赖冬群先生和温燕燕女士，感谢混沌重庆的王朝社长和丹丹老师，还要特别感谢李万红兄的支持和鼓励，让我鼓起勇气一点一滴地完成他留给我的"作业"。还有那么多时常记挂、多次提携和帮助过我的老师和朋友，让我心中常怀感恩之情。

特别感谢我的伟事达私董会 091 小组暨松涛私董会 VIP 小组的成员们，他们分别是兰州和家和餐饮集团总裁马鸿亮、深圳中科鼎创科技董事长金树柏、高飞集团董事长刘鹏、北京谊和永邦会展公司董事长韩晓虹、香港十下设计黄庭坚、安徽绿洲危险废物综合利用有限公司董事长韩秀东、青岛易旅家居董事长刘玉成、重庆瑞莱斯财税服务平台&税麒麟创始人王喜龙、北京龙鼎源科技总裁贺荣、霍氏集团总裁霍建民、祝亮、博荣投资高华智及映美传媒总裁吴延。特别感谢美丽智慧的 Jessie 女士和帅气的戴星先生，正是你们毫无保留的支持和鼓励让我们相伴走到今天，我的内心充满感恩。

感谢一直陪伴和支持我的李凤文、黄利、马敬军、王建龙、刘畅利、吕道军、宋炫华、李仪、葛美辰、曾庆祝、张士华、罗琳、张兴权，和你们在一起的时光总是短暂且珍贵的。

感谢松涛私董会山东分会的伙伴们，他们分别是青岛安特君合信息科技有限公司董事长丁锋、青岛富民汇商投资管理有限公司 CEO 李明洋、青岛北大荒人餐饮管理有限公司 CEO 张广维、顺安成（青岛）生物科技有限公司董事长王再升、青岛四通一达服务外包有限公司 CEO 梁宇、阿斯利康制药有限公司副总监刘玉山、沃科福（青岛）金属制品有限公司 CEO 时圣明、青岛小艾智医健康科技有限公司创始人王政斌、黑龙江头等大事农业发展有限公司 COO 张靖、青岛金石伟畅工贸有限公司 CEO 李凯、青岛利和家生物科技有限公司 CEO 朱晓军和青岛中联优谷信息技术有限公司董事长傅真。感谢我的合伙人刘大伟先生，感谢我们的小组顾问青岛民营企业家协会的刘运财秘书长。感谢郑明晗、迟丽英、姜云杰、王丹、崔琳琳、刘炳玲、菁菁，还有那些曾经加入我的团队的所有伙伴们。

感谢"松涛和他的企业家朋友们"线上读书社群里的所有伙伴们，让我们一起阅读经典、彼此赋能、链接资源、共同成长。

尤其要感谢混沌大学创办人李善友教授和 CEO 曾兴晔女士，还有那么多混沌大学的领教、分社的伙伴和可爱的同学们，我的内心充满感恩。

感谢创新私董会和江右私董会的企业家们，包括品胜科技的庞静、重庆西朗的刘丹、优税猫的志高、重庆购书中心的李晖、万和食品的郭亮、大帝教育的张大卫、龙鑫地产的肖伟、橙光向上的蔡润光，你们都是德才兼备的企业家，也是值得我学习的榜样。

最后，真诚地感谢电子工业出版社的付豫波老师和吴亚芬老师，没有你们的支持，就不会有本书的顺利出版，这也将成为我生命中的重要组成部分。

私董会也不只是阳春白雪，有时下里巴人更让私董会充满生趣，就像电影并不是只有一种类型，每种类型都有各自的经典，既有"居庙堂之高则忧其民，处江湖之远则忧其君"，也有"客喜而笑，洗盏更酌。肴核既尽，杯盘狼藉。相与枕藉乎舟中，不知东方之既白"；既有"会挽雕弓如满月，西北望，射天狼"，也有"今宵剩把银釭照，犹恐相逢是梦中"；既有"何当共剪西窗烛，却话巴山夜雨时"，也有"劝君更尽一杯酒，西出阳关无故人"。人生本就如此精彩，我辈也不要误了这大好前程。

　　受编写水平所限，我知道本书还有很多不足之处，但是我愿意接受这个挑战，把这几年粗浅的心得跟大家做一个汇报，并愿意虚心接受大家的批评和指正，未来也希望有机会能够修订、改正这些不足之处。一个很简单的道理是：迎难而上，路越走越宽；知难而退，路势必越走越窄。如果我现在找借口，那么每个借口都会阻碍我前行的路。但我必须说的是，有一点让我没有想到：在写作本书的过程中，通过反复阅读和思考，我把自己脑海里的一个个情节串了起来，把有些地方"重新剪辑"了一下，对有缺失的部分进行了"补拍"，最终形成了这部"文字的电影"。所以说，写作本身已经给我带来了最大的价值，也希望本书能给读者带来价值。

　　路虽远，行则必至；事虽难，做则必成。共勉！

徐松涛

2018年2月14日凌晨家中草拟

2021年12月2日补充完成

2022年6月6日下午6点完稿

反侵权盗版声明

电子工业出版社依法对本作品享有专有出版权。任何未经权利人书面许可，复制、销售或通过信息网络传播本作品的行为；歪曲、篡改、剽窃本作品的行为，均违反《中华人民共和国著作权法》，其行为人应承担相应的民事责任和行政责任，构成犯罪的，将被依法追究刑事责任。

为了维护市场秩序，保护权利人的合法权益，我社将依法查处和打击侵权盗版的单位和个人。欢迎社会各界人士积极举报侵权盗版行为，本社将奖励举报有功人员，并保证举报人的信息不被泄露。

举报电话：（010）88254396；（010）88258888
传　　真：（010）88254397
E-mail：　dbqq@phei.com.cn
通信地址：北京市万寿路 173 信箱
　　　　　电子工业出版社总编办公室
邮　　编：100036